2025年度版

# 福岡県・福岡市・北九州市の 小学校教諭

## 過去問

協同教育研究会 編

協同出版

本書には，福岡県・福岡市・北九州市の教員採用試験の過去問題を収録しています。各問題ごとに，以下のように5段階表記で，難易度，頻出度を示しています。

## 難 易 度

非常に難しい　☆☆☆☆☆
やや難しい　　☆☆☆☆
普通の難易度　☆☆☆
やや易しい　　☆☆
非常に易しい　☆

## 頻 出 度

◎　　　　ほとんど出題されない
◎◎　　　あまり出題されない
◎◎◎　　普通の頻出度
◎◎◎◎　よく出題される
◎◎◎◎◎　非常によく出題される

# はじめに～「過去問」シリーズ利用に際して～

　教育を取り巻く環境は変化しつつあり，日本の公教育そのものも，教員免許更新制の廃止やGIGAスクール構想の実現などの改革が進められています。また，現行の学習指導要領では「主体的・対話的で深い学び」を実現するため，指導方法や指導体制の工夫改善により，「個に応じた指導」の充実を図るとともに，コンピュータや情報通信ネットワーク等の情報手段を活用するために必要な環境を整えることが示されています。

　一方で，いじめや体罰，不登校，暴力行為など，教育現場の問題もあいかわらず取り沙汰されており，教員に求められるスキルは，今後さらに高いものになっていくことが予想されます。

　本書の基本構成としては，出題傾向と対策，過去5年間の出題傾向分析表，過去問題，解答および解説を掲載しています。各自治体や教科によって掲載年数をはじめ，「チェックテスト」や「問題演習」を掲載するなど，内容が異なります。

　また原則的には一般受験を対象としております。特別選考等については対応していない場合があります。なお，実際に配布された問題の順番や構成を，編集の都合上，変更している場合があります。あらかじめご了承ください。

　最後に，この「過去問」シリーズは，「参考書」シリーズとの併用を前提に編集されております。参考書で要点整理を行い，過去問で実力試しを行う，セットでの活用をおすすめいたします。

　みなさまが，この書籍を徹底的に活用し，教員採用試験の合格を勝ち取って，教壇に立っていただければ，それはわたくしたちにとって最上の喜びです。

協同教育研究会

# C O N T E N T S

# 第1部

# 福岡県・福岡市・北九州市の小学校教諭出題傾向分析

## 福岡県・福岡市・北九州市の 小学校教諭　傾向と対策

　2024年度の福岡県では，小問が計27問で，内訳は国語3問，社会2問，算数3問，理科2問，生活1問，音楽1問，図画工作1問，家庭1問，体育2問，外国語・外国語活動4問，特別活動1問，道徳1問，総合的な学習の時間が1問，教職教養4問であった。2024年度も2023年度同様，教職教養4問(教育時事1問，教育心理1問，教育原理2問)が出題されている。どの教科も学習指導要領関連を中心とした基礎的な内容が多く，難易度は高くない。特に，4教科以外では，基本的な問題のみ，または学習指導要領関連の問題のみが多いので，教科の目標や内容のキーワードを中心に，確実に理解しておく必要がある。

　選択問題(5択)でマークシート式であるが，科目数も多いので，スピード感をもって解答することが求められる。時間配分に注意する必要がある。

　福岡市は，福岡県の問題のうち，一部分が出題された。国語，社会，算数，理科，生活，音楽，図画工作，家庭，体育，特別活動，道徳，総合的な学習は同じ問題で，外国語・外国語活動は，県の問題のうち3問が出題された。小問は計22問で，福岡県の問題のうち福岡市で出題されなかった問題は，教職教養問題4問，外国語・外国語活動1問であった。

　北九州市は，小学校の専門の筆記試験を行わず，教職教養の筆記試験を小学校の筆記試験にしている。

### 【国語】

　長文読解の問題は必出であるので，評論文や説明文に日常，読み慣れておくことが大切である。過去には，文学作品についての理解度を問う問題が出されている。また，学習指導要領関連の問題は頻出であり，例年，「各学年の目標及び内容」から出題されている。このため，学年ごとに整理するなどの学習をしておくことが重要である。

## 【社会】

　2024年度は公民分野(三権分立)と歴史分野(江戸時代)からの出題であった。例年，日本史からは頻出であり，古代から現代までの社会事象を時代ごとにまとめておくことが重要である。過去5年間では，世界史からの出題はない。学習指導要領関連については，キーワードを中心に理解を深めておくことが求められる。

## 【算数】

　例年，確率と図形についての問題は頻出である。難易度は高くなく，計算や図形の問題に慣れておく必要がある。学習指導要領関連についての問題は過去5年間では頻出であり，キーワードを中心に勉強しておくことが必要である。

## 【理科】

　2024年度は，化学分野からの出題であった。例年，難易度の高い内容は出題されていない。学習指導要領関連の問題は頻出であり，特に「目標」と「指導計画の作成と内容の取扱い」からの出題が多くなっている。キーワードを整理しておくことが重要である。

## 【生活】

　2024年度は，学習指導要領解説「指導計画の作成と内容の取扱い」からの出題である。キーワードを，確実に押さえておく必要がある。

## 【音楽】

　音楽の基礎(音符，記号等)と歌唱共通教材については必出である。歌唱共通教材は，学年ごとに一覧にしてまとめておくことが大切である。学習指導要領関連の問題は頻出なので，細部まで確認しておく必要がある。

## 【図画工作】

　例年，図画工作の基礎が出題されている。2024年度は，図画工作の基礎として教科で使う道具や材料について出題された。2024年度は出題されていないが，学習指導要領関連の問題はやや頻出である。

## 【家庭】

2024年度は，B衣食住の内容(繊維製品の取扱いに関する表示記号及びその表示方法)の問題が出題されている。また，過去にはミシンの各部位の名称を問う問題も出題された。どの分野においても基本的なことは押さえておく必要があり，教科書の図や表についての確認も必要となる。2024年度は出題されていないが，学習指導要領関連の問題はやや頻出である。

## 【体育】

過去5年間では，学習指導要領関連の出題のみである。学習指導要領解説を中心に学習しておく必要がある。いずれもキーワードの適語選択問題であるため，キーワードを確実に押さえておくことが大切である。

## 【外国語・外国語活動】

2024年度は，学習指導要領から外国語活動の「内容」についてのキーワードの適語選択問題と会話文における適語選択問題であった。単語や語句は，中学校や高校程度の基本を押さえておくことが重要である。

## 【特別活動】

2024年度は学習指導要領〔学級活動〕，2023年度は学習指導要領〔学校行事〕，2022年度は学習指導要領解説〔児童会活動〕から出題されている。年によっては，特別活動の「目標」からの出題もあり，児童会活動などもキーワードを書き出すなどポイントを絞った学習が必要である。

## 【道徳】

2024年度は，学習指導要領解説「指導計画の作成と内容の取扱い」からの適語選択の出題である。年度によって，道徳科の「目標」からの出題もあり，注意が必要である。いずれにしても，キーワードを確実に押さえておくことが重要である。

## 【総合的な学習の時間】

例年，学習指導要領関連の問題が出題されている。2024年度は，学習指導要領解説から「目標の趣旨」について出題された。過去の出題は，

「各学校において定める目標及び内容」,「考えるための技法の活用」,「内容の取扱いについての配慮事項」「単元計画の作成」「内容の設定」など多岐にわたっている。このため,幅広く学習しておくことが必要である。

## 【総則】

2024年度と2023年度は出題されていないが,2022年度は,総則の中で道徳教育について出題された。

## 【教職】

2024年度は,教育原理として「生徒指導提要」(文部科学省),「人権教育の指導方法等の在り方について［第三次取りまとめ］」等,教育心理として「評価及び分析」,時事問題として「環境白書・循環型社会白書・生物多様性白書」(環境省)に関する出題があった。

# 過去5年間の出題傾向分析

●：福岡県　○：福岡市

①国語

| 分　　類 | 主な出題事項 | 2020 年度 | 2021 年度 | 2022 年度 | 2023 年度 | 2024 年度 |
|---|---|---|---|---|---|---|
| ことば | 漢字の読み・書き | | | | | |
| | 同音異義語・同訓漢字の読み・書き | | | | | |
| | 四字熟語の読み・書き・意味 | | | | | |
| | 格言・ことわざ・熟語の意味 | | | | | ●○ |
| 文法 | 熟語の構成, 対義語, 部首, 画数, 各種品詞 | | | | | |
| 敬語 | 尊敬語, 謙譲語, 丁寧語 | | | | | |
| 現代文読解 | 空欄補充, 内容理解, 要旨, 作品に対する意見論述 | ● | ● | ●○ | ●○ | ●○ |
| 詩 | 内容理解, 作品に対する感想 | | | | | |
| 短歌 | 表現技法, 作品に対する感想 | | | | | |
| 俳句 | 季語・季節, 切れ字, 内容理解 | | | | | |
| 古文読解 | 内容理解, 文法（枕詞, 係り結び） | | | | | |
| 漢文 | 書き下し文, 意味, 押韻 | | | | | |
| 日本文学史 | 古典（作者名, 作品名, 成立年代, 冒頭部分） | | | | ● | |
| | 近・現代（作者名, 作品名, 冒頭部分） | | | | | |
| その他 | 辞書の引き方, 文章・手紙の書き方など | | | | | |
| 学習指導要領・学習指導要領解説 | 目標 | | | | | |
| | 内容 | ● | ● | ●○ | ●○ | ●○ |
| | 指導計画の作成と各学年にわたる内容の取扱い | | | ●○ | | |
| 指導法 | 具体的指導法 | | | | | |

8

②社会

| 分　類 | 主な出題事項 | 2020年度 | 2021年度 | 2022年度 | 2023年度 | 2024年度 |
|---|---|---|---|---|---|---|
| 古代·中世史 | 四大文明, 古代ギリシア・ローマ, 古代中国 | | | | | |
| ヨーロッパ中世・近世史 | 封建社会, 十字軍, ルネサンス, 宗教改革, 大航海時代 | | | | | |
| ヨーロッパ近代史 | 清教徒革命, 名誉革命, フランス革命, 産業革命 | | | | | |
| アメリカ史~19世紀 | 独立戦争, 南北戦争 | | | | | |
| 東洋史~19世紀 | 唐, 明, 清, イスラム諸国 | | | | | |
| 第一次世界大戦 | 辛亥革命, ロシア革命, ベルサイユ条約 | | | | | |
| 第二次世界大戦 | 世界恐慌, 大西洋憲章 | | | | | |
| 世界の現代史 | 冷戦, 中東問題, 軍縮問題, ヨーロッパ統合, イラク戦争 | | | | | |
| 日本原始・古代史 | 縄文, 弥生, 邪馬台国 | ● | | | | |
| 日本史:飛鳥時代 | 聖徳太子, 大化の改新, 大宝律令 | ● | | | | |
| 日本史:奈良時代 | 平城京, 荘園, 聖武天皇 | ● | | | | |
| 日本史:平安時代 | 平安京, 摂関政治, 院政, 日宋貿易 | | | ● | | |
| 日本史:鎌倉時代 | 御成敗式目, 元寇, 守護・地頭, 執権政治, 仏教 | | | ● | ●○ | |
| 日本史:室町時代 | 勘合貿易, 応仁の乱, 鉄砲伝来, キリスト教伝来 | ● | | | ●○ | |
| 日本史:安土桃山 | 楽市楽座, 太閤検地 | | | | | |
| 日本史:江戸時代 | 鎖国, 武家諸法度, 三大改革, 元禄・化政文化, 開国 | | | ● | | ●○ |
| 日本史:明治時代 | 明治維新, 日清・日露戦争, 条約改正 | | | | | |
| 日本史:大正時代 | 第一次世界大戦, 大正デモクラシー | | | ● | | |
| 日本史:昭和時代 | 世界恐慌, サンフランシスコ平和条約, 高度経済成長 | | | ● | | |
| 地図 | 地図記号, 等高線, 縮尺, 距離, 面積, 図法, 緯度経度 | | | | | |
| 気候 | 雨温図, 気候区分, 気候の特色 | | | | ●○ | |
| 世界の地域:その他 | 世界の河川・山, 首都・都市, 人口, 時差, 宗教 | | | | | |
| 日本の自然 | 国土, 地形, 平野, 山地, 気候, 海岸, 海流 | | | | | |

| 分　類 | 主な出題事項 | 2020年度 | 2021年度 | 2022年度 | 2023年度 | 2024年度 |
|---|---|---|---|---|---|---|
| 日本のくらし | 諸地域の産業・資源・都市・人口などの特徴 | | | | | |
| 日本の産業・資源：農業 | 農産物の生産, 農業形態, 輸出入品, 自給率 | | | ●○ | | |
| 日本の産業・資源：林業 | 森林分布, 森林資源, 土地利用 | | | | | |
| 日本の産業・資源：水産業 | 漁業の形式, 水産資源 | | | ●○ | | |
| 日本の産業・資源：鉱工業 | 鉱物資源, 石油, エネルギー | ● | | ●○ | | |
| 日本の貿易 | 輸出入品と輸出入相手国, 貿易のしくみ | | | | | |
| アジア | 自然・産業・資源などの特徴 | | | | | |
| アフリカ | 自然・産業・資源などの特徴 | | | | | |
| ヨーロッパ | 自然・産業・資源などの特徴 | | | | | |
| 南北アメリカ | 自然・産業・資源などの特徴 | | | | | |
| オセアニア・南極 | 自然・産業・資源などの特徴 | | | | | |
| 環境問題 | 環境破壊（温暖化, 公害）, 環境保護（京都議定書, ラムサール条約, リサイクル） | | | | | |
| 世界遺産 | 世界遺産 | | | | | |
| 民主政治 | 選挙, 三権分立 | ● | | | | ●○ |
| 日本国憲法 | 憲法の三原則, 基本的人権, 自由権, 社会権 | ● | | | | |
| 国会 | 立法権, 二院制, 衆議院の優越, 内閣不信任の決議 | ● | | | | |
| 内閣 | 行政権, 衆議院の解散・総辞職, 行政組織・改革 | | ● | | | |
| 裁判所 | 司法権, 三審制, 違憲立法審査権, 裁判員制度 | | | ●○ | | |
| 地方自治 | 直接請求権, 財源 | | | | | |
| 国際政治 | 国際連合（安全保障理事会, 専門機関） | | | | | |
| 政治用語 | NGO, NPO, ODA, PKO, オンブズマンなど | | | | | |
| 経済の仕組み | 経済活動, 為替相場, 市場, 企業, 景気循環 | | | | | |
| 金融 | 日本銀行, 通貨制度 | | | | | |

| 分　類 | 主な出題事項 | 2020年度 | 2021年度 | 2022年度 | 2023年度 | 2024年度 |
|---|---|---|---|---|---|---|
| 財政 | 予算, 租税 | | | | | |
| 国際経済 | アジア太平洋経済協力会議, WTO | | | | | |
| 学習指導要領・学習指導要領解説 | 目標 | | | | ●○ | |
| | 内容 | | | | | |
| | 指導計画の作成と各学年にわたる内容の取扱い | | ● | ●○ | | |
| 指導法 | 具体的指導法 | | | | | |

③算数

| 分　類 | 主な出題事項 | 2020年度 | 2021年度 | 2022年度 | 2023年度 | 2024年度 |
|---|---|---|---|---|---|---|
| 数の計算 | 約数と倍数, 自然数, 整数, 無理数, 進法 | ● | | | | |
| 式の計算 | 因数分解, 式の値, 分数式 | | | | | |
| 方程式と不等式 | 一次方程式, 二次方程式, 不等式 | | | | | |
| 関数とグラフ | 一次関数 | ● | | ●○ | | |
| | 二次関数 | | ● | ●○ | | |
| 図形 | 平面図形（角の大きさ, 円・辺の長さ, 面積） | ● | ● | ●○ | ●○ | ●○ |
| | 空間図形（表面積, 体積, 切り口, 展開図） | | | | | |
| 数列 | 等差数列 | | | | | |
| 確率 | 場合の数, 順列・組み合わせ | | ● | ●○ | ●○ | ●○ |
| その他 | 証明, 作図, 命題, 問題作成など | | | | | |
| 学習指導要領・学習指導要領解説 | 目標 | | | | | |
| | 内容 | | | | ●○ | ●○ |
| | 指導計画の作成と各学年にわたる内容の取扱い | | | ● | | |
| 指導法 | 具体的指導法 | | | | | |

## ④理科

| 分　類 | 主な出題事項 | 2020年度 | 2021年度 | 2022年度 | 2023年度 | 2024年度 |
|---|---|---|---|---|---|---|
| 生物体のエネルギー | 光合成，呼吸 | | | | | |
| 遺伝と発生 | 遺伝，細胞分裂 | | | | | |
| 恒常性の維持と調節 | 血液，ホルモン，神経系，消化，酵素 | | | | | |
| 生態系 | 食物連鎖，生態系 | | | | | |
| 生物の種類 | 動植物の種類・特徴 | ● | | | | |
| 地表の変化 | 地震（マグニチュード，初期微動，P波とS波） | ● | | | | |
| 地表の変化 | 火山（火山岩，火山活動） | | | | | |
| 気象 | 気温，湿度，天気図，高・低気圧 | | ● | | | |
| 太陽系と宇宙 | 太陽，月，星座，地球の自転・公転 | | | ●○ | ●○ | |
| 地層と化石 | 地層，地形，化石 | | | | | |
| 力 | つり合い，圧力，浮力，重力 | | | | | |
| 運動 | 運動方程式，慣性 | | | | | |
| 仕事とエネルギー | 仕事，仕事率 | | | | | |
| 波動 | 熱と温度，エネルギー保存の法則 | | | | | |
| 波動 | 波の性質，音，光 | | | | | |
| 電磁気 | 電流，抵抗，電力，磁界 | | | | | |
| 物質の構造 | 物質の種類・特徴，原子の構造，化学式 | | | | | ●○ |
| 物質の状態：三態 | 気化，昇華，凝縮，融解，凝固，凝結 | | ● | | | |
| 物質の状態：溶液 | 溶解，溶液の濃度 | ● | | | ●○ | |
| 物質の変化：反応 | 化学反応式 | | | | | |
| 物質の変化：酸塩基 | 中和反応 | | | | | |
| 物質の変化：酸化 | 酸化・還元，電気分解 | | | | | |
| その他 | 顕微鏡・ガスバーナー・てんびん等の取扱い，薬品の種類と取扱い，実験の方法 | | | ●○ | | |

| 分　　類 | 主な出題事項 | 2020年度 | 2021年度 | 2022年度 | 2023年度 | 2024年度 |
|---|---|---|---|---|---|---|
| 学習指導要領・学習指導要領解説 | 目標 | ● | ● | ●○ | | |
| | 内容 | | | | | |
| | 指導計画の作成と各学年にわたる内容の取扱い | | | | ●○ | ●○ |
| 指導法 | 具体的指導法 | | | | ●○ | |

## ⑤生活

| 分　　類 | 主な出題事項 | 2020年度 | 2021年度 | 2022年度 | 2023年度 | 2024年度 |
|---|---|---|---|---|---|---|
| 学科教養 | 地域の自然や産業 | | | | | |
| 学習指導要領・学習指導要領解説 | 目標 | | ● | | | |
| | 内容 | | | | ●○ | |
| | 指導計画の作成と各学年にわたる内容の取扱い | | | | | ●○ |
| 指導法 | 具体的指導法など | | | | | |

## ⑥音楽

| 分　　類 | 主な出題事項 | 2020年度 | 2021年度 | 2022年度 | 2023年度 | 2024年度 |
|---|---|---|---|---|---|---|
| 音楽の基礎 | 音楽記号，楽譜の読み取り，楽器の名称・使い方，旋律の挿入 | ● | ● | ●○ | ●○ | ●○ |
| 日本音楽：飛鳥～奈良時代 | 雅楽 | | | | ●○ | |
| 日本音楽：鎌倉～江戸時代 | 平曲，能楽，三味線，箏，尺八 | | | | | |
| 日本音楽：明治～ | 滝廉太郎，山田耕作，宮城道雄 | | ● | | | |
| | 歌唱共通教材，文部省唱歌など | ● | ● | ●○ | ●○ | ●○ |
| 西洋音楽：～18世紀 | バロック，古典派 | | | | | |
| 西洋音楽：19世紀 | 前期ロマン派，後期ロマン派，国民楽派 | | | | ●○ | |
| 西洋音楽：20世紀 | 印象派，現代音楽 | | | | | |
| その他 | 民謡，民族音楽 | | | | | |
| 学習指導要領・学習指導要領解説 | 目標 | | | | | |

| 分　類 | 主な出題事項 | 2020年度 | 2021年度 | 2022年度 | 2023年度 | 2024年度 |
|---|---|---|---|---|---|---|
| 学習指導要領・学習指導要領解説 | 内容 | | ● | ●○ | ●○ | |
| | 指導計画の作成と各学年にわたる内容の取扱い | | | | | |
| 指導法 | 具体的指導法 | | | | | |

## ⑦図画工作

| 分　類 | 主な出題事項 | 2020年度 | 2021年度 | 2022年度 | 2023年度 | 2024年度 |
|---|---|---|---|---|---|---|
| 図画工作の基礎 | 表現技法, 版画, 彫刻, 色彩, 用具の取扱い | ● | ● | ●○ | ●○ | ●○ |
| 日本の美術・芸術 | 江戸, 明治, 大正, 昭和 | | | | | |
| 西洋の美術・芸術: 15～18世紀 | ルネサンス, バロック, ロココ | | | | | |
| 西洋の美術・芸術: 19世紀 | 古典主義, ロマン主義, 写実主義, 印象派, 後期印象派 | | | | | |
| 西洋の美術・芸術: 20世紀 | 野獣派, 立体派, 超現実主義, 表現派, 抽象派 | | | | | |
| その他 | 実技など | | | | | |
| 学習指導要領・学習指導要領解説 | 目標 | ● | | | | |
| | 内容 | | | ●○ | | |
| | 指導計画の作成と各学年にわたる内容の取扱い | | ● | | ●○ | |
| 指導法 | 具体的指導法 | | | | | |

## ⑧家庭

| 分　類 | 主な出題事項 | 2020年度 | 2021年度 | 2022年度 | 2023年度 | 2024年度 |
|---|---|---|---|---|---|---|
| 食物 | 栄養・栄養素, ビタミンの役割 | | | ●○ | | |
| | 食品, 調理法, 食品衛生, 食中毒 | | | ●○ | | |
| 被服 | 布・繊維の特徴, 裁縫, 洗濯 | | ● | | ●○ | ○ |
| その他 | 照明, 住まい, 掃除, 消費生活, エコマーク, 保育 | ● | | ●○ | | |
| 学習指導要領・学習指導要領解説 | 目標 | | | | | |
| | 内容 | | ● | ●○ | ●○ | |

| 分　類 | 主な出題事項 | 2020年度 | 2021年度 | 2022年度 | 2023年度 | 2024年度 |
|---|---|---|---|---|---|---|
| 学習指導要領・学習指導要領解説 | 指導計画の作成と各学年にわたる内容の取扱い | | | | | |
| 指導法 | 具体的指導法 | | ● | | | |

## ⑨体育

| 分　類 | 主な出題事項 | 2020年度 | 2021年度 | 2022年度 | 2023年度 | 2024年度 |
|---|---|---|---|---|---|---|
| 保健 | 応急措置，薬の処方 | | | | | |
| | 生活習慣病，感染症，喫煙，薬物乱用 | | | | | |
| | その他（健康問題，死亡原因，病原菌） | | | | | |
| 体育 | 体力，運動技能の上達 | | | | | |
| | スポーツの種類・ルール，練習法 | | | | | |
| 学習指導要領・学習指導要領解説 | 総則 | | | | | |
| | 目標 | | | ●○ | ●○ | ●○ |
| | 内容 | | | | ●○ | ●○ |
| | 体育科の領域構成 | | | | | |
| | 内容の取扱い | | | | | |
| | 指導計画の作成と各学年にわたる内容の取扱い | ● | | | | |
| 指導法 | 具体的指導法 | | | | | |

## ⑩外国語・外国語活動

| 分　類 | 主な出題事項 | 2020年度 | 2021年度 | 2022年度 | 2023年度 | 2024年度 |
|---|---|---|---|---|---|---|
| リスニング・単語 | 音声，聞き取り，解釈，発音，語句 | ● | ● | ● | | |
| 英文法 | 英熟語，正誤文訂正，同意語 | | | ● | | ●○ |
| 対話文 | 空欄補充，内容理解 | | | ● | ● | ●○ |
| 英文解釈 | 長文，短文 | ● | ● | ● | | |
| 学習指導要領・学習指導要領解説 | 目標・内容・指導計画の作成と内容の取扱い | | | ● | ●○ | ●○ | ●○ |

15

| 分　類 | 主な出題事項 | 2020年度 | 2021年度 | 2022年度 | 2023年度 | 2024年度 |
|---|---|---|---|---|---|---|
| 指導法 | 具体的指導法 | | | | | |

## ⑪その他

| 分　類 | 主な出題事項 | 2020年度 | 2021年度 | 2022年度 | 2023年度 | 2024年度 |
|---|---|---|---|---|---|---|
| 道徳 | 学習指導要領・学習指導要領解説 | ● | ● | | ● | ●○ |
| 総合的な学習の時間 | 学習指導要領・学習指導要領解説 | ● | ● | ● | ● | ●○ |
| 特別活動 | 学習指導要領・学習指導要領解説 | ● | ● | ● | ● | ●○ |
| 総則 | 学習指導要領・学習指導要領解説 | | | ● | | |

## ⑫教育関係

| 分　類 | 主な出題事項 | 2020年度 | 2021年度 | 2022年度 | 2023年度 | 2024年度 |
|---|---|---|---|---|---|---|
| 教育原理・法規・心理・他 | 教育原理・教育法規・教育心理・教育史・他 | | | | | ●○ |
| 時事問題 | 文部科学省等資料・他 | | | | | ●○ |

# 第2部

# 福岡県・福岡市・北九州市の教員採用試験実施問題

## 2024年度　実施問題

※福岡市を志望する場合は，【6】～【26】を解答して下さい。

【1】次の対話文は，友人AとBの会話である。文中の（　ア　）～（　エ　）に入る適当なものをそれぞれa～cから選んだとき，正しい組合せを選びなさい。

A : (　ア　). What time do you get up?

B : I wake up very early every morning. Maybe about 5 o'clock.

A : Wow, so early! What do you usually do after that?

B : (　イ　). When I have time, I cook my lunch and go jogging.

A : That's why you get up so early in the morning.

B : How about you? When do you usually get up?

A : Well, I get up at 8 o'clock.

B : (　ウ　)?

A : It's okay. I take a shower before going to bed and always skip breakfast.

B : Oh, if you get up a little earlier, you can have time to eat something and exercise. As the proverb says, "(　エ　)."

A : Yeah, I know.

B : You can do it. Let's live a healthy life!

| ア | a. Please let me introduce myself |
| | b. Please give me some hints about your brother |
| | c. Please tell me about your morning routines |
| イ | a. I have some friends who live near my house |
| | b. I take a shower and have breakfast |
| | c. Thank you so much for telling me about it |
| ウ | a. Won't you be late for work |
| | b. Why do you look so sleepy all day |
| | c. Does your brother wake up at 5 o'clock |
| エ | a. It is no use crying over spilt milk |
| | b. The early bird gets the worm |
| | c. The calm before the storm |

| | ア | イ | ウ | エ |
|---|---|---|---|---|
| ① | a | b | b | a |
| ② | b | c | c | b |
| ③ | a | c | a | c |
| ④ | c | b | a | b |
| ⑤ | c | a | b | c |

(☆☆☆◎◎◎)

【2】次の文は,「令和4年版　環境白書・循環型社会白書・生物多様性白書」(環境省)の一部を抜粋したものである。文中の( ア )～( エ )に当てはまる語句の正しい組合せを選びなさい。ただし,同じ記号には同じ語句が入る。

> 「国土形成計画」,その他の国土計画に関する法律に基づく計画を踏まえ,環境負荷を減らすのみならず,生物多様性等も保全されるような持続可能な国土管理に向けた施策を進めていきます。例えば,森林,農地,都市の緑地・水辺,河川,海等を有機的につなぐ( ア )ネットワークの形成,森林の適切な整備・保全,集約型都市構造の実現,環境的に持続可能な交通システムの構築,生活排水処理施設や廃棄物処理施設を始めとする( イ )のためのインフラの維持・管理,( ウ )変動への適応等に取り組みます。
>
> 特に,管理の担い手不足が懸念される農山漁村においては,持続的な農林水産業等の確立に向け,農地・森林・漁場の適切な整備・保全を図りつつ,経営規模の拡大や効率的な生産・加工・流通体制の整備,多角化・複合化等の( エ )化,人材育成等の必要な環境整備,有機農業を含む( イ )型農業の取組等を進めるとともに,森林,農地等における土地所有者等,NPO,事業者,コミュニティなど多様な主体に対して,環境負荷を減らすのみならず,生物多様性等も保全されるような国土管理への参画を促します。

| | ア | イ | ウ | エ |
|---|---|---|---|---|
| ① | 環境系 | 環境保全 | 地殻 | 法人 |
| ② | 生態系 | 環境循環 | 気候 | 法人 |
| ③ | 生態系 | 環境保全 | 地殻 | ６次産業 |
| ④ | 生態系 | 環境保全 | 気候 | ６次産業 |
| ⑤ | 環境系 | 環境循環 | 地殻 | ６次産業 |

(☆☆☆◎◎◎)

【３】次の(1)～(4)の各文は，評価及び分析について述べたものである。文中の( ア )～( エ )に当てはまる語句の正しい組合せを選びなさい。

(1) 学校教育の成果を試験により判定する試みは，古くから行われてきたが，信頼性を欠くものとしての反省が生まれたため，試験方法の客観化の動きが起きた。先駆者としては，英国のフィッシャー(Fisher,G.)やアメリカのライス(Rice,F.M.)らがおり，フィッシャーは1864年に( ア )を考察し，ライスは1894年に綴字テストを作成した。

(2) 学習活動の進行中に，児童・生徒の学習の理解度，達成度の状態を確認し，その状態に応じて学習指導にフィードバックさせ，教師の指導改善的機能や，児童・生徒の学習促進的機能を備えた評価を( イ )という。

(3) モレノ(Moreno,J.L.)によって考案された，集団内における個人の選択感情と排斥感情をもとに，その集団の構造や集団としてのまとまり具合，およびその個人の集団における地位などを測定する方法を( ウ )という。

(4) マレー(Murray,H.A)は，個人のパーソナリティの測定とパーソナリティ発達を多様な方法で総合的にとらえる方法の発展に貢献した。彼が見出した検査法に( エ )があり，投影法を代表する検査のひとつとなっている。

|   | ア | イ | ウ | エ |
|---|---|---|---|---|
| ① | 尺度簿 | 形成的評価 | ゲスフーテスト | TAT |
| ② | 標準検査 | 形成的評価 | ゲスフーテスト | ロールシャッハ・テスト |
| ③ | 尺度簿 | 形成的評価 | ソシオメトリック・テスト | TAT |
| ④ | 標準検査 | 診断的評価 | ソシオメトリック・テスト | ロールシャッハ・テスト |
| ⑤ | 尺度簿 | 診断的評価 | ソシオメトリック・テスト | ロールシャッハ・テスト |

(☆☆◎◎◎)

【4】次の文は「生徒指導提要」(令和4年12月　文部科学省)の一部を抜粋したものである。文中の( ア )～( オ )に当てはまる語句の正しい組合せを選びなさい。

---

1.2　生徒指導の構造

1.2.1　2軸3類4層構造

　生徒指導は，児童生徒の課題への対応を時間軸や対象，課題性の高低という観点から類別することで，構造化することができます。生徒指導の分類を示すと，図1のようになります。

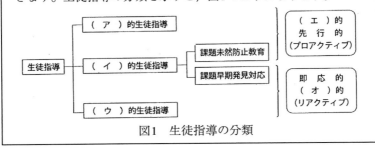

図1　生徒指導の分類

---

|   | ア | イ | ウ | エ | オ |
|---|---|---|---|---|---|
| ① | 発達支持 | 課題発見 | 困難課題対応 | 常態 | 緊急 |
| ② | 自己指導 | 課題発見 | 困難課題対応 | 予見 | 継続 |
| ③ | 発達支持 | 課題予防 | 危機管理対応 | 予見 | 緊急 |
| ④ | 発達支持 | 課題予防 | 困難課題対応 | 常態 | 継続 |
| ⑤ | 自己指導 | 課題発見 | 危機管理対応 | 常態 | 継続 |

(☆☆☆◎◎◎◎)

【5】次の各文は、「人権教育の指導方法等の在り方について[第三次とり
　　まとめ]」(平成20年3月人権教育の指導方法等に関する調査研究会議)
　　及び「部落差別の解消の推進に関する法律」(平成28年法律第109号)の
　　一部を抜粋したものである。文中の( ア )〜( オ )に当てはまる語
　　句の正しい組合せを選びなさい。

> 「人権教育の指導方法等の在り方について[第三次とりまとめ]」
> 　人権教育が効果を上げうるためには、まず、その教育・学習
> の場自体において、人権尊重が徹底し、人権尊重の( ア )がみ
> なぎっている環境であることが求められる。
> (略)
> 　学校において人権教育を展開する際には、人権教育の目標と
> 各教科等の目標やねらいとの関連を明確にした上で、人権に関
> する意識・態度、実践力を養う人権教育の活動と、それぞれの
> 目標・ねらいに基づく各教科等の指導とが、( イ )に効果を上
> げられるようにしていくことが重要である。
> (略)
> 　教職員においては、児童生徒の( ウ )に気付き、互いの人権
> が尊重されているかを判断できる確かな人権感覚を身に付ける
> よう、常に自己研鑽を積まなければならない。教育活動や日常
> の生活場面の中で、言動に潜む決めつけや偏見がないか、一人
> 一人を大切にしているかを繰り返し点検し、自らの人権意識を
> 絶えず見つめ直す必要がある。
> 「部落差別の解消の推進に関する法律」
> 第2条　部落差別の解消に関する施策は、全ての国民が等しく基
> 本的人権を享有するかけがえのない( エ )として尊重されるも
> のであるとの理念にのっとり、部落差別を解消する必要性に対
> する国民一人一人の( オ )よう努めることにより、部落差別の
> ない社会を実現することを旨として、行われなければならない。

| | ア | イ | ウ | エ | オ |
|---|---|---|---|---|---|
| ① | 意欲 | 有機的・相乗的 | 心の痛み | 個人 | 意識を高める |
| ② | 精神 | 組織的・継続的 | 心の痛み | 存在 | 意識を高める |
| ③ | 精神 | 有機的・相乗的 | 心の痛み | 個人 | 理解を深める |
| ④ | 意欲 | 有機的・相乗的 | 変化 | 存在 | 理解を深める |
| ⑤ | 意欲 | 組織的・継続的 | 変化 | 個人 | 意識を高める |

(☆☆☆◎◎◎)

【6】次の文は，小学校学習指導要領(平成29年3月告示)「第2章　各教科」「第1節　国語」「第2　各学年の目標及び内容」〔第5学年及び第6学年〕「2　内容」〔思考力，判断力，表現力等〕「A　話すこと・聞くこと」を抜粋したものである。文中の( a )～( e )に当てはまる語句の正しい組合せを選びなさい。

---

A　話すこと・聞くこと

(1)　話すこと・聞くことに関する次の事項を身に付けることができるよう指導する。

ア　目的や意図に応じて，( a )の中から話題を決め，集めた材料を分類したり関係付けたりして，伝え合う内容を検討すること。

イ　話の内容が明確になるように，( b )，意見とを区別するなど，話の構成を考えること。

ウ　( c )を活用するなどして，自分の考えが伝わるように表現を工夫すること。

エ　話し手の目的や自分が聞こうとする意図に応じて，話の内容を捉え，話し手の考えと比較しながら，自分の考えを( d )こと。

オ　互いの立場や意図を明確にしながら計画的に話し合い，考えを広げたりまとめたりすること。

(2)　(1)に示す事項については，例えば，次のような言語活動を通して指導するものとする。

---

> ア　意見や提案など自分の考えを話したり，それらを聞いたりする活動。
>
> イ　( e )などをして必要な情報を集めたり，それらを発表したりする活動。
>
> ウ　それぞれの立場から考えを伝えるなどして話し合う活動。

| | a | b | c | d | e |
|---|---|---|---|---|---|
| ① | 日常生活 | 事実と感想 | 資料 | まとめる | インタビュー |
| ② | 日常生活 | 理由や事例 | 資料や機器 | まとめる | 質問する |
| ③ | 日常生活 | 事実と感想 | 資料や機器 | もつ | 質問する |
| ④ | 社会生活 | 理由や事例 | 資料 | もつ | インタビュー |
| ⑤ | 社会生活 | 事実と感想 | 資料や機器 | まとめる | インタビュー |

(☆☆☆◎◎◎)

【7】

　「しあわせ」は元々，二つの事物がぴったり合った状態を指す言葉だった。( A )，その状態は自分の意志や努力だけでは実現せず，それを超えた働きに大きく左右されるものだという受けとめ方が，この言葉には込められてきた。それゆえ，かつてこの言葉は「めぐり合わせ」や「運」，「運命」，「なりゆき」，「機会」といったものを主に意味し，しかも，良いめぐり合わせにも悪いめぐり合わせにも用いられてきた。つまり，「幸運」以外にも，「不運」，「不幸」，「人が死ぬこと」，「葬式」といった意味すらもっていたのである(日本国語大辞典第二版)。

　とはいえ，「しあわせ」という言葉の意味は本当は「めぐり合わせ」や「運命」といったものだ，というわけではない。時代が下り，現代に至ると，この言葉によって「めぐり合わせ」などを直接指すことはなくなり，不平や不満がなく心が満ち足りている状態としての「幸福」を主に指すものとなった。この変化はそれ自体として重要であり，なぜそのように意味が移り変わっていったのか，大いに検討する価値があるだろう。

　ただ，同時に，現代のそうした「しあわせ」の用法ないし「しあわせ」観では見えにくくなっているものが，この言葉の歴史を遡ることで見えてくる面があることも確かだ。「めぐり合わせ」の類いから「幸福」へと意味が移ろっていったのは，この二つの事柄に深い関連性があるからだ，というのは自然で見込みの高い推定だろう。（　Ａ　），この推定から，「しあわせ」についての新しい見方が開かれうる。あるいは，私たちが忘れがちだった見方が息を吹き返しうる。すなわち，「しあわせ」であるというのは，単に「心が満ち足りている状態」にある——幸福感を覚えている——という主観的な心持ちに尽きるわけではなく，誰かや何かとめぐり合い，自分の意志や努力を超えた働きに与る契機と深く結びついている，という見方だ。

　こうした点で，言葉の歴史を遡ることはまさに，「（　Ｂ　）」ことの最も身近な実践となりうるものだ。

　語源のみに事柄の本質を見ようとして，言葉の意味の時間的な変化を無視する姿勢——言うなれば「語源原理主義」——は間違っているが，かといって，いま現在表立っている用法のみに注目することも，一種の視野狭窄に陥っている。言葉の歴史を時間をかけて辿り直すことは，「しあわせ」であれ，あるいは「かわいい」であれ，普段滑らかにテンポよく言葉を使っているときには意識しない，これらの言葉の興味深い奥行きを確かめることになるはずだ。

　（　Ａ　）その作業は，いま「しあわせ」とされることとの向き合い方や，「かわいい」とされるものとの向き合い方について，私たちにいま一度考える機会を与え，ときに大きなヒントを与えてくれるだろう。

（古田徹也『いつもの言葉を哲学する』による。一部改変）

問1　文中の（　Ａ　）に当てはまる語句として，最適なものを選びなさい。

　①　さて　　②　なぜなら　　③　たとえば　　④　だが
　⑤　そして

問2　文中の（　Ｂ　）に当てはまる語句として，最適なものを選びなさい。

① 禍を転じて福となす　② 故きを温ねて新しきを知る
③ 鼎の軽重を問う　　　④ 先んずれば人を制す
⑤ 有終の美を飾る

(☆☆○○○)

【8】次の≪資料≫は，日本の権力の抑制と均衡の関係を示したものである。≪資料≫中のA〜Cには裁判所，国会，内閣のいずれかが当てはまる。≪資料≫中のア〜オに当てはまる語句の正しい組合せを選びなさい。

《資料》日本の権力の抑制と均衡の関係

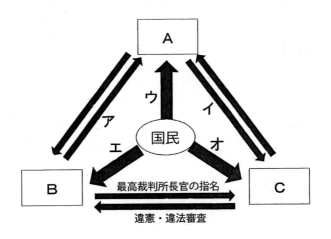

|   | ア | イ | ウ | エ | オ |
|---|---|---|---|---|---|
| ① | 衆議院の解散 | 弾劾裁判所の設置 | 選 挙 | 世 論 | 国民審査 |
| ② | 両院協議会の開催 | 解職請求 | 選 挙 | 世 論 | 国民審査 |
| ③ | 衆議院の解散 | 弾劾裁判所の設置 | 世 論 | 選 挙 | 国民審査 |
| ④ | 両院協議会の開催 | 弾劾裁判所の設置 | 世 論 | 選 挙 | 国民投票 |
| ⑤ | 衆議院の解散 | 解職請求 | 世 論 | 選 挙 | 国民投票 |

(☆☆☆○○○)

【9】次のア～オの各文は，江戸幕府の全国支配について述べたものである。ア～オを年代の古い順に左から正しく並べかえたものを選びなさい。

| ア | 徳川家康は，二度にわたった大坂の陣（大坂冬の陣，夏の陣）によって，豊臣氏を滅ぼした。 |
|---|---|
| イ | 徳川家康は，朝廷から征夷大将軍に任命されて，江戸（東京都）に以後約260年間続く幕府を開いた。 |
| ウ | 豊臣政権の支配をそのまま続けようとする石田三成は毛利輝元を盟主にして，徳川家康と戦ったが敗れた。 |
| エ | 幕府は，大名には国元と江戸とを1年交代で往復する参勤交代を義務づけ，大名の妻子には江戸に住むことを強制した。 |
| オ | 幕府は最初の武家諸法度を出し，大名が幕府に許可なく城を修理したり，大名同士が無断で婚姻を結んだりすることを禁止した。 |

| ① | ウ | イ | ア | エ | オ |
|---|---|---|---|---|---|
| ② | ア | ウ | イ | オ | エ |
| ③ | ア | ウ | イ | エ | オ |
| ④ | ウ | イ | ア | オ | エ |
| ⑤ | ウ | エ | ア | イ | オ |

(☆☆☆○○○)

【10】次の文は，小学校学習指導要領解説算数編(平成29年文部科学省)「第2章　算数科の目標及び内容」「第2節　算数科の内容」「2　各領域の内容の概観」「D　データの活用」の一部を抜粋したものである。文中の( ア )～( エ )に当てはまる語句の正しい組合せを選びなさい。

> データの種類
>
> 　統計において扱うデータには，性別や血液型など文字情報として得られる「( ア )データ」と，身長やハンドボール投げの記録のように数値情報として得られる「( イ )データ」，各月の平均最高気温などのように時間変化に沿って得られた「( ウ )データ」がある。データの種類によって( エ )の仕方や用いるグラフなど異なってくるため注意が必要である。

| | ア | イ | ウ | エ |
|---|---|---|---|---|
| ① | 質　的 | 量　的 | 横断的 | 分類整理 |
| ② | 量　的 | 質　的 | 横断的 | 分析処理 |
| ③ | 量　的 | 質　的 | 時系列 | 分類整理 |
| ④ | 質　的 | 量　的 | 時系列 | 分類整理 |
| ⑤ | 質　的 | 量　的 | 横断的 | 分析処理 |

(☆☆☆◎◎◎)

【11】コインが何枚か入っている箱から，20枚のコインを取り出し，その全部に印をつけて箱に戻した。その後，この箱から10枚のコインを無作為に抽出したところ，印のついたコインは5枚であった。

　はじめにこの箱に入っているコインの枚数は，およそ何枚と推定できるか答えなさい。

①　30枚　　②　35枚　　③　40枚　　④　45枚　　⑤　50枚

(☆☆☆◎◎◎)

【12】次の図のように，△ABCにおいて，辺AB上，辺AC上にそれぞれ点D，点Eをとるとき，辺DEと辺BCの長さの比を求めなさい。

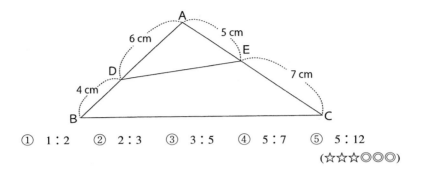

① 1：2　② 2：3　③ 3：5　④ 5：7　⑤ 5：12

(☆☆☆◎◎◎)

【13】次の文は，小学校学習指導要領(平成29年3月告示)「第2章　各教科」
「第4節　理科」「第3　指導計画の作成と内容の取扱い」の一部を抜粋
したものである。文中の( ア )～( エ )に当てはまる語句の正しい
組合せを選びなさい。

---

　2　第2の内容の取扱いについては，次の事項に配慮するものと
　する。
　(1)　( ア )を見いだし，予想や仮説，観察，実験などの方
　　法について考えたり説明したりする学習活動，観察，実験
　　の結果を整理し考察する学習活動，科学的な言葉や概念を
　　使用して考えたり説明したりする学習活動などを重視する
　　ことによって，( イ )が充実するようにすること。
　(2)　観察，実験などの指導に当たっては，指導内容に応じて
　　コンピュータや情報通信ネットワークなどを適切に活用で
　　きるようにすること。また，第1章総則の第3の1の(3)のイ
　　に掲げるプログラミングを体験しながら( ウ )を身に付け
　　るための学習活動を行う場合には，児童の( エ )に配慮し
　　つつ，例えば第2の各学年の内容の〔第6学年〕の「A物
　　質・エネルギー」の(4)における電気の性質や働きを利用し
　　た道具があることを捉える学習など，与えた条件に応じて
　　動作していることを考察し，更に条件を変えることにより，

---

動作が変化することについて考える場面で取り扱うものとする。

|   | ア | イ | ウ | エ |
|---|---|---|---|---|
| ① | 課　題 | 言語活動 | 科学的思考力 | 実　態 |
| ② | 課　題 | 探究活動 | 科学的思考力 | 負　担 |
| ③ | 問　題 | 言語活動 | 論理的思考力 | 実　態 |
| ④ | 問　題 | 探究活動 | 科学的思考力 | 実　態 |
| ⑤ | 問　題 | 言語活動 | 論理的思考力 | 負　担 |

(☆☆☆◎◎◎)

【14】 次の物質のうち，無機物はどれか答えなさい。

①　ろう　　②　プロパン　　③　エタノール　　④　プラスチック

⑤　ガラス

(☆☆☆◎◎◎)

【15】　次の文は，小学校学習指導要領解説生活編(平成29年文部科学省)「第4章　指導計画の作成と内容の取扱い」「1　指導計画作成上の配慮事項」の一部を抜粋したものである。文中の( ア )〜( オ )に当てはまる語句の正しい組合せを選びなさい。

低学年教育の充実と生活科の位置付け

(略)

　また，今回の改訂では，幼児期の教育から小学校，中学校，高等学校までを含めた全体を見通し，育成を目指す資質・能力を整理してきた。あわせて，幼稚園教育要領等において「幼児期の終わりまでに育ってほしい姿」がまとめられ，幼児期の遊びや生活を通じて育まれる( ア )，思考力の芽生えなどの大切さについて，共通理解が図られるようになり，幼児期の教育と小学校教育との( イ )を図るための手掛かりが示された。この手掛かりを基に，小学校入学当初において生活科を中心とした

( ウ )を行うことで，小学校へ入学した児童が，安心して学校生活を送るとともに，自信をもって成長し，( エ )として確かに歩んでいくようになることが期待される。

　これらのことは，生活科が，低学年における( オ )を図る上で重視すべき方向を表しており，教科等間の横のつながりと，幼児期からの発達の段階に応じた縦のつながりとの結節点であることを意識することが重要である。

| | ア | イ | ウ | エ | オ |
|---|---|---|---|---|---|
| ① | 自立心や協同性 | 段階的な移行 | カリキュラムのデザイン | よき生活者 | 教育全体の充実 |
| ② | 自尊心や協働性 | 段階的な移行 | 他教科等との合科的・関連的な指導 | よき生活者 | 教育全体の充実 |
| ③ | 自立心や協同性 | 円滑な接続 | カリキュラムのデザイン | 学習者 | 教育全体の充実 |
| ④ | 自立心や協同性 | 段階的な移行 | 他教科等との合科的・関連的な指導 | 学習者 | 学習環境の整備 |
| ⑤ | 自尊心や協働性 | 円滑な接続 | カリキュラムのデザイン | よき生活者 | 学習環境の整備 |

(☆☆☆◎◎◎◎)

【16】次のア～オの設問に正しく答えた組合せを選びなさい。

　ア　次の歌唱共通教材の楽譜内の空欄に当てはまる拍子として正しいのはどちらか。

1 な の は　な ば た　け ー に　い　り ひ う す れ
2 さ と わ　の ほ か　け ー も　も　り の い ろ も

　　　a $\dfrac{3}{4}$　　b $\dfrac{6}{8}$

　イ　次の楽譜を演奏した時の，小節の合計数として正しいのはどちらか。

  a　10小節　　b　8小節

ウ　次の楽器のうち，木管楽器はどちらか。

  a　フルート　　b　クラベス

エ　「スタッカート」の意味として正しいのはどちらか。

  a　音を短く切る　　b　音を弾ませる

オ　次のピアノの鍵盤図において，ハ長調のⅠ度の和音(ドミソ)を押
　さえているのはどちらか。

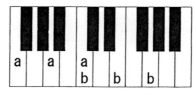

| | ア | イ | ウ | エ | オ |
|---|---|---|---|---|---|
| ① | b | b | b | b | b |
| ② | a | a | b | b | a |
| ③ | a | b | a | a | b |
| ④ | a | b | a | a | a |
| ⑤ | b | a | a | b | b |

(☆☆☆◎◎◎)

【17】次のア～オの各文は，図画工作科で使う道具や材料について述べた
　　ものである。その内容が正しいものを○，誤っているものを×とした
　　とき，正しい組合せを選びなさい。

ア　彫刻刀の丸刀や三角刀で版木を彫るときは，片方の手で彫刻刀と
　　版木の角度を小さくして持ち，もう一方の手の指先で刀を押し出す
　　ように彫る。

イ　かなづちで釘を打つときは，位置がずれたり釘が倒れたりしない
　　ように，釘を打つ位置にきりで穴をあけておくとよい。

ウ　コンピュータやインターネットを使って作品をつくるときは，イ

ンターネットに公開されている他人の作品や写真を勝手に使ったり変えたりしてはならない。

エ　絵の具を歯ブラシなどにつけて，金網にこすりつけて霧状に絵の具を飛ばす技法をデカルコマニーという。

オ　カッターナイフで小さいものや短いものを切るときには「にぎりもち」，大きなものや長いものを切るときには「えんぴつもち」で切るとよい。

|  | ア | イ | ウ | エ | オ |
|---|---|---|---|---|---|
| ① | × | ○ | × | × | × |
| ② | ○ | ○ | ○ | × | × |
| ③ | × | × | ○ | ○ | ○ |
| ④ | ○ | ○ | × | ○ | ○ |
| ⑤ | ○ | × | × | ○ | × |

(☆☆☆◎◎◎)

【18】次のア～オは，繊維製品の取扱いに関する表示記号及びその表示方法(JIS　L　0001)について説明したものである。内容が正しいものを○，誤っているものを×としたとき，正しい組合せを選びなさい。

| | 取扱い表示 | 説明 |
|---|---|---|
| ア | 40 | 液温は40℃を限度とし，洗濯機で非常に弱い洗濯処理ができる。 |
| イ | △ | 塩素系及び酸素系漂白剤による漂白処理ができる。 |
| ウ | | 日陰でのぬれつり干し乾燥がよい。 |

| | | |
|---|---|---|
| エ | （アイロンの図） | 150℃を限度としてアイロン仕上げ処理ができる。 |
| オ | （手洗いの図） | 液温は40℃を限度とし，手洗いによる洗濯処理ができる。 |

| | ア | イ | ウ | エ | オ |
|---|---|---|---|---|---|
| ① | × | × | ○ | × | ○ |
| ② | ○ | × | × | ○ | ○ |
| ③ | × | × | ○ | ○ | × |
| ④ | × | ○ | × | × | ○ |
| ⑤ | ○ | × | ○ | × | × |

(☆☆○○○○○)

【19】次の文は，小学校学習指導要領解説体育編(平成29年文部科学省)「第2章　体育科の目標及び内容」「第1節　教科の目標及び内容」「4　各領域の内容」「(1)　運動領域の内容」「イ　器械運動系」の一部を抜粋したものである。文中の( ア )~( エ )に当てはまる語句を≪語群≫a~hから選んだとき，正しい組合せを選びなさい。

> 　器械・器具を使っての運動遊びの学習指導では，それぞれの器械・器具の条件の下で，回転，支持，( ア )，ぶら下がり，振動，手足での移動などの基本的な動きができるようになったり，遊び方を工夫したり，これらを友達に伝えたりすることが課題になる。また，児童がそれぞれの器械・器具を使った多様な( イ )や遊び方を考えることができるように図で掲示したり，集団で取り組める遊びを工夫したり，児童が創意工夫した動きを評価したりすることが必要である。さらに，器械運動と関連の深い動きを，意図的に取り入れることにより，基礎となる体の動かし方や感覚を身に付けることが大切である。

　器械運動は，中・高学年ともに「マット運動」，「鉄棒運動」及び「跳び箱運動」で内容を構成している。これらの運動は，技を身に付けたり，新しい技に挑戦したりするときに楽しさや喜びに触れたり，味わったりすることができる運動である。また，より困難な条件の下でできるようになったり，より（　ウ　）動きができるようになったりする楽しさや喜びも味わうことができる。

(略)

　器械運動は，「できる」，「できない」がはっきりした運動であることから，全ての児童が技を身に付ける楽しさや喜びを味わうことができるよう，自己やグループの課題を見付け，その課題の解決の仕方を考えたり，（　エ　）を工夫したりすることができるようにすることが大切である。

≪語群≫

a　動き方　　　　b　自分に合った　　　c　楽しみ方
d　活動の仕方　　e　逆さの姿勢　　　　f　練習の場や段階
g　渡り歩き　　　h　雄大で美しい

| | ア | イ | ウ | エ |
|---|---|---|---|---|
| ① | g | a | b | d |
| ② | e | a | b | f |
| ③ | g | c | b | f |
| ④ | e | c | h | d |
| ⑤ | e | a | h | f |

(☆☆☆◎◎◎)

【20】次の文は，小学校学習指導要領解説体育編(平成29年文部科学省)「第2章　体育科の目標及び内容」「第2節　各学年の目標及び内容」〔第1学年及び第2学年〕「1　目標」の一部を抜粋したものである。文中の（　ア　）～（　エ　）に当てはまる語句の正しい組合せを選びなさい。ただし，同じ記号には同じ語句が入る。

> (1)　各種の運動遊びの楽しさに触れ，その行い方を知ると
> ともに，基本的な動きを身に付けるようにする。
> (2)　各種の運動遊びの行い方を工夫するとともに，考えた
> ことを他者に伝える力を養う。
> (3)　各種の運動遊びに進んで取り組み，きまりを守り誰と
> でも仲よく運動をしたり，健康・安全に留意したりし，
> (　ア　)運動をする態度を養う。

(略)

　(3)は，「学びに向かう力，人間性等」に関する目標であり，運動やスポーツの価値のうち，公正，(　イ　)，責任，参画，健康・安全等に関する態度及び(　ア　)運動遊びをする態度を養うことを意図している。特に，運動遊びをする際の良好な人間関係が運動遊びの楽しさに大きな影響を与えることや，友達と共に進んで(　ウ　)に関わることが，運動やスポーツの(　エ　)や価値等を知ることにつながることを踏まえたものである。

| | ア | イ | ウ | エ |
|---|---|---|---|---|
| ① | 意欲的に | 公平 | 意思決定 | 特性 |
| ② | 積極的に | 協力 | 思考・判断 | 意義 |
| ③ | 意欲的に | 協力 | 意思決定 | 意義 |
| ④ | 積極的に | 公平 | 思考・判断 | 意義 |
| ⑤ | 意欲的に | 協力 | 思考・判断 | 特性 |

(☆☆☆◎◎◎)

【21】次の文は，小学校学習指導要領(平成29年3月告示)「第4章　外国語活動」「第2　各言語の目標及び内容等」「英語」「2　内容」〔第3学年及び第4学年〕の一部を抜粋したものである。文中の(　a　)～(　e　)に当てはまる語句の正しい組合せを選びなさい。ただし，同じ記号には同じ語句が入る。

〔思考力，判断力，表現力等〕

(2) 情報を( a )しながら考えなどを形成し，英語で表現したり，伝え合ったりすることに関する事項

(略)

(3) 言語活動及び言語の働きに関する事項

① 言語活動に関する事項

(2)に示す事項については，(1)に示す事項を活用して，例えば，次のような言語活動を通して指導する。

ア　聞くこと

(ア) 身近で簡単な事柄に関する短い話を聞いて( b )内容が分かったりする活動。

(イ) 身近な人や身の回りの物に関する簡単な語句や基本的な表現を聞いて，それらを表すイラストや写真などと( c )活動。

(ウ) 文字の読み方が発音されるのを聞いて，活字体で書かれた文字と( c )活動。

イ　話すこと[やり取り]

(略)

ウ　話すこと[発表]

(ア) 身の回りの物の数や形状などについて，人前で実物やイラスト，写真などを見せながら話す活動。

(イ) 自分の( d )や，欲しい物などについて，人前で実物やイラスト，写真などを見せながら話す活動。

(ウ) 時刻や曜日，場所など，( e )に関する身近で簡単な事柄について，人前で実物やイラスト，写真などを見せながら，自分の考えや気持ちなどを話す活動。

| | a | b | c | d | e |
|---|---|---|---|---|---|
| ① | 比較 | 詳細に | 結び付ける | 得意なこと | 日常生活 |
| ② | 整理 | 詳細に | ともに説明する | 得意なこと | 社会生活 |
| ③ | 整理 | おおよその | 結び付ける | 好き嫌い | 社会生活 |
| ④ | 比較 | おおよその | ともに説明する | 得意なこと | 社会生活 |
| ⑤ | 整理 | おおよその | 結び付ける | 好き嫌い | 日常生活 |

(☆☆☆◎◎)

【22】次の会話文について，( ア )に入る最も適切な語句を選びなさい。

A : How was your summer vacation?

B : I ( ア ). It was fun.

| ① | was enjoy mountain climbing |
|---|---|
| ② | enjoy mountain climbing |
| ③ | was enjoyed mountain climbing |
| ④ | enjoyed mountain climbing |
| ⑤ | enjoys mountain climbing |

(☆☆☆◎◎)

【23】次の(1)～(5)の会話文について，( ア )～( オ )に入る最も適切な語(句)の組合せを選びなさい。

(1) A : Welcome to our school, Mr. Smith! We are looking forward to ( ア ) you.

B : Thank you. I'm glad to hear that.

(2) A : Are you OK, Marie? You look so tired.

B : Oh, ( イ )?

(3) A : What is your favorite season, Becky?

B : I like ( ウ ) because cherry blossoms are very beautiful all over Japan. I take pictures of them every year.

(4) A : Excuse me, can you help me?

B : ( エ )

A : Could you tell me the way to the museum?

38

B : Sure. Go down this street and turn left at the third corner. It is a big white building. You can't miss it.

(5)　A : It began to snow around 7:00 P.M. yesterday, but （　オ　） the trains were still working at that time. I could go home smoothly.

　　　B : Oh, you were lucky, Greg. I had to stand in a long line to get a taxi at 8:00 P.M.

| | ア | イ | ウ | エ | オ |
|---|---|---|---|---|---|
| ① | seeing | do I | spring | No problem. | fortunately |
| ② | studying | can I | summer | No problem. | fortunately |
| ③ | see | do I | fall | That's too bad. | seriously |
| ④ | study | do you | spring | That's too bad. | seriously |
| ⑤ | seeing | do you | summer | Are you sure? | fortunately |

(☆☆☆◎◎◎)

【24】次の文は，小学校学習指導要領(平成29年3月告示)「第6章　特別活動」「第2　各活動・学校行事の目標及び内容」〔学級活動〕「2　内容」の一部を抜粋したものである。文中の下線部a〜dについて正しいものを○，誤っているものを×としたとき，正しい組合せを選びなさい。

> (2)　日常の生活や学習への適応と自己の成長及び健康安全
> 　ア　基本的な生活習慣の形成
> 　　身の回りの整理や挨拶などの基本的な生活習慣を身に付け，a規則正しい生活にすること。
> 　イ　よりよい人間関係の形成
> 　　学級や学校の生活において互いのよさを見付け，違いを尊重し合い，仲よくしたりb信頼し合ったりして生活すること。
> 　ウ　心身ともに健康で安全な生活態度の形成
> 　　現在及び生涯にわたって心身の健康を保持増進することや，事件や事故，c犯罪等から身を守り安全に行動すること。
> 　エ　食育の観点を踏まえた学校給食と望ましい食習慣の形成

39

> 　　給食の時間を中心としながら，健康によい食事のとり方
> など，望ましい食習慣の形成を図るとともに，食事を通し
> て <sub>d</sub>人間関係をよりよくすること。

|     | a | b | c | d |
|-----|---|---|---|---|
| ① | ○ | × | ○ | ○ |
| ② | × | ○ | × | × |
| ③ | ○ | × | × | ○ |
| ④ | ○ | ○ | ○ | × |
| ⑤ | × | ○ | × | ○ |

(☆☆☆◎◎◎◎)

【25】　次の文は，小学校学習指導要領解説特別の教科　道徳編(平成29年
　　文部科学省)「第4章　指導計画の作成と内容の取扱い」「第3節　指導
　　の配慮事項」「3　児童が主体的に道徳性を養うための指導」の一部を
　　抜粋したものである。文中の(　ア　)～(　オ　)に当てはまる語句の正
　　しい組合せを選びなさい。

> (1)　自らの成長を実感したり，これからの課題や目標を見付け
> 　　たりする
> 　　授業では，学習の始めに児童自らが学びたいという課題意識
> や課題追究への意欲を高め，学習の見通しなどをもたせること
> が大切である。道徳科においても，それらを踏まえ，教材や児
> 童の(　ア　)などを生かしながら，一定の道徳的価値に関わる物
> 事を多面的・多角的に捉えることができるようにする必要があ
> る。さらに，理解した道徳的価値から自分の生活を振り返り，
> 自らの成長を実感したり，これからの課題や目標を見付けたり
> することが望まれる。
> 　　そのため，道徳的価値や児童自身の生活について多様な観点
> から捉え直し，自らが(　イ　)できる考えを導き出す上で効果的
> な教材を選択したり，その教材の特質を生かすとともに，一人

40

一人が意欲的で主体的に取り組むことができる表現活動や話合い活動を仕組んだり，学んだ道徳的価値に照らして，自らの生活や考えを見つめるための具体的な（　ウ　）を工夫したりすることが必要である。さらに，必要に応じて，授業開始時と終了時における考えがどのように変わったのかが分かるような活動を工夫することも効果的である。

また，特定の（　エ　）の押し付けにならないよう，学年段階に応じて，道徳科における主体的かつ効果的な学び方を児童自らが考えることができるような工夫をすることが大切である。そして，児童の（　オ　）に応じて，児童自らが道徳的価値を実現するための課題や目標，及び道徳性を養うことのよさや意義について考えることができるような指導を工夫することも大切である。

| | ア | イ | ウ | エ | オ |
|---|---|---|---|---|---|
| ① | 生活体験 | 納得 | 振り返り活動 | 価値観 | 発達の段階 |
| ② | 生活体験 | 実践 | 体験的な学習 | 指導観 | 習熟度 |
| ③ | 興味・関心 | 実践 | 振り返り活動 | 価値観 | 習熟度 |
| ④ | 生活体験 | 納得 | 体験的な学習 | 価値観 | 発達の段階 |
| ⑤ | 興味・関心 | 納得 | 体験的な学習 | 指導観 | 習熟度 |

(☆☆☆◎◎◎)

【26】次の文は，小学校学習指導要領解説総合的な学習の時間編(平成29年文部科学省)「第2章　総合的な学習の時間の目標」「第2節　目標の趣旨」「1　総合的な学習の時間の特質に応じた学習の在り方」の一部を抜粋したものである。文中の下線部ア〜エについて正しいものを○，誤っているものを×としたとき，正しい組合せを選びなさい。

児童は，①日常生活や社会に目を向けた時に湧き上がってくる疑問や関心に基づいて，ア他者と課題を見付け，②そこにある具体的な問題について情報を収集し，③その情報を整理・分析

したり，ィ知識や技能に結び付けたり，考えを出し合ったりしながら問題の解決に取り組み，④明らかになった考えや意見などをまとめ・表現し，そこからまた新たな課題を見付け，更なる問題の解決を始めるといった学習活動を発展的に繰り返していく。要するに探究的な学習とは，物事の本質を探って見極めようとする一連のゥ知的営みのことである。

　探究的な学習では，次のような児童の姿を見いだすことができる。事象を捉える感性や問題意識が揺さぶられて，学習活動への取組が真剣になる。身に付けた知識及び技能を活用し，その有用性を実感する。見方が広がったことを喜び，更なる学習への意欲を高める。概念が具体性を増して理解が深まる。学んだことを自己と結び付けて，自分の成長を自覚したりェ自己の生き方を考えたりする。

|     | ア | イ | ウ | エ |
| --- | --- | --- | --- | --- |
| ① | ○ | × | ○ | × |
| ② | × | ○ | ○ | × |
| ③ | × | × | × | ○ |
| ④ | × | ○ | ○ | ○ |
| ⑤ | ○ | × | × | ○ |

(☆☆☆○○○○)

## 解答・解説

【１】④

〈解説〉ア　後に続く質問から，モーニング・ルーティーンを聞いているとわかる。　イ　朝起きた後にすることなので，bが適切。　ウ　8時に起きるという答えに対して，その時間に起きて仕事に遅れないか聞

いている。　エ　「早起きは三文の徳」に対応する英語のことわざ。なお，aは「覆水盆に返らず」，cは「嵐の前の静けさ」の英語のことわざの表現である。

【2】④

〈解説〉「令和4年版　環境・循環型社会・生物多様性白書」「令和4年度生物の多様性の保全及び持続可能な利用に関する施策」「第6章　第5節　地域づくり・人づくりの推進」からの引用出題である。国土形成計画は，国土形成計画法に基づき策定される国土の利用，整備，保全を推進するための総合的かつ基本的な計画。令和5(2023)年7月28日に国土形成計画(全国計画)の変更の閣議決定がなされ，「時代の重大な岐路に立つ国土」として，人口減少等の加速による地方の危機や，巨大災害リスクの切迫，気候危機，国際情勢を始めとした直面する課題に対する危機感を共有し，こうした難局を乗り越えるため，総合的かつ長期的な国土づくりの方向性が定められた。この新計画では，目指す国土の姿として「新時代に地域力をつなぐ国土」を掲げ，その実現に向けた国土構造の基本構想として「シームレスな拠点連結型国土」の構築を図ることとされている。

【3】③

〈解説〉(1)　英国のフィッシャーは，基準となる解と答案を比較対照してその答案の数値尺度を決めるという尺度簿(scale book)を用いて，5段階の評定に分けて教育評価を行い，採点基準の明確化を図った。アメリカのライスは，スペリング・テストを実施し，個人差を弁別して学校教育の成果を明らかにしようとした。　(2)　形成的評価は，学習が形成されていく過程の中で行われる評価で，学習状態の確認，把握をすることが目的である。問題文中の「学習活動の進行中」，「学習指導にフィードバック」等に注目する。診断的評価は，学習指導を行う前に，児童生徒がどの程度の学力を持っているかを判断するための評価で，習熟度別クラスをつくる際などに用いられる。　(3)　モレノは，

集団の構造やまとまり具合，その集団における個人の地位等を客観的に把握するために，ある個人が属する集団の構成員について「好きな人や嫌いな人」などを実名で回答させ，そのデータを数値化して図表で示すソシオメトリック・テストを考案した。ゲスフーテストは，学級内の対人関係の構造を客観的に把握するためのテストで，教師が普段目に留まりにくい性格や行動面の特徴を知るのに役立つ。

(4)　TAT(主題統覚検査)は，人物を含んだカードを提示し，自由なストーリーを語ってもらうという検査で，無意識を測定することを特徴とする投影法である。ロールシャッハ・テストは，インクの染みのような曖昧図形を刺激として用いる投影法のパーソナリティ検査で，スイスの精神科医ロールシャッハにより開発された。

## 【4】④

〈解説〉生徒指導に関する学校・教職員向けの基本書である「生徒指導提要」は，令和4(2022)年12月に改訂された。その中で，生徒指導について，課題への対応を時間軸や対象，課題性の高低という観点から，2軸3類4層に構造化して示している。　エ・オ　2軸は，児童生徒の課題への対応を時間軸に着目して分類したもので，全ての児童生徒を対象とし課題未然防止を主眼とする「常態的・先行的生徒指導」と，実際に課題が生じた後の「即応的・継続的生徒指導」である。「常態的・先行的生徒指導」は，「発達支持的生徒指導」と「課題未然防止教育」の2層で構成されている。「即応的・継続的生徒指導」は，「課題早期発見対応」と「困難課題対応的生徒指導」の2層で構成されている。　ア・イ・ウ　3類は，生徒指導の課題性の高低と課題への対応の種類からの分類である。課題性が低く，全ての児童生徒を対象とする「発達支持的生徒指導」，常態的・先行的生徒指導の課題未然防止教育と，即応的・継続的生徒指導の課題早期発見対応を含む「課題予防的生徒指導」，深刻な課題を抱える場合の「困難課題対応的生徒指導」である。生徒指導の構造化は，確実に押さえておきたい。

【5】③

〈解説〉我が国の人権教育は,「人権教育・啓発に関する基本計画」(平成14年3月閣議決定)を策定後,文部科学省は平成16(2004)年6月に「人権教育の指導方法等の在り方について〔第一次とりまとめ〕」を公表し,人権教育とは何かということをわかりやすく示すとともに,学校教育における指導の改善・充実に向けた視点を示した。その後「人権教育の指導方法等の在り方について〔第二次とりまとめ〕」を経て,平成20(2008)年に「人権教育の指導方法等の在り方について〔第三次とりまとめ〕」が策定された。令和3年3月には,〔第三次とりまとめ〕策定以降の補足資料として,「人権教育を取り巻く諸情勢について」が作成されている。 ア 問題文の第1段落は,「第1章 1 人権及び人権教育 (5)人権教育の成立基盤となる教育・学習環境」の一部である。人権教育を進める際には,教育・学習の場そのものの在り方が極めて大きな意味をもつことが記されている。 イ 第2段落は,「第2章第1節 1 (2)人権教育の充実を目指した教育課程の編成」の一部である。人権教育についても,各教科等のそれぞれの特質に応じ,教育活動全体を通じてこれを推進していくことが大切であることが記されている。 ウ 第3段落は,「第2章 第3節 1 (3)教職員を対象とした研修の実施 イ 人権尊重の理念の理解と研修を通じて身に付けたい資質や能力」の一部である。学校において人権教育を進めていく上では,教職員が人権尊重の理念を理解し,児童生徒が自らの大切さを認められていることを実感できるような環境づくりに努める必要がある。 エ 「部落差別の解消の推進に関する法律」は,部落差別の解消を推進し,部落差別のない社会を実現することを目的とし,第2条は基本理念を定めている。基本的人権は日本国憲法において全ての国民に保障された権利であり,また,全ての国民は個人として尊重されている。

【6】①

〈解説〉小学校学習指導要領(平成29年告示)国語科〔思考力,判断力,表

現力等〕「A話すこと・聞くこと」の内容に関する出題である。

a　アは「話題の設定，情報の収集」の事項である。教科の目標(2)に「日常生活における人との関わりの中で伝え合う力を高め」とあるように，話題は「日常生活」の中から決めることが示されている。

b　イは「構成の検討，考えの形成(話すこと)」の事項である。空欄後に「区別する」とあることから，「事実」と「感想・意見」とを区別すると判断できる。事実と感想，意見とを区別するなどによって，話の全体の構成について考えることに重点が置かれている。　c　ウは「表現，共有(話すこと)」の事項である。高学年においては説明を補足したり，伝えたいことを強調したりする場合に，資料を活用することが示されている。　d　エは「構成と内容の把握，精査・解釈，考えの形成，共有(聞くこと)」の事項である。中学年の「自分の考えをもつこと」から発展して，「自分の考えをまとめること」として示されている。　e　(2)の言語活動例では，目的をもって特定の相手に質問し，必要な情報を聞き出す「インタビュー」という活動が，現行の学習指導要領から新たに示されている。

【７】問1　⑤　　　問2　②

〈解説〉問1　空欄Aの語句は3回用いられている。第1段落では，空欄の前に「しあわせ」の元々の意味を述べ，後では「しあわせ」の意味の説明を踏まえて，意味に込められた考え方を説明している。第3段落では，空欄の前で述べた「推定」の内容を前提として，後の文ではその結果生じることを述べている。第6段落では，空欄の後の文では前の内容で述べたことが引き起こす結果を述べている。いずれの場合も，前の事柄から後の事柄が付け加えられており，並立・累加の接続詞である「そして」が相応しい。　問2　空欄は「言葉の意味を遡ること」を受けた言葉であり，それに当てはまることわざは，温故知新を表す②が相応しい。　①「禍を転じて福となす」は，わざわいをうまく利用して，いい結果に結びつけること。　②「古きを温ねて新しきを知る」は，過去の事柄や先賢の思想などを研究して，新しい事柄・現実

の問題を深く認識すること。　③「鼎の軽重を問う」は，統治者を軽んじて，これを滅ぼして天下をとろうとすること。　④「先んずれば人を制す」は，人より先んじて事を行えば有利な立場に立てるということ。　⑤「有終の美を飾る」は，最後までやり通して，立派な成果をあげること。

【8】①

〈解説〉三権分立に関する出題である。まずABCを確定させなければならないが，BC間の文から，Aは国会，Bは内閣，Cは裁判所だと分かる。ア　内閣→国会としては，衆議院の解散のほか，国会の召集，国会に対する連帯責任がある。国会→内閣としては，内閣不信任決議，内閣総理大臣の指名がある。両院協議会は，衆議院と参議院の意思が異なった場合に両院の意思の調整を図るための話合いの場である。イ　国会→裁判所としては，弾劾裁判所の設置がある。裁判所→国会としては，違憲立法審査権がある。　ウ　国民→国会なので，「選挙」である。　エ　国民→内閣なので，「世論」である。　オ　国民→裁判所としては，最高裁判所裁判官の国民審査がある。国民投票は，憲法改正の手続きの中で行われる。

【9】④

〈解説〉ア　大坂の陣は，徳川家康が豊臣氏を滅ぼした戦いで，1614年冬の戦いが大坂冬の陣，1615年夏の戦いが大坂夏の陣と呼ばれている。イ　徳川家康は，1603年に征夷大将軍に就任した。　ウ　石田三成が毛利元就を盟主として徳川家康を打つため挙兵したのは，1600年のことである。　エ　参勤交代が，1635年に改正した武家諸法度によって義務付けられた。　オ　最初の武家諸法度は，1615年の大坂夏の陣で豊臣氏を滅ぼした直後に発布された。

【10】④

〈解説〉データの種類や用いるグラフ，分類整理の仕方は，学年が進むに

伴って変遷していく。低学年においては，主に身近な題材が取り上げられ，データの特徴を捉える活動で，質的データが中心となる。第3学年も質的データが中心だが，量的データを棒グラフ等に表すなどの活動が加わる。第4学年では，量的データを時系列データとして折れ線グラフ等で表す活動のほか，分類整理の活動も加わる。第5学年では各データに対して割合の観点から分析を行い，第6学年では量的データに対して分布の中心やバラつきの様子を分析する。

## 【11】③

〈解説〉標本における抽出されたコインとその中の印のついたコインの比率は10：5＝2：1。よって，はじめに箱に入っているコインとその中の印のついたコインの比率も2：1と推測できる。これより，はじめに箱に入っているコインの枚数を$x$枚とすると，$x：20＝2：1$　$x＝20×2＝40$より，およそ40枚と推定できる。

## 【12】①

〈解説〉△AEDと△ABCで，AE：AD＝5：6…(i)　AB：AC＝10：12＝5：6…(ii)　(i)，(ii)より，AE：AD＝AB：AC…(iii)　共通な角だから，∠EAD＝∠BAC…(iv)　(iii)，(iv)より，2組の辺の比とその間の角がそれぞれ等しいから，△AED∽△ABC。よって，DE：BC＝AE：AB＝5：10＝1：2。

## 【13】⑤

〈解説〉ア・イ　内容の取扱いについての配慮事項の(1)では，言語活動の充実について示されている。今回の学習指導要領改訂においては，「主体的・対話的で深い学び」の実現に向けた授業改善を進める中で，言語活動，観察・実験，問題解決的な学習などの学習活動の質を向上させることが示された。　ウ・エ　小学校学習指導要領(平成29年告示)総則には，「プログラミングを体験しながらコンピュータに意図した処理を行わせるために必要な論理的思考力を身に付けるための学習

活動」を，各教科の特質に応じて計画的に実施することが示された。理科及び算数科においては，論理的思考力を育成する活動において，児童の負担を配慮することが示されている。

**【14】⑤**

〈解説〉有機物とは，炭素(C)を含む化合物のことである。さらに，有機物は生物由来の化合物であり，炭素，一酸化炭素，二酸化炭素などの生物に由来しない物質は含まれない。有機物の多くは水素も含んでおり，燃焼させると二酸化炭素と水が発生する性質がある。有機物の代表的なものには，デンプン(かたくり粉)・砂糖，アルコール(メタノール・エタノールなど)，天然ガス(メタン・エタン・プロパンなど)，プラスチック(ポリエチレン・ポリエチレンテレフタラート・ポリ塩化ビニル・ポリスチレン・ポリプロピレンなど)，その他に，木・紙・ロウ・小麦粉などがある。有機物以外の物質を「無機物」と言い，鉄や銅などの金属，水，ガラス，酸素などが代表的な例である。

**【15】③**

〈解説〉平成29年の小学校学習指導要領の改訂では，幼稚園教育要領等に示す「幼児期の終わりまでに育ってほしい姿」との関連を考慮することが求められている。「幼児期の終わりまでに育ってほしい姿」は，幼児期の日々の遊びや生活の中で資質・能力が育まれている幼児の具体的な姿をまとめたものである。また，入学当初においては，生活科を中心とした合科的・関連的な指導や，弾力的な時間割の設定を行うなどのスタートカリキュラムとして単元を構成し，カリキュラムをデザインすることなどによって，幼児期の教育から小学校教育への円滑な接続を図ることが大切である。小学校においては，こうした具体的な育ちの姿を踏まえて，教育課程をつないでいくことが重要である。

**【16】③**

〈解説〉歌唱共通教材は，作詞者，作曲者，旋律，歌詞については押さえ

ておく必要がある。　ア　1小節に中に4分音符が3拍分入った拍子で
あることから，4分の3拍子である。　イ　繰り返し記号まで演奏した
ら初めに戻り，1を飛ばして2を演奏する。したがって，4小節＋4小節
で，8小節である。　ウ　クラベスは打楽器である。　エ　基本的な
音楽記号である。スラー(滑らかにつなげる)，テヌート(音を十分保つ)
などと一緒に覚えておきたい。　オ　ハ長調であることを意識して，
ドの位置を確認すること。

## 【17】②

〈解説〉アは彫刻刀の使い方，イはかなづちを使用した釘の打ち方，ウは
　　　インターネット上の著作権に関するものである。エはモダンテクニッ
　　　クの技法に関する問題である。問題文は，スパッタリング(霧吹き)と
　　　呼ばれる技法である。デカルコマニー(合わせ絵)は，紙に絵の具をぬ
　　　り，それを2つ折りにしたり別の紙に押し付けたりして，ぬりつけた
　　　絵を転写して描く技法である。他に，ドリッピング(吹流し)，フロッ
　　　タージュ(こすりだし)，マーブリング(墨流し)，コラージュ(はり絵)な
　　　どがある。オは小さいものや短いものを切るときには「えんぴつもち」，
　　　大きなものや長いものを切るときには「にぎりもち」で切るとよい。

## 【18】④

〈解説〉ア　洗濯桶の形で表された記号は洗濯処理記号で，「非常に弱い
　　　洗濯処理」ではなく，「弱い洗濯処理」の記号である。　ウ　正方形
　　　で表された記号は乾燥処理記号で，縦の棒1本は「つり干し乾燥」を
　　　表し，左斜めの線は「日陰での乾燥」を表している。「ぬれつり干し
　　　乾燥」は，縦の棒2本で表される。　エ　アイロンの形で表された記
　　　号はアイロン仕上げ処理記号で，中の●が1つのときは「110℃を限度」
　　　とすることを表している。「150℃を限度」とするのは，●が2つのと
　　　きである。

【19】⑤

〈解説〉ア　器械運動で学習する技(動き)は，日ごろの生活の中では行わない非日常的で驚きを持った運動である。こうした観点と，問題に示された前後の語句から考えると「逆さの姿勢」が選択肢となる。

イ　低学年の活動であることや後に続く「考えることができるように図で掲示」に繋がる語句として考えると良い。　ウ　器械運動における技については，まず，できることを目指す。そして，よりよくできること，安定してできること，さらに，滑らかにできることを目指していく。滑らかにできるようになることで，「雄大で美しい」動きができるようになるのである。　エ　練習の場や段階の工夫は，教師側にとっても器械運動の授業づくりの重要な視点であると理解しておこう。

【20】③

〈解説〉ア　この「意欲的に」(低学年)は，「最後まで努力して」(中学年)，「自己の最善を尽くして」(高学年)と，学年が進むにしたがって変遷していくことに留意しておくこと。　イ　今回の学習指導要領改訂においては，学びに向かう力，人間性等に対応した指導内容として，「公正，協力，責任，参画，共生及び健康・安全の具体的な指導内容」が示されている。　ウ　思考・判断は，目標(2)の資質・能力に関わる語句である。　エ　「意義」とは，価値・重要性である。また「価値」は，有用さである。双方ともに「運動やスポーツをする者(子どもたち)にとって」という視点を重ねることができる語句である。

【21】⑤

〈解説〉a　中学年の外国語活動においては，コミュニケーションの素地となる資質・能力の育成を目指している。思考力，判断力，表現力等に関する内容としては，「情報を整理しながら考えなどを形成し，英語で表現したり，伝え合ったりすることに関する事項」を整理した上で，言語活動及び言語の働きに関する事項を整理している。　b　コ

ミュニケーションの素地を図る段階であり，「おおよその内容」が分かる体験をさせることが示されており，内容を詳細に聞き取り理解することは求めていないことに留意する必要がある。　c　「聞くこと」の(イ)や(ウ)では，コミュニケーションの素地を図る段階として，聞いた身のまわりの簡単な語句などをイラストや写真などと結びつけたり，発音される文字の読み方と書かれた文字とを結び付けたりする活動が示されている。　d・e　「話すこと(発表)」の(イ)や(ウ)では，自分の好き嫌いや欲しい物，時刻や場所などの日常生活に関する身近な事柄について，自分の感情や気持ちを話す活動が示されている。これらの活動によって，コミュニケーションの楽しさを実感できるようにすることが重要である。

【22】④

〈解説〉動詞の活用という基本的な文法に関する知識が問われている。過去の夏休みにしたことなので，一般動詞の過去形enjoyedを用いている④が適切。

【23】①

〈解説〉(1)　look forward toの toは前置詞であり，その後には名詞，代名詞や動名詞が続くので，会うのを楽しみにしている場合にはseeingが適切。　(2)　疲れて見えるという発言について聞き返しているので，do I? 「そうですか」が適切。　(3)　桜の花がとても美しいとあるので，「春」が適切。　(4)　手伝ってもらえるか聞かれているので，No problem. が適切。　(5)　「昨日雪が降った。しかし，」の後なので，「幸運なことに」という意味の fortunately が相応しい。

【24】⑤

〈解説〉小学校学習指導要領(平成29年告示)特別活動「各活動・学校行事の目標及び内容　[学級活動]　2　内容　(2)日常の生活や学習への適応と自己の成長及び健康安全」の内容は，児童に共通した問題では

あるが，一人一人が理解し自覚し実践していくものである。　a　正しくは「節度ある」である。　c　正しくは「災害」である。「犯罪」は，下線部直前にある「事件や事故」に含まれるものといえる。

【25】①

〈解説〉問題文は，「児童が自ら道徳性を養う中で，自らを振り返って成長を実感したり，これからの課題や目標をみつけたりすること」についての解説文の一部である。道徳性を養う指導としては，特定の価値観を押し付けたりすること，主体性なく言われるままに行動するように指導することは，道徳教育が目指す方向の対極であることが示されている。道徳科の授業においては，児童の生活体験などを生かしながら，物事を多面的・多角的に捉えることができるようにすることが必要であり，自分の生活を振り返り自らの成長を実感したり，これからの課題や目標をみつけたりすることが望まれている。

【26】④

〈解説〉学習指導要領解説(平成29年7月)「第2章　第2節　目標の趣旨1(1)」には，探究的な見方・考え方を働かせることについて示されている。探究的な学習とは問題解決的な活動が発展的に繰り返される学習であり，探究的な学習の過程(課題の設定→情報の収集→整理・分析→まとめ・表現)は，総合的な学習の時間の本質である。　ア　正しくは「自ら」である。湧き上がる疑問や関心から，課題を見付けるのは自分自身である。

**２０２３年度　実施問題**

※福岡市を志望する場合は，【６】～【29】を解答して下さい。

【１】次の文学作品とその冒頭の文の組合せとして，誤っているものを選びなさい。

| | 文学作品（作者名） | 冒頭の文 |
|---|---|---|
| ① | 舞姫（森鷗外） | 石炭をば早や積み果てつ。 |
| ② | 坊っちゃん（夏目漱石） | 親譲りの無鉄砲で子供の時から損ばかりして居る。 |
| ③ | 地獄変（芥川龍之介） | 堀川の大殿様のような方は，これまでは固より，後の世には恐らく二人とはいらっしゃいますまい。 |
| ④ | 破戒（島崎藤村） | 蓮華寺では下宿を兼ねた。 |
| ⑤ | 雪国（川端康成） | 道がつづら折りになって，いよいよ天城峠に近づいたと思う頃，雨脚が杉の密林を白く染めながら，すさまじい早さで麓から私を追って来た。 |

(☆☆☆☆◎◎)

【２】次の文は，「『令和の日本型学校教育』の構築を目指して(答申)」(令和3年1月中央教育審議会)「第Ⅰ部　総論」「5.『令和の日本型学校教育』の構築に向けたICTの活用に関する基本的な考え方」の一部を抜粋したものである。文中の( ア )～( エ )に当てはまる語句の正しい組合せを選びなさい。

> (1)　学校教育の質の向上に向けたICTの活用
> （略）
> ○　その際，1人1台の端末環境を生かし，端末を( ア )に活用することで，ICTの活用が特別なことではなく「当たり前」のこととなるようにするとともに，ICTにより現実の社会で行われているような方法で児童生徒も学ぶなど，学校教育を( イ )することが必要である。児童生徒自身がICTを「( ウ )」として自由な発想で活用できるよう環境を整え，授業を( エ )することが重要である。

| | ア | イ | ウ | エ |
|---|---|---|---|---|
| ① | 日常的 | デジタル化 | 教材 | 改善 |
| ② | 効果的 | 現代化 | 教材 | 改善 |
| ③ | 効果的 | デジタル化 | 文房具 | デザイン |
| ④ | 日常的 | デジタル化 | 文房具 | 改善 |
| ⑤ | 日常的 | 現代化 | 文房具 | デザイン |

(☆☆☆◎◎◎)

【3】次の文は，「教育公務員特例法」(昭和24年法律第1号)の一部を抜粋したものである。文中の( ア )～( エ )に当てはまる語句の正しい組合せを選びなさい。

---

第13条

　公立の小学校等の校長及び教員の給与は，これらの者の職務と責任の( ア )に基づき条例で定めるものとする。

第17条

　教育公務員は，教育に関する他の職を兼ね，又は教育に関する他の事業若しくは事務に従事することが本務の遂行に支障がないと( イ )(地方教育行政の組織及び運営に関する法律第37条第1項に規定する県費負担教職員については，市町村(特別区を含む。以下同じ。)の教育委員会。第23条第2項及び第24条第2項において同じ。)において認める場合には，給与を受け，又は受けないで，その職を兼ね，又はその事業若しくは事務に従事することができる。

第22条

2　教員は，授業に支障のない限り，本属長の承認を受けて，勤務場所を離れて( ウ )を行うことができる。

第23条

3　( エ )は，初任者に対して教諭又は保育教諭の職務の遂行に必要な事項について指導及び助言を行うものとする。

---

55

| | ア | イ | ウ | エ |
|---|---|---|---|---|
| ① | 重大性 | 地方公共団体の長 | 研修 | 主幹教諭 |
| ② | 特殊性 | 任命権者 | 研修 | 指導教員 |
| ③ | 特殊性 | 地方公共団体の長 | 研修 | 指導教員 |
| ④ | 特殊性 | 任命権者 | 政治的行為 | 主幹教諭 |
| ⑤ | 重大性 | 地方公共団体の長 | 政治的行為 | 指導教員 |

(☆☆☆◎◎◎)

【4】次の文は，「学校保健安全法」(昭和33年法律第56号)の一部を抜粋したものである。文中の下線部ア～オについて，正しいものを○，誤っているものを×としたとき，正しい組合せを選びなさい。

第3章　学校安全

第29条

　学校においては，児童生徒等の安全の確保を図るため，当該学校の実情に応じて，危険等発生時において当該学校の職員がとるべき措置の_ア_概要及び_イ_手順を定めた対処要領(次項において「危険等発生時対処要領」という。)を作成するものとする。

2　校長は，危険等発生時対処要領の_ウ_職員に対する周知，_エ_施設の充実その他の危険等発生時において職員が適切に対処するために必要な措置を講ずるものとする。

3　学校においては，事故等により児童生徒等に危害が生じた場合において，当該児童生徒等及び当該事故等により心理的外傷その他の心身の健康に対する影響を受けた児童生徒等_オ_その他の関係者の心身の健康を回復させるため，これらの者に対して必要な支援を行うものとする。この場合においては，第10条の規定を準用する。

|   | ア | イ | ウ | エ | オ |
|---|---|---|---|---|---|
| ① | × | × | × | ○ | ○ |
| ② | ○ | ○ | × | ○ | × |
| ③ | × | ○ | ○ | × | ○ |
| ④ | × | × | ○ | × | × |
| ⑤ | ○ | × | ○ | ○ | × |

(☆☆☆◎◎◎)

【5】 次の各文は，「人権教育・啓発に関する基本計画」(平成14年3月15日閣議決定(策定)平成23年4月1日閣議決定(変更))，「人権教育の指導方法等の在り方について[第三次とりまとめ]」(平成20年3月人権教育の指導方法等に関する調査研究会議)及び「部落差別の解消の推進に関する法律」(平成28年法律第109号)の一部を抜粋したものである。文中の( ア )～( オ )に当てはまる語句の正しい組合せを選びなさい。

> 「人権教育・啓発に関する基本計画」
>
> 　法の下の平等，個人の尊重といった( ア )な視点から人権尊重の理念を国民に訴えかけることも重要であるが，真に国民の理解や共感を得るためには，これと併せて，具体的な人権課題に即し，国民に親しみやすく分かりやすいテーマや表現を用いるなど，様々な創意工夫が求められる。
>
> 「人権教育の指導方法等の在り方について[第三次とりまとめ]」
> ○　教職員による厳しさと優しさを兼ね備えた指導と，全ての教職員の意識的な参画，児童生徒の主体的な学級参加等を促進し，人権が尊重される学校教育を実現・維持するための( イ )に取り組むことが大切である。また，こうした基盤の上に，児童生徒間の望ましい人間関係を形成し，人権尊重の意識と実践力を養う学習活動を展開していくことが求められる。
> (略)
> ○　また，とりわけ人権教育においては，個々の児童生徒の大切

57

さを強く自覚し，（　ウ　）として接するという教職員の姿勢そのものが，指導の重要要素となる。

「部落差別の解消の推進に関する法律」
第1条
　この法律は，現在もなお部落差別が存在するとともに，情報化の進展に伴って部落差別に関する（　エ　）の変化が生じていることを踏まえ，全ての国民に基本的人権の享有を保障する日本国憲法の理念にのっとり，部落差別は許されないものであるとの認識の下にこれを解消することが重要な課題であることに鑑み，部落差別の解消に関し，基本理念を定め，並びに国及び地方公共団体の責務を明らかにするとともに，相談体制の充実等について定めることにより，部落差別の解消を推進し，もって（　オ　）社会を実現することを目的とする。

|  | ア | イ | ウ | エ | オ |
|---|---|---|---|---|---|
| ① | 個別的 | 環境整備 | かけがえのない個人 | 意識 | 人権が大切にされる |
| ② | 普遍的 | 環境整備 | 一人の人間 | 状況 | 部落差別のない |
| ③ | 個別的 | 学校づくり | 一人の人間 | 意識 | 部落差別のない |
| ④ | 普遍的 | 学校づくり | かけがえのない個人 | 状況 | 人権が大切にされる |
| ⑤ | 普遍的 | 環境整備 | 一人の人間 | 状況 | 人権が大切にされる |

(☆☆☆◎◎◎)

【6】次の文は，小学校学習指導要領(平成29年3月告示)「第2章　各教科」「第1節　国語」「第2　各学年の目標及び内容」〔第3学年及び第4学年〕「2　内容」〔思考力，判断力，表現力等〕「B　書くこと」を抜粋したものである。文中の（　ａ　）～（　ｅ　）に当てはまる語句の正しい組合せを選びなさい。

B　書くこと
(1)　書くことに関する次の事項を身に付けることができるよう指

導する。

ア　相手や目的を意識して，経験したことや想像したことなどから書くことを選び，集めた材料を( a )して，伝えたいことを明確にすること。

イ　書く内容の中心を明確にし，( b )段落をつくったり，段落相互の関係に注意したりして，文章の構成を考えること。

ウ　( c )，書き表し方を工夫すること。

エ　間違いを正したり，相手や目的を意識した表現になっているかを確かめたりして，文や文章を整えること。

オ　書こうとしたことが明確になっているかなど，文章に対する感想や意見を伝え合い，自分の文章のよいところを見付けること。

(2)　(1)に示す事項については，例えば，次のような言語活動を通して指導するものとする。

ア　調べたことを( d )など，事実やそれを基に考えたことを書く活動。

イ　行事の案内やお礼の文章を書くなど，伝えたいことを手紙に書く活動。

ウ　( e )，感じたことや想像したことを書く活動。

| | a | b | c | d | e |
|---|---|---|---|---|---|
| ① | 分類したり関係付けたり | 内容のまとまりで | 自分の考えとそれを支える理由や事例との関係を明確にして | 説明したり意見を述べたりする | 詩や物語をつくるなど |
| ② | 比較したり分類したり | 内容のまとまりで | 事実と感想，意見とを区別して書いたりするなど | まとめて報告する | 事実や経験を基に |
| ③ | 分類したり関係付けたり | 事柄の順序に沿って | 自分の考えとそれを支える理由や事例との関係を明確にして | 説明したり意見を述べたりする | 事実や経験を基に |
| ④ | 比較したり分類したり | 内容のまとまりで | 自分の考えとそれを支える理由や事例との関係を明確にして | まとめて報告する | 詩や物語をつくるなど |
| ⑤ | 比較したり分類したり | 事柄の順序に沿って | 事実と感想，意見とを区別して書いたりするなど | 説明したり意見を述べたりする | 詩や物語をつくるなど |

(☆☆☆○○○○)

【7】次の各文は，小学校学習指導要領(平成29年3月告示)「第2章　各教科」「第1節　国語」「第2　各学年の目標及び内容」「2　内容」〔知識及び技能〕について述べたものである。文中の(　ア　)～(　オ　)に当てはまる語句の正しい組合せを選びなさい。

---

(3)　我が国の言語文化に関する次の事項を身に付けることができるよう指導する。

〔第1学年及び第2学年〕

○　昔話や神話・伝承などの(　ア　)を聞くなどして，我が国の伝統的な言語文化に親しむこと。

〔第3学年及び第4学年〕

○　易しい文語調の(　イ　)を音読したり暗唱したりするなどして，言葉の響きやリズムに親しむこと。

○　(　ウ　)読書に親しみ，読書が，必要な知識や情報を得ることに役立つことに気付くこと。

〔第5学年及び第6学年〕

○　親しみやすい古文や漢文，近代以降の文語調の(　エ　)を音読するなどして，言葉の響きやリズムに親しむこと。

○　(　オ　)読書に親しみ，読書が，自分の考えを広げることに役立つことに気付くこと。

---

|   | ア | イ | ウ | エ | オ |
|---|---|---|---|---|---|
| ① | 読み聞かせ | 短歌や俳句 | 日常的に | 文章 | 幅広く |
| ② | 読み聞かせ | 文章 | 幅広く | 短歌や俳句 | 日常的に |
| ③ | 朗読 | 文章 | 幅広く | 短歌や俳句 | 日常的に |
| ④ | 朗読 | 短歌や俳句 | 日常的に | 文章 | 幅広く |
| ⑤ | 読み聞かせ | 短歌や俳句 | 幅広く | 文章 | 日常的に |

(☆☆☆◎◎◎)

【8】

　自分をつくる読書といっても，確信を得るばかりが自分をつくる道ではない。むしろためらうこと，溜めることを「技」として身につけるのが，自分をつくる読書の大きな道筋だ。

　本には実に様々なものがある。強烈な著者も揃っている。正反対の主張のものも店先では並んでいる。私は大学の授業では，学生に自主的なプレゼンテーションを一，二分でしてもらうことにしている。そのときに，毎回同じ著者の作品を発表する者がでてきてしまう。これは非常に狭いプレゼンテーションだ。そうした学生の特徴が，妙に自分の(実は著者の)意見に確信を抱いてしまっているということだ。充分な教養もできていないのに，数冊読んだだけで絶対の自信をもってしまうのは，いかにも危険だ。

　多くの本を読めば，一つひとつは相対化される。落ち着いていろいろな思想や主張を吟味することができるようになる。好きな著者の本を読むだけでは，こうした「ためらう」心の技は，鍛えられない。すぐに著者に同一化して舞い上がるというのでは，自己形成とは言えない。

　自己形成は，進みつつも，ためらうことをプロセスとして含んでいるはずだ。人間は努力する限り迷うものだと言ったのは，ゲーテだ。一冊の絶対的な本をつくってしまうのならば，それは宗教だ。冷静な客観的要約力をもって，いろいろな主張の本を読むことによって，世界観は練られていく。もちろん青年期には，何かに傾倒するということがあっても自然ではある。（　A　），その傾倒が一つに限定されるのではなく，傾倒すればするほど外の世界に幅広く開かれていくというようであってほしい。一つの本を読めば済むというのではなく，その本を読むと次々にいろいろな本が読みたくなる。そうした読書のスタイルが，自己をつくる読書には適している。

　ためらうというと，否定的な響きを持っているかもしれないが，

ためらうことは力を溜めることでもある。一つに決めてしまえば気持ちは楽になるが，思考が停止してしまいがちだ。思考を停止させずに吟味し続けるプロセスで，力を溜めることができる。本を読んでいると，著者に直接反論できるわけではない。少し自分とは意見や感性が違うなと思うこともももちろんある。（　Ａ　），直接反論はできないので，その気持ちを心に溜めていく。はっきりとは言葉にして反論できなくとも，その溜めたものは，やがて力になっていく。そして，別の著者の本を読んだときに，あのときに感じた違和感はこれだったのかと気づくこともある。自分自身でその違和感を持った本について人に話しているときに，違和感の正体に自分で気づくということもある。読書は，完全に自分と一致した人の意見を聞くためのものというよりは，「（　Ｂ　）を力に変える」ことを練習するための行為だ。自分とは違う意見も溜めておくことができる。そうした容量の大きさが身についてくると，懐が深くパワーのある知性が鍛えられていく。

(齋藤孝『読書力』による。一部改変)

問1　文中の（　Ａ　）に当てはまる語句として，適当なものを選びなさい。

①　さらに　　②　だから　　③　しかし　　④　つまり

⑤　たとえば

問2　文中の（　Ｂ　）に当てはまる語句として，適当なものを選びなさい。

①　努力　　②　知識　　③　経験　　④　弱点　　⑤　摩擦

(☆☆☆◎◎◎)

【9】次の文は，小学校学習指導要領解説社会編(平成29年文部科学省)「第2章　社会科の目標及び内容」「第1節　社会科の目標」「2　学年の目標」「(2)　各学年の目標の系統」の一部を抜粋したものである。文中の( ア )～( オ )に当てはまる語句の正しい組合せを選びなさい。ただし，同じ記号には同じ語句が入る。

これらのことから分かるように，「思考力，判断力，表現力等」に関する目標については，児童の発達の段階を2学年ごとのまとまりで捉えて，( ア )，段階的に示されている。思考力，判断力については，第3学年及び第4学年では，社会的事象の特色や相互の関連，( イ )を考える力，社会に見られる課題を把握して，その解決に向けて自分たちにできることなど社会への関わり方を選択・( ウ )する力を，第5学年及び第6学年では，複数の( エ )や意見を踏まえて，社会的事象の特色や相互の関連，( イ )を多角的に考える力，社会に見られる課題を把握して，その解決に向けてよりよい発展を考えたり社会への関わり方を選択・( ウ )したりする力を養うことを求めている。

表現力については，第3学年及び第4学年では，考えたことや選択・( ウ )したことを文章で記述したり図表などに表したことを使って説明したりして表現する力を，第5学年及び第6学年では，考えたことや選択・( ウ )したことを根拠や理由などを明確にして論理的に説明したり，他者の主張につなげ( エ )や根拠を明確にして( オ )したりする力を養うことを求めている。

| | ア | イ | ウ | エ | オ |
|---|---|---|---|---|---|
| ① | 系統的 | 意味 | 判断 | 立場 | 議論 |
| ② | 系統的 | 意義 | 決定 | 役割 | 討論 |
| ③ | 意図的 | 意義 | 判断 | 立場 | 討論 |
| ④ | 系統的 | 意味 | 決定 | 役割 | 議論 |
| ⑤ | 意図的 | 意味 | 決定 | 立場 | 議論 |

(☆☆☆◎◎◎)

【10】次の略地図を見て，問いに答えなさい。

問　次のア～オは，略地図中Ａ～Ｅのいずれかの都市の雨温図である。
　　ア～オに当てはまる都市の正しい組合せを選びなさい。

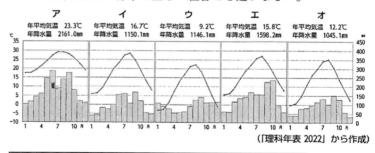

（「理科年表 2022」から作成）

|  | ア | イ | ウ | エ | オ |
|---|---|---|---|---|---|
| ① | E | B | C | D | A |
| ② | D | E | C | B | A |
| ③ | E | D | A | B | C |
| ④ | E | D | A | C | B |
| ⑤ | D | B | A | E | C |

（☆☆☆◎◎◎）

【11】 次のア～オの各文は，中世の武士の政治の様子について述べたものである。その内容が正しいものを○，誤っているものを×としたとき，正しい組合せを選びなさい。

| | |
|---|---|
| ア | 将軍は，武士に対して，以前から所有していた領地を保護したり，新しい領地を与えたりした。一方で将軍に忠誠を誓った武士は御家人と呼ばれ，戦いが起こったときには命をかけて戦った。 |
| イ | 源頼朝の死後，幕府の実権は北条氏が握り，管領という地位に就き，管領を中心とする有力な御家人の話し合いによって政治が進められた。 |
| ウ | 朝廷の勢力を回復しようとしていた後白河法皇は，承久の乱を起こしたが，幕府の軍に破れた。幕府は，京都に六波羅探題を置いて，朝廷を監視した。 |
| エ | 北条義時は，政治の判断の基準となる御成敗式目を定め，朝廷の律令とは別に武士独自の法を制定した。 |
| オ | 幕府の政治を支えていた御家人は，領地の分割相続がくり返されることによって，次第に土地が減り，生活が苦しくなった。幕府は御家人の借金を取り消し，手放した土地を取り返させる徳政令を出した。 |

| | ア | イ | ウ | エ | オ |
|---|---|---|---|---|---|
| ① | × | ○ | ○ | × | × |
| ② | ○ | × | ○ | × | ○ |
| ③ | × | × | ○ | × | ○ |
| ④ | ○ | ○ | × | ○ | ○ |
| ⑤ | ○ | × | × | × | ○ |

(☆☆☆◎◎◎)

【12】 次の文は，小学校学習指導要領解説算数編(平成29年文部科学省)「第2章　算数科の目標及び内容」「第2節　算数科の内容」「2　各領域の内容の概観」「D　データの活用」「(1)『Dデータ活用』領域のねらい」を抜粋したものである。文中の( ア )～( オ )に当てはまる語句の正しい組合せを選びなさい。ただし，同じ記号には同じ語句が入る。

> この領域のねらいは，次の三つに整理することができる。
> ・目的に応じてデータを集めて( ア )し，適切なグラフに表したり，代表値などを求めたりするとともに，( イ )な問題解決の方法について知ること
> ・データのもつ( ウ )を把握し，問題に対して自分なりの結論

65

を出したり，その結論の妥当性について( エ )に考察したり
すること
・( イ )な問題解決のよさに気付き，データやその分析結果を
( オ )に活用しようとする態度を身に付けること

|   | ア | イ | ウ | エ | オ |
|---|---|---|---|---|---|
| ① | 分類整理 | 統計的 | 特徴や傾向 | 批判的 | 生活や学習 |
| ② | 解析処理 | 統計的 | 意味や意義 | 論理的 | 次の問題解決 |
| ③ | 分類整理 | 分析的 | 特徴や傾向 | 論理的 | 次の問題解決 |
| ④ | 分類整理 | 統計的 | 意味や意義 | 批判的 | 生活や学習 |
| ⑤ | 解析処理 | 分析的 | 意味や意義 | 論理的 | 生活や学習 |

(☆☆☆◎◎◎)

【13】赤玉3個と白玉2個が入った箱から，同時に2個の玉を取り出す。
このとき，取り出した2個の玉が，「2個とも赤玉である確率」，「2個
とも白玉である確率」，「1個が赤玉で，1個が白玉である確率」をそれ
ぞれ求めなさい。
ただし，どの球を取り出すことも同様に確からしいとする。

|   | 2個とも赤玉である確率 | 2個とも白玉である確率 | 1個が赤玉で，1個が白玉である確率 |
|---|---|---|---|
| ① | $\dfrac{1}{10}$ | $\dfrac{3}{10}$ | $\dfrac{2}{5}$ |
| ② | $\dfrac{3}{10}$ | $\dfrac{1}{10}$ | $\dfrac{2}{5}$ |
| ③ | $\dfrac{3}{5}$ | $\dfrac{2}{5}$ | $\dfrac{1}{5}$ |
| ④ | $\dfrac{3}{10}$ | $\dfrac{1}{10}$ | $\dfrac{3}{5}$ |
| ⑤ | $\dfrac{1}{10}$ | $\dfrac{3}{10}$ | $\dfrac{3}{5}$ |

(☆☆☆◎◎◎)

【14】図のように，3つの平行な直線p，q，rに，2つの直線a，bが交わっており，直線aと直線p，q，rとの交点をそれぞれA，B，Cとし，直線bと直線p，q，rとの交点をそれぞれD，E，Fとする。

DE＝7.5cm，EF＝10cm，AC＝14cmのとき，線分ABの長さと線分BCの長さの組合せとして，正しいものはどれか選びなさい。

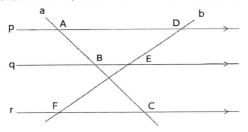

|  | 線分AB | 線分BC |
|---|---|---|
| ① | 4.5cm | 9.5cm |
| ② | 5 cm | 9 cm |
| ③ | 5.5cm | 8.5cm |
| ④ | 6 cm | 8 cm |
| ⑤ | 6.5cm | 7.5cm |

(☆☆☆◎◎◎)

【15】図のように，半径5cmの円Oの円周上の2点A，Bを線分で結ぶ。
弦ABの長さが8cmのとき，中心Oから弦ABまでの距離を求めなさい。

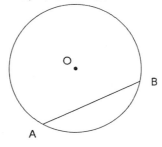

①　2.5cm　　②　3cm　　③　3.5cm　　④　4cm　　⑤　4.5cm

(☆☆☆◎◎◎)

【16】次の文は，小学校学習指導要領(平成29年3月告示)「第2章　各教科」
「第4節　理科」「第3　指導計画の作成と内容の取扱い」の一部を抜粋
したものである。文中の( ア )〜( オ )に当てはまる語句の正しい
組合せを選びなさい。

> 1　指導計画の作成に当たっては，次の事項に配慮するものとす
> る。
> (1)　単元など内容や時間の( ア )を見通して，その中で育む
> ( イ )の育成に向けて，児童の主体的・対話的で深い学び
> の実現を図るようにすること。その際，理科の学習過程の
> ( ウ )を踏まえ，理科の( エ )を働かせ，見通しをもっ
> て観察，実験を行うことなどの，( オ )を科学的に解決し
> ようとする学習活動の充実を図ること。

| | ア | イ | ウ | エ | オ |
|---|---|---|---|---|---|
| ① | まとまり | 資質・能力 | 特質 | 見方・考え方 | 問題 |
| ② | 設定 | 資質・能力 | ねらい | 見方・考え方 | 問題 |
| ③ | まとまり | 資質・能力 | 特質 | 見方・考え方 | 課題 |
| ④ | 設定 | 問題解決の力 | ねらい | 思考力 | 課題 |
| ⑤ | まとまり | 問題解決の力 | ねらい | 思考力 | 問題 |

(☆☆☆◎◎◎◎)

【17】次のア〜オのうち，水溶液の溶質が非電解質のものはどれか。正し
い組合せを選びなさい。

ア　塩化銅水溶液　　　　　　イ　砂糖(ショ糖)水
ウ　水酸化ナトリウム水溶液　エ　塩酸
オ　エタノール水溶液

①　アとウ　　②　アとオ　　③　イとウ　　④　イとオ
⑤　エとオ

(☆☆☆◎◎◎)

【18】日本のある地点で，ある日の午後9時30分にオリオン座が南中して
見えた。この日から1か月後の日に同じ地点でオリオン座が南中して
見える時刻として最も適切なものはどれか答えなさい。

① 午後7時30分頃　　② 午後8時30分頃　　③ 午後9時30分頃

④ 午後10時30分頃　　⑤ 午後11時30分頃

(☆☆☆○○○○)

【19】次の文は，小学校学習指導要領解説生活編(平成29年文部科学省)
「第3章　生活科の内容」「第2節　生活科の内容」の一部を抜粋したも
のである。文中の( ア )～( オ )に当てはまる語句の正しい組合せ
を選びなさい。

これまでの生活や成長を支えてくれた人々に感謝の気持ちをも
ち，これからの成長への願いをもって，意欲的に生活しようとす
るとは，成長した自分を実感し，それを支えてくれた人に対する
感謝の気持ちをもつとともに，( ア )が更なる成長を願う心に
つながっていくことである。それらは，それぞれの目標に向けて
努力したり挑戦したりして主体的に関わるなど，意欲的に活動す
る姿になって現れてくる。これからの自分の成長に期待を寄せ，
意欲的に生活することは，( イ )上で大きな意義をもっている。

なお，自分の成長への気付きは，この内容だけに限らず，生活
科の全ての内容の中で捉えていくことができる。各内容との関連
を意識し，年間を見通した計画的な学習活動を( ウ )ことが必
要である。具体的な指導に当たっては，あらゆる場面において児
童の成長を捉え，( エ )，認めたり励ましたりしていくことを
心掛ける必要がある。

また，活動によっては，児童の誕生や生育に関わる事柄を扱っ
たり，家族へのインタビューを行ったりするような場合も考えら
れるため，( オ )に留意するとともに，それぞれの家庭の事情，
特に生育歴や家族構成などに十分配慮することが必要である。

| | ア | イ | ウ | エ | オ |
|---|---|---|---|---|---|
| ① | 成長の喜び | 自己実現を図る | 構想する | 発達段階に応じて | 個人情報の管理 |
| ② | 自分のよさや可能性 | 自己実現を図る | 展開する | タイミングを逃さず | プライバシーの保護 |
| ③ | 成長の喜び | 自立し生活を豊かにする | 構想する | タイミングを逃さず | プライバシーの保護 |
| ④ | 自分のよさや可能性 | 自己実現を図る | 構想する | 発達段階に応じて | プライバシーの保護 |
| ⑤ | 成長の喜び | 自立し生活を豊かにする | 展開する | タイミングを逃さず | 個人情報の管理 |

(☆☆☆○○○○)

【20】次の文は，小学校学習指導要領解説生活編(平成29年文部科学省)
「第4章　指導計画の作成と内容の取扱い」「2　内容の取扱いについて
の配慮事項」の一部を抜粋したものである。文中の( ア )~( オ )
に当てはまる語句の正しい組合せを選びなさい。

> 生活科における気付きの質を高めるという視点に立ち，気付い
> たことを基に考えることができるようにするための多様な学習活
> 動を行うことが大切である。そのためにも「試す，見通す，工夫
> するなど」を新たに加え，一層の充実を図り，「深い学び」を実
> 現することが期待される。
> 　気付きとは，対象に対する一人一人の( ア )であり，児童の
> 主体的な活動によって生まれるものである。そこには知的な側面
> だけではなく，( イ )も含まれる。また，気付きは次の自発的
> な活動を誘発するものとなる。したがって，活動を繰り返したり
> ( ウ )する活動や体験の充実こそが，気付きの質を高めていく
> ことにつながる。一方，気付いたことを基に考えることができる
> とは，生まれた気付きが次に考えるきっかけとなり，その結果，
> 一つ一つの気付きが関連付けられた気付きへと質的に高まること
> をいう。そのために，見付ける，比べる，( エ )，試す，見通
> す，工夫するなどの多様な学習活動を行うことが重要である。こ

のことは，児童の気付きは教師が行う単元構成や（　オ　），学習
指導によって高まることを意味しており，今まで以上に意図的・
計画的・組織的な授業づくりが求められる。

|   | ア | イ | ウ | エ | オ |
|---|---|---|---|---|---|
| ① | 感性 | 情意的な側面 | 関わる対象を広げたり | 分ける | 学習環境の設定 |
| ② | 感性 | 技能的な側面 | 対象との関わりを深めたり | たとえる | 教育資源の活用 |
| ③ | 認識 | 情意的な側面 | 関わる対象を広げたり | たとえる | 教育資源の活用 |
| ④ | 認識 | 技能的な側面 | 対象との関わりを深めたり | 分ける | 教育資源の活用 |
| ⑤ | 認識 | 情意的な側面 | 対象との関わりを深めたり | たとえる | 学習環境の設定 |

(☆☆☆◎◎◎◎)

【21】次の文は，小学校学習指導要領解説音楽編(平成29年文部科学省)
「第3章　各学年の目標及び内容」「第3節　第5学年及び第6学年の目標
と内容」「2　内容」「B　鑑賞」の一部を抜粋したものである。文中の
（　a　）～（　e　）に当てはまる語句の正しい組合せを選びなさい。

(1)　鑑賞の活動を通して，次の事項を身に付けることができるよ
う指導する。
　ア　鑑賞についての（　a　）を得たり生かしたりしながら，曲や
　　演奏の（　b　）などを見いだし，曲全体を味わって聴くこと。
　イ　曲想及びその（　c　）と，（　d　）との関わりについて（　e　）
　　こと。

|   | a | b | c | d | e |
|---|---|---|---|---|---|
| ① | 知識 | よさ | 変化 | 音楽の構造 | 気付く |
| ② | 知識 | 美しさ | 働き | 音楽の背景 | 気付く |
| ③ | 技能 | 美しさ | 変化 | 音楽の背景 | 理解する |
| ④ | 技能 | 美しさ | 働き | 音楽の構造 | 気付く |
| ⑤ | 知識 | よさ | 変化 | 音楽の構造 | 理解する |

(☆☆☆◎◎◎)

71

【22】次のア～オの設問に正しく答えた組合せを選びなさい。

ア　次の歌唱共通教材「茶つみ」の楽譜内の空欄に当てはまる休符として正しいのはどちらか。

　　a ♩  b ♪

イ　イ短調の「イ」の音のソプラノリコーダーの運指を表す図として正しいのはどちらか。

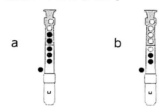

ウ　歌劇「魔笛」の作曲者として正しいのはどちらか。

　　a　W.A.モーツァルト　　b　G.ビゼー

エ　「となり合った同じ高さの音符をつなぎ，1つの音にする」記号として正しいのはどちらか。

　　a　タイ　　b　スラー

オ　「越天楽今様」と関わりの深い音楽として正しいのはどちらか。

　　a　歌舞伎　　b　雅楽

|   | ア | イ | ウ | エ | オ |
|---|---|---|---|---|---|
| ① | a | b | a | a | b |
| ② | b | b | b | b | a |
| ③ | b | a | b | a | b |
| ④ | a | b | a | b | b |
| ⑤ | a | a | b | a | a |

(☆☆☆◎◎◎)

【23】 次の文は, 小学校学習指導要領(平成29年3月告示)「第2章　各教科」
「第7節　図画工作」「第3　指導計画の作成と内容の取扱い」の一部を
抜粋したものである。文中の( a )～( e )に当てはまる語句の正し
い組合せを選びなさい。ただし, 同じ記号には同じ語句が入る。

> 2　第2の内容の取扱いについては, 次の事項に配慮するものとする。
> (1)　児童が個性を生かして活動することができるようにするた
> め, 学習活動や( a )などに幅をもたせるようにすること。
> (2)　各学年の「A表現」及び「B鑑賞」の指導を通して, 児童
> が( b )のアとイとの関わりに気付くようにすること。
> (3)　( b )のアの指導に当たっては, 次の事項に配慮し, 必要
> に応じて, その後の学年で( c )取り上げること。
> ア　第1学年及び第2学年においては, いろいろな形や色,
> ( d )などを捉えること。
> イ　第3学年及び第4学年においては, 形の感じ, 色の感じ,
> それらの組合せによる感じ, 色の明るさなどを捉えること。
> ウ　第5学年及び第6学年においては, 動き, 奥行き, バラン
> ス, ( e )などを捉えること。

| | a | b | c | d | e |
|---|---|---|---|---|---|
| ① | 制作活動 | 資質・能力 | 発展的に | 使った感じ | 色の鮮やかさ |
| ② | 表現方法 | 〔共通事項〕 | 繰り返し | 触った感じ | 色の鮮やかさ |
| ③ | 表現方法 | 資質・能力 | 発展的に | 使った感じ | 色みの性質 |
| ④ | 制作活動 | 〔共通事項〕 | 発展的に | 触った感じ | 色みの性質 |
| ⑤ | 表現方法 | 資質・能力 | 繰り返し | 使った感じ | 色の鮮やかさ |

(☆☆☆◎◎◎)

【24】 次のア～オの各文は, 図画工作科で使う道具や材料について述べた
ものである。その内容が正しいものを○, 誤っているものを×とした
とき, 正しい組合せを選びなさい。
　ア　電動糸のこぎりに刃をつける際には, 刃の向きが正しいかを確か
め, 刃の下の部分から先に, 機械に固定する。

イ　のこぎりを使って木の繊維と同じ方向に木材を切る際には，横びきの刃を使って切る。切るときは木をしっかりと押さえて，引くときに力を入れる。

ウ　筆を使って太くかくときや，広い面をぬるときは，筆の軸の太い部分を持って，筆を立ててかく。

エ　はさみを人に渡す際には，柄の方を持って相手に刃の部分を向けて渡すようにする。

オ　木版画で作品を刷る際には，インクのついた版木に紙をのせ，その紙の上からバレンを使い，紙の外側から中心に向かって，らせんを描くように回転させながらバレンを動かす。

| | ア | イ | ウ | エ | オ |
|---|---|---|---|---|---|
| ① | ○ | × | ○ | ○ | × |
| ② | × | ○ | × | × | × |
| ③ | × | ○ | ○ | × | ○ |
| ④ | ○ | ○ | × | ○ | ○ |
| ⑤ | ○ | × | × | × | × |

(☆☆☆◎◎◎)

【25】次の図は，ミシンである。図中の　ア　～　エ　に当てはまる名称を《語群》a～hから選んだとき，正しい組合せを選びなさい。

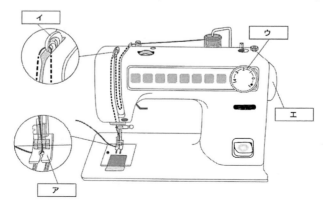

《語群》

| | | | |
|---|---|---|---|
| a おさえ | b 速度調節器 | c ボビンおさえ | |
| d 天びん | e はずみ車 | f 案内板 | |
| g 送り調節器 | h 水平かま | | |

| | ア | イ | ウ | エ |
|---|---|---|---|---|
| ① | c | f | g | e |
| ② | a | d | b | h |
| ③ | a | d | g | e |
| ④ | c | d | b | e |
| ⑤ | a | f | b | h |

(☆☆☆○○○○)

【26】次の文は，小学校学習指導要領(平成29年3月告示)「第2章　各教科」「第8節　家庭」「第2　各学年の内容」〔第5学年及び第6学年〕の一部を抜粋したものである。文中の( a )～( d )に当てはまる語句の正しい組合せを選びなさい。ただし，同じ記号には同じ語句が入る。

---

1　内容

（略）

B　衣食住の生活

（略）

(2)　調理の基礎

ア　次のような知識及び技能を身に付けること。

（ア）　調理に必要な材料の分量や手順が分かり，調理計画について理解すること。

（イ）　調理に必要な用具や食器の安全で衛生的な取扱い及び加熱用調理器具の安全な取扱いについて理解し，適切に使用できること。

（ウ）　材料に応じた洗い方，調理に適した切り方，味の付け方，盛り付け，配膳及び後片付けを理解し，適切にできること。

---

　　　　(エ)　材料に適したゆで方，（　a　）を理解し，適切にでき
　　　　　　ること。
　　　　(オ)　（　b　）な日常食である米飯及びみそ汁の調理の仕方
　　　　　　を理解し，適切にできること。
　　イ　おいしく食べるために調理計画を考え，調理の仕方を工
　　　　夫すること。
　(3)　栄養を考えた食事
　　ア　次のような知識を身に付けること。
　　　　(ア)　体に必要な栄養素の種類と主な働きについて理解す
　　　　　　ること。
　　　　(イ)　食品の（　c　）が分かり，料理や食品を組み合わせて
　　　　　　とる必要があることを理解すること。
　　　　(ウ)　献立を構成する要素が分かり，（　d　）の献立作成の
　　　　　　方法について理解すること。
　　イ　（　d　）の献立について栄養のバランスを考え，工夫する
　　　　こと。

|  | a | b | c | d |
|---|---|---|---|---|
| ① | 焼き方 | 伝統的 | 栄養的な特徴 | 1日分 |
| ② | いため方 | 伝統的 | 栄養的な特徴 | 1食分 |
| ③ | いため方 | 基本的 | 選び方 | 1食分 |
| ④ | 焼き方 | 基本的 | 栄養的な特徴 | 1日分 |
| ⑤ | いため方 | 伝統的 | 選び方 | 1日分 |

(☆☆○○○○○)

【27】次の文は，小学校学習指導要領解説体育編(平成29年文部科学省)
「第2章　体育科の目標及び内容」「第2節　各学年の目標及び内容」
〔第5学年及び第6学年〕「2　内容」「F　表現運動」の一部を抜粋した
ものである。文中の（　ア　）～（　エ　）に当てはまる語句の正しい組合
せを選びなさい。ただし，同じ記号には同じ語句が入る。

　高学年の表現運動は,「表現」及び「（　ア　）」で内容が構成され,これらの運動は,自己の心身を解き放して,イメージやリズムの世界に没入してなりきって踊ることが楽しい運動であり,互いのよさを生かし合って（　イ　）と交流して踊る楽しさや喜びを味わうことのできる運動である。

　低学年の「（　ウ　）」と中学年の「表現運動」の学習で身に付けてきた即興的に表現する能力やリズムに乗って踊る能力,コミュニケーション能力などを土台として,「表現」では,更に個人やグループの持ち味を生かした簡単なひとまとまりの動きにして,（　イ　）と表したい感じを込めて通して踊る力を培うとともに,「（　ア　）」では,日本の地域や世界の国々で親しまれてきた日本の民踊（ようぶ）や外国の踊りを身に付けて,日本の地域や世界の文化に触れながら踊りで交流する力を培い,中学校のダンスの学習につなげていくことが求められる。

　また,表現運動を楽しく行うために,自己やグループの課題を見付け,その解決のための活動を工夫するとともに,助け合って踊ったり,互いの動きや考えを認め合ったり,場の安全に（　エ　）することが大切である。

| | ア | イ | ウ | エ |
|---|---|---|---|---|
| ① | フォークダンス | 仲間 | 表現リズム遊び | 気を付けたり |
| ② | リズムダンス | 仲間 | 表現遊び | 気を付けたり |
| ③ | リズムダンス | 友達 | 表現リズム遊び | 気を配ったり |
| ④ | フォークダンス | 仲間 | 表現リズム遊び | 気を配ったり |
| ⑤ | フォークダンス | 友達 | 表現遊び | 気を付けたり |

（☆☆☆◎◎◎）

【28】次の文は,小学校学習指導要領解説体育編(平成29年文部科学省)「第2章　体育科の目標及び内容」「第1節　教科の目標及び内容」「1　教科の目標」の一部を抜粋したものである。文中の下線部ア～エについて,正しいものを○,誤っているものを×としたとき,正しい組合

せを選びなさい。

> 　運動領域においては，運動をする子供とそうでない子供の<sub>ア</sub>二極化傾向が見られることや，様々な人々と協働し自らの生き方を育んでいくことの重要性などが指摘されている中で，<sub>イ</sub>体力や運動能力の程度，年齢や性別，障害の有無等にかかわらず，運動やスポーツの<sub>ウ</sub>特性や魅力を実感したり，運動やスポーツが多様な人々を結び付けたり豊かな人生を送ったりする上で重要であることを認識したりすることが求められる。その際，各種の運動やスポーツが有する楽しさや喜び及び<sub>エ</sub>関連して高まる技能などの視点から，自己の適性等に応じた多様な関わり方を見いだすことができるようになることが必要であることを示したものである。

|  | ア | イ | ウ | エ |
|---|---|---|---|---|
| ① | ○ | × | × | ○ |
| ② | × | ○ | × | × |
| ③ | ○ | ○ | × | ○ |
| ④ | × | × | ○ | × |
| ⑤ | ○ | × | ○ | × |

(☆☆☆◎◎◎)

【29】次の文は，小学校学習指導要領解説外国語活動・外国語編(平成29年文部科学省)「第2部　外国語」「第2章　外国語科の目標及び内容」「第2節　英語」「2　内容」〔第5学年及び第6学年〕の一部を抜粋したものである。文中の( ア )～( オ )に当てはまる語句の正しい組合せを選びなさい。

> 〔思考力，判断力，表現力等〕
> (2)　情報を整理しながら考えなどを形成し，英語で表現したり，伝え合ったりすることに関する事項
>
> > 　具体的な課題等を設定し，コミュニケーションを行う目的

> や場面，状況などに応じて，情報を整理しながら考えなどを
> 形成し，これらを表現することを通して，次の事項を身に付
> けることができるよう指導する。

　外国語教育における学習過程では，児童が，①設定されたコミュニケーションの目的や場面，状況等を理解する，②（　ア　）に応じて情報や意見などを発信するまでの方向性を決定し，コミュニケーションの（　イ　）を立てる，③目的達成のため，具体的なコミュニケーションを行う，④言語面・内容面で自ら学習のまとめと振り返りを行うというプロセスを経ることで，学んだことの意味付けを行ったり，既得の知識や（　ウ　）と，新たに得られた知識を言語活動へつなげ，「思考力，判断力，表現力等」を高めたりすることが大切になる。

　小学校の外国語科では，外国語教育において育成を目指す（　エ　）の資質・能力を児童が身に付けることができるように指導する際，中学校で学ぶ内容を前倒しするのではなく，身近なことに関する基本的な表現によって各領域の言語活動を行うこととしている。

　「思考力，判断力，表現力等」としては，外国語を通じて，身近で簡単な事柄について，音声で十分に慣れ親しんだ外国語の語彙や基本的な表現を推測しながら読んだり，語順を意識しながら書いたりするとともに，聞いたり話したりして自分の考えや気持ちなどを伝え合う（　オ　）な力を養うことが求められる。

|   | ア | イ | ウ | エ | オ |
|---|---|---|---|---|---|
| ① | 目的 | 見通し | 経験 | 三つ | 発展的 |
| ② | 場面 | 計画 | 経験 | 四つ | 発展的 |
| ③ | 場面 | 計画 | 技能 | 三つ | 基礎的 |
| ④ | 場面 | 見通し | 技能 | 四つ | 発展的 |
| ⑤ | 目的 | 見通し | 経験 | 三つ | 基礎的 |

（☆☆☆○○○○○）

【30】次の英文について, ( ア )に入る最も適切な語句を選びなさい。

A：What is your best memory from elementary school?

B：My best memory is our school trip. We went to Nagasaki. The trip ( ア ).

| ① | is exciting |
|---|---|
| ② | was exciting |
| ③ | is excited |
| ④ | was excited |
| ⑤ | has excited |

(☆☆☆○○○○○)

【31】次の(1)～(5)の英文について, ( ア )～( オ )に入る最も適切な語(句)の組合せを選びなさい。

(1)　A huge budget was ( ア ) into the soccer tournament.

(2)　A : It may be rainy in the afternoon.

　　　B : We should take umbrellas just ( イ ) case.

(3)　Fukuoka prefecture ( ウ ) 28.3％ of bamboo shoot products in Japan.

(4)　The report for English class must be ( エ ) by next Friday.

(5)　A : Mika, your coach is regarded highly by everyone.

　　　B : With good reason. He always makes good choices and ( オ ) us to victory.

| | ア | イ | ウ | エ | オ |
|---|---|---|---|---|---|
| ① | put | in | accounts for | turned in | exceeds |
| ② | come | by | proceeds with | taken on | leads |
| ③ | put | by | accounts for | taken on | exceeds |
| ④ | put | in | accounts for | turned in | leads |
| ⑤ | come | in | proceeds with | taken on | exceeds |

(☆☆☆○○○○○)

【32】次の文は, 小学校学習指導要領(平成29年3月告示)「第6章　特別活動」「第2　各活動・学校行事の目標及び内容」〔学校行事〕の一部を抜粋したものである。文中の( ア )～( オ )に当てはまる語句の正

しい組合せを選びなさい。

---

2 内容

　1の資質・能力を育成するため，全ての学年において，全校又は学年を単位として，次の各行事において，学校生活に（　ア　）と変化を与え，学校生活の充実と発展に資する体験的な活動を行うことを通して，それぞれの学校行事の意義及び活動を行う上で必要となることについて理解し，主体的に考えて実践できるよう指導する。

(1)　儀式的行事

　　学校生活に有意義な変化や折り目を付け，厳粛で清新な気分を味わい，新しい生活の展開への（　イ　）ようにすること。

(2)　文化的行事

　　平素の学習活動の成果を発表し，（　ウ　）の意欲を一層高めたり，文化や芸術に親しんだりするようにすること。

(3)　健康安全・体育的行事

　　心身の健全な発達や健康の保持増進，事件や事故，（　エ　）等から身を守る安全な行動や規律ある集団行動の体得，運動に親しむ態度の育成，責任感や連帯感の涵養，体力の向上などに資するようにすること。

(4)　遠足・集団宿泊的行事

　　自然の中での集団宿泊活動などの平素と異なる生活環境にあって，見聞を広め，自然や文化などに親しむとともに，よりよい人間関係を築くなどの集団生活の在り方や（　オ　）などについての体験を積むことができるようにすること。

(5)　勤労生産・奉仕的行事

　　勤労の尊さや生産の喜びを体得するとともに，ボランティア活動などの社会奉仕の精神を養う体験が得られるようにすること。

---

| | ア | イ | ウ | エ | オ |
|---|---|---|---|---|---|
| ① | 安心 | 見通しがもてる | 個性の伸長 | 災害 | 公衆道徳 |
| ② | 安心 | 見通しがもてる | 自己の向上 | 犯罪 | 公衆道徳 |
| ③ | 秩序 | 動機付けとなる | 個性の伸長 | 犯罪 | 基本的な生活習慣 |
| ④ | 安心 | 見通しがもてる | 自己の向上 | 災害 | 基本的な生活習慣 |
| ⑤ | 秩序 | 動機付けとなる | 自己の向上 | 災害 | 公衆道徳 |

(☆☆☆○○○○)

【33】次の文は，小学校学習指導要領解説特別の教科　道徳編(平成29年文部科学省)「第4章　指導計画の作成と内容の取扱い」「第3節　指導の配慮事項」「6　情報モラルと現代的な課題に関する指導」の一部を抜粋したものである。文中の( ア )～( オ )に当てはまる語句の正しい組合せを選びなさい。

---

(2)　現代的な課題の扱い

　道徳科の内容で扱う道徳的諸価値は，現代社会の様々な課題に直接関わっている。

　児童には，( ア )に応じて現代的な課題を身近な問題と結び付けて，自分との関わりで考えられるようにすることが求められる。現代社会を生きる上での課題を扱う場合には，( イ )学習を行ったり話合いを深めたりするなどの指導方法を工夫し，課題を自分との関係で捉え，その解決に向けて( ウ )とする意欲や態度を育てることが大切である。例えば，食育，健康教育，消費者教育，防災教育，福祉に関する教育，法教育，社会参画に関する教育，( エ )，国際理解教育，キャリア教育など，学校の特色を生かして取り組んでいる現代的な教育課題については，各教科，外国語活動，総合的な学習の時間及び特別活動における学習と関連付け，それらの教育課題を主題とした教材を活用するなどして，( オ )で学習を深めたり，児童自身がこれらの学習を発展させたりして，人として他者と共によりよく生きる上で大切なものとは何か，自分はどのように

---

生きていくべきかなどについて，考えを深めていくことができるような取組が求められる。

| | ア | イ | ウ | エ | オ |
|---|---|---|---|---|---|
| ① | 興味や関心 | 体験的な | 行動しよう | 情報教育 | 様々な道徳的価値の視点 |
| ② | 興味や関心 | 問題解決的な | 行動しよう | 伝統文化教育 | 様々な道徳的価値の視点 |
| ③ | 興味や関心 | 体験的な | 考え続けよう | 情報教育 | 教科等横断的な視点 |
| ④ | 発達の段階 | 体験的な | 行動しよう | 伝統文化教育 | 教科等横断的な視点 |
| ⑤ | 発達の段階 | 問題解決的な | 考え続けよう | 伝統文化教育 | 様々な道徳的価値の視点 |

(☆☆☆◎◎◎◎)

【34】次の文は，小学校学習指導要領(平成29年3月告示)「第5章　総合的な学習の時間」「第2　各学校において定める目標及び内容」「3　各学校において定める目標及び内容の取扱い」の一部を抜粋したものである。文中の( ア )～( オ )に当てはまる語句の正しい組合せを選びなさい。

各学校において定める目標及び内容の設定に当たっては，次の事項に配慮するものとする。

(1) 各学校において定める目標については，各学校における( ア )を踏まえ，総合的な学習の時間を通して育成を目指す資質・能力を示すこと。

(2) 各学校において定める目標及び内容については，他教科等の目標及び内容との違いに留意しつつ，他教科等で育成を目指す資質・能力との関連を重視すること。

(3) 各学校において定める目標及び内容については，( イ )や社会との関わりを重視すること。

(4) 各学校において定める内容については，目標を実現するにふさ

わしい探究課題, 探究課題の解決を通して育成を目指す( ウ )
な資質・能力を示すこと。

(5) 目標を実現するにふさわしい探究課題については, 学校の実
態に応じて, 例えば, 国際理解, 情報, 環境, ( エ )などの
現代的な諸課題に対応する横断的・総合的な課題, 地域の人々
の暮らし, 伝統と文化など地域や学校の特色に応じた課題,
( オ )に基づく課題などを踏まえて設定すること。

| | ア | イ | ウ | エ | オ |
|---|---|---|---|---|---|
| ① | 教育目標 | 日常生活 | 具体的 | 福祉・健康 | 児童の新たな発想 |
| ② | 重点目標 | 学校生活 | 実践的 | 福祉・健康 | 児童の新たな発想 |
| ③ | 教育目標 | 学校生活 | 実践的 | 防災 | 児童の新たな発想 |
| ④ | 教育目標 | 日常生活 | 具体的 | 福祉・健康 | 児童の興味・関心 |
| ⑤ | 重点目標 | 学校生活 | 具体的 | 防災 | 児童の興味・関心 |

(☆☆☆○○○○)

## 解答・解説

【1】⑤

〈解説〉⑤の冒頭文は「伊豆の踊子」(川端康成)の冒頭である。「雪国」の冒
頭文は「国境の長いトンネルを抜けると雪国であった。夜の底が白く
なった。信号所に汽車が止まった。」である。

【2】⑤

〈解説〉本資料では「ICTの活用により新学習指導要領を着実に実施し,
学校教育の質の向上につなげるためには, カリキュラム・マネジメン
トを充実させつつ, 各教科等において育成を目指す資質・能力等を把
握した上で, 特に『主体的・対話的で深い学び』の実現に向けた授業

改善に生かしていくことが重要」とある。つまり，目的は「ICTの活用」ではなく，あくまでも「新学習指導要領の定着」「学校教育の質の向上」であることを押さえておきたい。

【3】②

〈解説〉教育公務員特例法は教育公務員の職務とその責任の特殊性に基づき，その任免・分限・懲戒・服務などについて，地方公務員法に対する特例を規定する法律である。なお，令和5年4月施行の改正法では研修に関する部分の文言が修正されているので，その点を注意しながら学習しておきたい。

【4】③

〈解説〉アは「具体的内容」，エは「訓練の実施」が正しい。「学校の危機管理マニュアル作成の手引」(文部科学省)によると，危険等発生時対処要領(危機管理マニュアル)は管理者や安全担当の教職員が中心となって原案を作成し，地域学校安全委員会等で協議・修正したものを全教職員に周知する流れとなっている。なお，福岡県教育委員会は「幼児児童生徒の安全確保に関する指針(再改定版)」を作成しているので，あわせて学習しておきたい。

【5】②

〈解説〉人権に関する問題は頻出なので，必ず学習すること。特に「人権教育の指導方法等の在り方について[第三次とりまとめ]」については，令和3年3月に補足資料が示されているので，あわせて学習するとよい。なお，福岡県では平成31年に「福岡県部落差別の解消の推進に関する条例」が制定されるなど，人権教育にも力を入れている。

【6】④

〈解説〉〔思考力，判断力，表現力等〕は「話すこと・聞くこと」「書くこと」「読むこと」で構成されている。当然，今後も出題可能性がある

ので，よく学習しておきたい。また，問題の(1)ア〜オの内容は第1〜2学年，第3〜4学年，第5〜6学年で内容が異なる。当然，高学年になるにつれて，内容は容高度になることを踏まえて学習するとよい。学習指導要領解説では一覧表になっているので役に立つだろう。なお，空欄aの誤肢「分類したり関係付けたり」，空欄cの誤肢「事実と感想，意見とを区別して書いたりするなど」，空欄dの誤肢「説明したり意見を述べたりする」，空欄eの誤肢「事実や経験を基に」は第5〜6学年の内容，空欄bの誤肢「事柄の順序に沿って」は第1〜2学年の内容である。

【7】　⑤

〈解説〉わが国の言語文化に関する学習において，第1〜2学年では昔話や神話・伝承を，第3〜4学年では短歌や俳句，故事成語などを，第5〜6学年では親しみやすい古文や漢文などを題材とすることを，まず押さえておくこと。特に，第1〜2学年では「まず，読み聞かせを聞くことで，伝統的な言語文化に触れることの楽しさを実感できるようにすることが大切」(学習指導要領解説)としていることに注意したい。

【8】問1　③　　問2　⑤

〈解説〉問1　空欄は2つあるが，後者のほうがわかりやすいだろう。空欄前では「意見や感性が異なる」，空欄後では「直接反論はできない」とある。著者と意見などが異なっても本を媒介として意見を聞いているので反論できないことを意味しており，この場合，逆接の「しかし」が適切である。なお，前者について「傾倒」は一般的に一つのことに偏るといった意味合いを有しているが，空欄後では「外の世界に幅広く開かれていく」と逆のことを述べているので，逆接の「しかし」が適切である。　問2　最終段落の内容を踏まえて考えるとよい。空欄Bの「…を力に変える」と類似した表現を探すと，「その溜めたものはやがて力になっていく」が該当する。とすると，空欄Bには「その溜めたもの」に類する表現が入るとわかる。「その溜めたもの」は「その気持ちを心に溜めていく」と関連し，「その気持ち」とは「自分と

は意見や感性が違うと思うこと」なので，こうしたズレを表す熟語を
考えればよい。

## 【9】①
〈解説〉社会科では学年ごとに目標・学習内容が示されているが，「思考
力・判断力・表現力等」の目標については，問題にあるとおり2学年
ごとにまとめられていることに注意。つまり，第3学年と第4学年，第
5学年と第6学年は同一の内容となっている。目標は学習指導要領関連
の問題の中でも最頻出の一つなので，学習指導要領解説の文章とあわ
せて学習すること。

## 【10】③
〈解説〉略地図中のAは札幌，Bは東京，Cは松本，Dは高松，Eは那覇を
示している。札幌は冷帯の北海道の気候に属しており，雨温図中最も
年平均気温が低いウが該当する。松本は中央高地の気候に属しており，
気温の年較差が大きく，一年を通じて降水量が少ない。高松は瀬戸内
気候であり，一年を通じて温暖，降水量が少ない。那覇は亜熱帯の南
西諸島の気候に属している。雨温図中最も年平均気温が高いアが該当
する。東京は太平洋側の気候に属しており，降水量は夏季に多く冬季
は少ない。

## 【11】⑤
〈解説〉イ　北条氏が就いたのは「管領」ではなく「執権」である。管領
は室町幕府において，将軍を補佐し政務を総括する役職で，細川・斯
波・畠山の有力守護が交替で就任した。　ウ　承久の乱を起こしたの
は「後白河法皇」ではなく「後鳥羽上皇」である。　エ　御成敗式目
を定めたのは，「北条義時」ではなく「北条泰時」である。

## 【12】①
〈解説〉小学校の算数では「数と計算」「図形」「測定」「変化と関係」「デ

ータの活用」の5つの領域を学習することとなっており，そのうち「測定」は低学年，「変化と関係」は高学年で，他の領域は全学年で学習する。各領域のねらいと概要は学習指導要領解説で示されているので，押さえておくこと。さらに，5領域は独立したものではなく，それぞれが関連しあうものでもあるので，どのような指導が効果的かについても学習すると理解が深まるだろう。

**【13】④**

〈解説〉赤玉3個と白玉2個が入った箱から，同時に2個の玉を取り出すとき，全ての取り出し方は$_5C_2=\dfrac{5\cdot4}{2\cdot1}=10$〔通り〕。このとき，取り出した2個の玉が，「2個とも赤玉である」のは$_3C_2=_3C_1=3$〔通り〕だから，その確率は$\dfrac{3}{10}$である。また，取り出した2個の玉が，「2個とも白玉である」のは$_2C_2=1$〔通り〕だから，その確率は$\dfrac{1}{10}$である。また，取り出した2個の玉が，「1個が赤玉で，1個が白玉である」のは$_3C_1\times_2C_1=3\times2=6$〔通り〕だから，その確率は$\dfrac{6}{10}=\dfrac{3}{5}$である。

**【14】④**

〈解説〉平行線と線分の比についての定理より，$AB:BC=DE:EF=7.5:10=3:4$だから，$AB=AC\times\dfrac{AB}{AC}=AC\times\dfrac{AB}{AB+BC}=14\times\dfrac{3}{3+4}=6$〔cm〕，$BC=AC-AB=14-6=8$〔cm〕となる。

**【15】②**

〈解説〉中心Oから弦ABへ垂線OHを引くと，△OABはOA＝OBの二等辺三角形で，二等辺三角形の頂角からの垂線は底辺を2等分するから，$AH=\dfrac{AB}{2}=\dfrac{8}{2}=4cm$　△OAHに三平方の定理を用いると，中心Oから弦ABまでの距離$OH=\sqrt{OA^2-AH^2}=\sqrt{5^2-4^2}=\sqrt{9}=3$〔cm〕となる。

**【16】①**

〈解説〉本問は「主体的・対話的で深い学びの実現に向けた授業改善」からの出題。学習指導要領解説では「主体的・対話的で深い学び」につ

いて，必ずしも1単位時間の授業の中で全てが実現されるものではないこと。「深い学び」に関して，学びの深まりの鍵となるのが「見方・考え方」であり，この「見方・考え方」を習得・活用・探究というサイクルを通じて，より質の高い深い学びにつなげることが重要としている。

【17】④
〈解説〉砂糖とエタノールは，水に溶かしてもイオンに分かれないので非電解質である。なお，他の水溶液の溶質は水溶液中で，塩化銅は銅イオンと塩化物イオンに，水酸化ナトリウムはナトリウムイオンと水酸化物イオンに，塩化水素は水素イオンと塩化物イオンにそれぞれ電離する。

【18】①
〈解説〉星は1日に1°東から西に動いて見えるので，1か月後の同時刻には，真南から西に30°移動して見えている。また，星は1時間に15°東から西に動いて見えるので，1か月後にオリオン座が南中するのは9時30分の2時間前になる。

【19】③
〈解説〉生活科は9項目の内容で構成されており，本問は「自分の成長」についての内容である。「自分の成長」については「自分自身の生活や成長を振り返る活動を通して，自分のことや支えてくれた人々について考えることができ，自分が大きくなったこと，自分でできるようになったこと，役割が増えたことなどが分かるとともに，これまでの生活や成長を支えてくれた人々に感謝の気持ちをもち，これからの成長への願いをもって，意欲的に生活しようとする」と示されている。これらの意味を学習指導要領解説などで理解することが求められている。

【20】⑤

〈解説〉ここで「気付きの質を高める」と言及していることについて，学習指導要領では「学習活動が体験だけで終わり，活動や体験を通して得られた気付きを質的に高める指導が十分に行われていない」という反省があったためとされている。「気付きの質を高める」ことは「満足感，成就感，自信，やり甲斐，一体感などの手応えとなり，次の体験への安定的で持続的な意欲につながっていく」ため，本資料でも重視されており，具体的方法が示されている。

【21】⑤

〈解説〉全学年を通して，鑑賞が目標とすることは「曲や演奏のよさなどを見いだし，曲全体を味わって聴くこと」「曲想及びその変化と，音楽の構造との関わりについて理解すること」であり，前者は「思考力，判断力，表現力等」，後者は「知識」に関するものとしている。これらを踏まえて各学年の目標が示されているが，いわゆる高学年では，低学年および中学年で身に付けた資質・能力をさらに伸ばし，伝え合う活動を取り入れ，曲や演奏のよさなどを見いだしながら，音楽を全体にわたって味わって聴く喜びを感じとれるような指導をすることが求められていることを知った上で指導事項を学習するとよい。

【22】①

〈解説〉ア　この曲は4分の4拍子，つまり1小節の中に4分音符(休符)が4個分入るため，空欄は4分休符となる。　イ　音名「イ」は階名では「ラ」である。なお，aは音名「ホ」である。　ウ　「魔笛」は中学年の鑑賞教材として扱われることが多い。学習指導要領や教科書に示されている曲の作詞・作曲者は頻出なので，学習しておくこと。
エ　「同じ高さの音符をつなぐ」のは「タイ」，「異なる高さの音符をつなぐ」のは「スラー」である。　オ　第6学年歌唱共通教材「越天楽今様」で，雅楽と呼ばれる合奏で演奏される楽曲である。今回の出題は歌唱共通教材や鑑賞教材などからの出題である。これらについて基

本的な知識を詳細に学んでおくとよい。

【23】②

〈解説〉なお，〔共通事項〕の内容は，自分の感覚や行為を通して「形や色などの造形的な特徴を理解する『知識』の育成」に関するものと，「様々な対象や事象について自分なりのイメージをもつ『思考力・判断力・表現力等』の育成」に関するものとなっている。図画工作科では，児童一人ひとりが，自分の感覚や行為を通して理解し，習得されるものである。発達段階に合わせて学年で扱うことが示されているが，必要に応じてその後の学年で繰り返し取り上げ，自分の感覚や行為を通して形や色などを捉える経験を重ねさせることが大切である。

【24】⑤

〈解説〉イ　木の繊維と同じ方向に木材を切るときは，「横引き」ではなく「縦引き」を使用する。　ウ　「筆の上の方を持ち，筆を寝かせてかく」のが正しい。筆を立ててかくのは細かい部分をかきたい場合である。　エ　相手に渡す際は刃の方を持ち，柄の部分を向けて渡す。オ　バレンは「紙の中心から外側に向かって」動かすのが正しい。

【25】③

〈解説〉被服関連で，ミシンは小学校から使用するので教科書の内容を中心に学習しておきたい。問題としては糸のかけ方や，糸と針の番号及び布地の関係，ミシントラブルと対処法などが頻出である。

【26】②

〈解説〉なお，調理について，本資料等では「(2)のアの(エ)については，ゆでる材料として青菜やじゃがいもなどを扱うこと。(オ)については，和食の基本となるだしの役割についても触れること」「調理に用いる食品については，生の魚や肉は扱わないなど，安全・衛生に留意すること。また，食物アレルギーについても配慮すること」等が示されて

いる。また空欄dの誤肢「1日分」の献立は，中学校の学習内容である
ことも知っておくとよいだろう。

【27】④
〈解説〉誤肢の中には第3～4学年，第1～2学年で使われる語もあるので混
同に注意すること。また，日本の民踊は「フォークダンス」にはいる
こともおさえておきたい。学習指導要領解説では阿波踊り(徳島県)や
春駒(岐阜県)ソーラン節(北海道)，エイサー(沖縄県)が例示されている。

【28】⑤
〈解説〉イの「体力や運動能力」は「体力や技能」，エの「関連して高ま
る技能」は「関連して高まる体力」が正しい。なお，アの「二極化傾
向」については，運動領域にかかる現状を示すキーワードとして理解
しておこう。

【29】⑤
〈解説〉外国語教育について，学習指導要領解説では「語彙や文法等の個
別の知識がどれだけ身に付いたかに主眼が置かれるのではなく，児童
生徒の学びの過程全体を通じて，知識・技能が，実際のコミュニケー
ションにおいて活用され，思考・判断・表現することを繰り返すこと
を通じて獲得され，学習内容の理解が深まるなど，資質・能力が相互
に関係し合いながら育成されることが必要」としており，今回の改訂
では外国語活動における「聞くこと」「話すこと[やり取り]」「話すこ
と[発表]」に加え，「読むこと」「書くこと」を加えた5つの領域をもつ
外国語科を高学年に導入し，コミュニケーションを図る基礎となる資
質・能力を育成することとした。学習指導要領関連の学習では学習内
容とその意図などを，きちんと押さえておきたい。

**【30】** ②

〈解説〉exciteは「…をわくわくさせる」という他動詞で，exciting「興奮させる，わくわくさせるような」，excited「興奮した，わくわくした」という意味になる。ここでは「長崎への旅はわくわくするものだった(過去の話)」なのでwas excitingが適切。

**【31】** ④

〈解説〉(1)　和訳すると「そのサッカーの試合には多額の予算がつぎ込まれた」となる。　(2)　和訳すると「念のため傘を持っていこう」となる。　(3)　proceeds withは「…(研究など)を進める」の意味で，問題文を和訳すると「日本の竹製品の28.3％は福岡県で生産されている」となる。　(4)　turn inはsubmitと同じで「提出する」，take onは「(事業などを)請け負う」という意味である。問題文を和訳すると「その英語のレポートは来週金曜までに提出されなければならない」となる。(5)　和訳すると「彼はいつも正しい判断をして私達を勝利に導く」となる。

**【32】** ⑤

〈解説〉まず，特別活動〔学校行事〕の特質として「学校生活に秩序と変化を与え」ること押さえておきたい。問題にあるとおり，学校行事には「儀式的行事」「文化的行事」「健康安全・体育的行事」「遠足・集団宿泊的行事」「勤労生産・奉仕的行事」があり，それぞれのねらいと内容，実施上の留意点について示されている。それらについても確認しておくこと。

**【33】** ⑤

〈解説〉道徳的諸価値の位置づけについて，学習指導要領解説では「人間らしさを表すもの」「よりよく生きるために必要とされるものであり，人間としての在り方や生き方の礎となるもの」「各教科，外国語活動，総合的な学習の時間及び特別活動などで学習」するものといったこと

が示されている。また「道徳的価値は大切であってもなかなか実現することができない」「道徳的価値を実現したり，実現できなかったりする場合の感じ方，考え方は一つではない」といった特徴もある。したがって，問題にあるとおり，他の学習活動との関連付けなどが求められることを踏まえて学習するとよい。

【34】④

〈解説〉各学校の教育目標を踏まえて総合的な学習の時間の目標を設定することで，総合的な学習の時間の目標は学校の教育目標と直接つながるということになる。これは，総合的な学習の時間では，学校の教育目標を具体化するということでもある。さらに，国際理解，情報，環境などの現代的な諸課題の解決に向けて，まず自分のこととして考え，よりよい解決に向けて行動することが望まれる。こうした課題には答えが定まっていないことへの配慮も必要である。

# 2022年度　実施問題

**※福岡市を志望する場合は,【3】～【26】を解答して下さい。**

【1】次に読まれるユキの夏休みの出来事に関する英文を聞き,問1と問2の設問に対する答えとして最も適切なものを選びなさい。(英文及び設問は2回読まれる。)

I went to Kumamoto with my friend, Emi, this last summer vacation. We went to my grandparents' house by bus from Fukuoka. We had a special plan for a stay in Kumamoto. It was to make dinner for my grandparents, so we talked about what to make and how to make it for a few months.

At noon we arrived at my grandparents' house. We had lunch with them. Then we went to a supermarket to buy food for dinner. After we came back home, we started making dinner. It was my first time to make a meal for my grandparents, so I thought we mustn't fail. It was difficult, but we made *sukiyaki* for dinner. While having dinner, my grandmother said to us, "It is so good. Is it really your first time making *sukiyaki*?" We said, "Yes, but we talked about this many times. We talked about it on the bus today, too. I'm really happy that you like it."

After dinner, my grandparents took us to a summer festival. At the festival, we enjoyed shopping and playing some games. It was so much fun for us. We saw fireworks at the finale of the festival. They were so beautiful that we couldn't say anything.

The next morning, my grandparents said to us, "Come to see us and make dinner for us next year, too. We look forward to seeing you again." When I heard that, I thought doing something kind for people makes everyone happy. On the bus back to Fukuoka, we promised to go to my grandparents' house and to make dinner for them again next year.

問1　What was Yuki and Emi's special plan?

① To go to Kumamoto by bus.

② To see Emi's grandparents.

③ To make *sukiyaki* for Yuki's grandparents.

④ To go to a summer festival.

⑤ To see fireworks at a festival.

問2　What did Yuki and Emi promise on the bus to Fukuoka?

① They promised to go to Kumamoto by train.

② They promised to make another meal for Emi's grandparents.

③ They promised to see Emi's grandparents.

④ They promised to see fireworks at a festival.

⑤ They promised to go to Kumamoto and make dinner again.

(☆☆☆○○○○○)

【2】次に読まれる英文を聞き，問3～問5の設問に対する答えとして最も適切なものを選びなさい。(英文及び設問は2回読まれる。)

A : Hi, Takashi.

B : Hi, Ms. Green.

A : I heard you had Work Experience last week.

B : Yes. It was good for me.

A : Sounds interesting. Where did you have it? I want to know more.

B : I went to the elementary school which I graduated from. I want to be a teacher in the future.

A : Really? What did you do there?

B : In the morning I joined classes in a sixth-grade classroom. They were Japanese, math, and science.

A : Wow! Did you teach these subjects to students alone?

B : No. Mr. Tanaka, the homeroom teacher, taught them, so I helped some students as an assistant.

A : That's good! What did you do in the afternoon?

B : After 4th period I had school lunch with the students and Mr. Tanaka. After lunch, I helped Mr. Tanaka with checking students' homework. It was hard work because we had to check 35 worksheets in 20 minutes.

A : Oh, that sounds tough.

B : Yes, it was. After that, we had practice for Sports Day. I helped teachers with carrying things and drawing lines on a playground. I had a lot of things to do while students were practicing.

A : You learned a lot on that day, didn't you?

B : Yes. After practice I joined homeroom and gave messages to the students.

A : What did you think about being a teacher after you finished your Work Experience?

B : I thought that teachers' work was so tough, but I felt my desire to be a teacher became stronger when the students said to me, "Thank you very much, Takashi sensei. Come to see us on Sports Day." They have Sports Day next Sunday, so I'll see the students again.

A : I hope that you'll be a good teacher in the future.

問1　Did Ms. Green go to the elementary school with Takashi?

   ① Yes, she does.

   ② Yes, she did.

   ③ No, she does not.

   ④ No, she was not.

   ⑤ No, she did not.

問2　What did Takashi do during classes in the morning?

   ① He joined third grade Japanese, math, and science classes.

   ② He supported students as an assistant.

   ③ He taught Japanese, math, and English.

   ④ He checked students' homework.

   ⑤ He carried things and drew lines on a playground.

問3　Why did Takashi's desire to be a teacher become stronger?

① Because he enjoyed lunch and talking with students during lunch time.

② Because words from the students moved him.

③ Because he wants to see the Sports Day of his elementary school.

④ Because he joined Japanese, math, and science classes.

⑤ Because Ms. Green was cheering for him.

(☆☆☆○○○○○)

【3】次の文は，小学校学習指導要領(平成29年3月告示)「第2章　各教科」「第1節　国語」「第2　各学年の目標及び内容」〔第3学年及び第4学年〕「2　内容」〔思考力，判断力，表現力等〕「C　読むこと」を抜粋したものである。文中の( A )～( E )に当てはまる語句の正しい組合せを選びなさい。

---

(1) 読むことに関する次の事項を身に付けることができるよう指導する。

ア　( A )の関係に着目しながら，考えとそれを支える理由や事例との関係などについて，叙述を基に捉えること。

イ　( B )などについて，叙述を基に捉えること。

ウ　目的を意識して，中心となる語や文を見付けて要約すること。

エ　登場人物の気持ちの変化や性格，情景について，場面の移り変わりと結び付けて具体的に想像すること。

オ　文章を読んで理解したことに基づいて，( C )をもつこと。

カ　文章を読んで感じたことや考えたことを共有し，一人一人の感じ方などに違いがあることに気付くこと。

(2) (1)に示す事項については，例えば，次のような言語活動を通して指導するものとする。

ア　記録や報告などの文章を読み，文章の一部を引用して，分かったことや考えたことを( D )する活動。

---

　　　イ　詩や物語などを読み，内容を説明したり，考えたことな
　　　　どを伝え合ったりする活動。
　　　ウ　学校図書館などを利用し，（　E　）などから情報を得て，
　　　　分かったことなどをまとめて説明する活動。

| | A | B | C | D | E |
|---|---|---|---|---|---|
| ① | 段落相互 | 登場人物の行動や気持ち | 感想や考え | 説明したり，意見を述べたり | 事典や図鑑 |
| ② | 事実と感想，意見など | 場面の様子や登場人物の行動 | 自分の考え | 説明したり，意見を述べたり | 事典や図鑑 |
| ③ | 事実と感想，意見など | 登場人物の行動や気持ち | 自分の考え | 説明したり，意見を述べたり | 複数の本や新聞 |
| ④ | 段落相互 | 場面の様子や登場人物の行動 | 自分の考え | 話し合ったり，文章にまとめたり | 複数の本や新聞 |
| ⑤ | 事実と感想，意見など | 登場人物の行動や気持ち | 感想や考え | 話し合ったり，文章にまとめたり | 事典や図鑑 |

(☆☆☆◎◎◎)

【4】次のa～eの各文は，小学校学習指導要領(平成29年3月告示)「第2章
　各教科」「第1節　国語」「第3　指導計画の作成と内容の取扱い」の一
　部を抜粋したものである。正しく述べられているものの組合せを選び
　なさい。

　　1　指導計画の作成に当たっては，次の事項に配慮するものとす
　　　る。
　　　a　単元など内容や時間のまとまりを見通して，その中で育む
　　　　資質・能力の育成に向けて，児童の主体的・対話的で深い
　　　　学びの実現を図るようにすること。その際，言葉による見
　　　　方・考え方を働かせ，読書活動を通して，言葉の特徴や使
　　　　い方などを理解し自分の思いや考えを深める学習の充実を
　　　　図ること。
　　　b　第2の各学年の内容の〔思考力，判断力，表現力等〕の

99

「A話すこと・聞くこと」に関する指導については，意図的，計画的に指導する機会が得られるように，第1学年及び第2学年では年間40単位時間程度，第3学年及び第4学年では年間35単位時間程度，第5学年及び第6学年では年間30単位時間程度を配当すること。その際，音声言語のための教材を活用するなどして指導の効果を高めるよう工夫すること。

c　第2の各学年の内容の〔思考力，判断力，表現力等〕の「B書くこと」に関する指導については，第1学年及び第2学年では年間100単位時間程度，第3学年及び第4学年では年間85単位時間程度，第5学年及び第6学年では年間55単位時間程度を配当すること。その際，実際に文章を書く活動をなるべく多くすること。

d　第2の第1学年及び第2学年の内容の〔知識及び技能〕の(3)のエ，第3学年及び第4学年，第5学年及び第6学年の内容の〔知識及び技能〕の(3)のオ及び各学年の内容の〔思考力，判断力，表現力等〕の「C読むこと」に関する指導については，読書意欲を高め，社会生活において読書活動を活発に行うようにするとともに，他教科等の学習における読書の指導や学校図書館における指導との関連を考えて行うこと。

e　言語能力の向上を図る観点から，外国語活動及び外国語科など他教科等との関連を積極的に図り，指導の効果を高めるようにすること。

① a, c　　② a, d　　③ b, d　　④ b, e　　⑤ c, e

（☆☆☆◎◎◎）

【5】

　「解釈」ということを，いったん忘れてみてはどうだろう。詩を読んでそのよさを味わえるということは，解釈や価値判断ができるということではない。もちろん，高度な「読み」の技術を身につけたらそれはすてきなことだが，みんながみんなそんな専門的な読者である必要はないはずだ。もっと素朴に一字一句のありさまをじっとながめて，気にいったところをくりかえし読めばいいと思う。わたしはふだん自分のたのしみのために詩を読むときは，そのように読んでいる。

　日本の現代詩はとても高度に発達した表現形式だ。「こういう部分にこういう技巧をこらしているのは，世界文学のなかでも最尖端だろう」「こんな表現に行きついてしまっているのは，世界じゅうの書き手のなかでも，現在はこの詩人だけかもしれない」と思う部分すらある。だから，やさしくはない。かなりの噛ごたえがあるのはあたりまえだ。

　どんな芸術分野でも，もっとも尖端的なものは，大衆的ではない。多くの人にとって，なんだか理解しにくいものであるのがふつうだ。

　（　Ａ　），そういう最尖端作品を味わうやり方は，ふつうの人が想像しているよりもいろいろある。その分野の批評的文脈のなかに位置づけたり，作者の思想を読みとったりすることだけとはかぎらない。

　美術商が通りすがりの画廊にかかっている絵を見て「眼鏡をはずして見たほうがいい絵に見えるなあ」とつぶやく。ファッション記者がパリコレクションを見に行き，連れに「ねえねえ，折り返しの縁のところだけ青いの見た？　あれがかわいかったよね」と話しかける。

　そういうちょっとした魅力のとっかかりは，無数にある。それはあくまでも「自分にとって」魅力があればいいので，誰に

も賛同してもらえなくても，自分だけが発見したその魅力点について考えつめているうちに，もっと（　Ｂ　）な「読み」に合流していく可能性がひらけている（もちろん合流しなくたっていい。これまでのどんな説ともちがう斬新な読みをうちたてて人を説得できたら最高だ。渾身の「読み」は，ときに詩を書いた本人による解釈をも更新する）。

　最近わたしは，ある若い詩人の詩のなかで「こっとりと」という副詞に出会い，とりこになった。その詩は日常的な話しことばで書かれていて単語はみなやさしいけれど，全体としてはとてもむずかしい詩だ。その詩のなかで，ふつうなら「とっくりと」と書くところに「こっとりと」という見慣れないことばが使われていたのである。なぜ「こっとりと」なのだろうか。そのわけを考えつづけているうちに，その詩人が独特の視線でじっと見すえている「ものの手ざわり」が，少しだけわたしにもわかりはじめた気がした。それは，わかりにくかった詩をわかっていくときの第一歩だ。

　詩を読むとは，そういうたのしい手間ひまのことを言うのである。

（渡邊十絲子『今を生きるための現代詩』による。一部改変）

---

問1　文中の（　Ａ　）に当てはまる語句として，適当なものを選びなさい。

①　そして　　②　でも　　③　つまり　　④　だから

⑤　また

問2　文中の（　Ｂ　）に当てはまる語句として，適当なものを選びなさい。

①　合理的　　②　主観的　　③　直観的　　④　普遍的

⑤　感情的

（☆☆◎◎◎）

【6】次の文は，小学校学習指導要領(平成29年3月告示)「第2章　各教科」「第2節　社会」「第3　指導計画の作成と内容の取扱い」の一部を抜粋したものである。文中の(　ア　)～(　オ　)に当てはまる語句の正しい組合せを選びなさい。ただし，同じ記号には同じ語句が入る。

---

2　第2の内容の取扱いについては，次の事項に配慮するものとする。

(1)　各学校においては，地域の実態を生かし，児童が興味・関心をもって学習に取り組めるようにするとともに，観察や見学，聞き取りなどの調査活動を含む具体的な(　ア　)を伴う学習やそれに基づく表現活動の一層の充実を図ること。また，社会的事象の特色や意味，社会に見られる課題などについて，(　イ　)に考えたことや選択・判断したことを論理的に説明したり，立場や根拠を明確にして議論したりするなど言語活動に関わる学習を一層重視すること。

(2)　学校図書館や公共図書館，(　ウ　)などを活用して，情報の収集やまとめなどを行うようにすること。また，全ての学年において，地図帳を活用すること。

(3)　博物館や資料館などの施設の活用を図るとともに，身近な地域及び国土の(　エ　)や文化財などについての調査活動を取り入れるようにすること。また，内容に関わる専門家や関係者，関係の諸機関との連携を図るようにすること。

(4)　児童の発達の段階を考慮し，社会的事象については，児童の考えが深まるよう様々な見解を提示するよう配慮し，多様な見解のある事柄，未確定な事柄を取り上げる場合には，有益適切な教材に基づいて指導するとともに，特定の事柄を強調し過ぎたり，一面的な見解を十分な配慮なく取り上げたりするなどの偏った取扱いにより，児童が(　イ　)に考えたり，事実を客観的に捉え，(　オ　)に判断したりすることを妨げることのないよう留意すること。

---

|     | ア   | イ    | ウ        | エ   | オ   |
|-----|------|-------|-----------|------|------|
| ①   | 作業 | 多角的 | コンピュータ | 遺跡 | 公平 |
| ②   | 体験 | 多角的 | コンピュータ | 遺跡 | 公正 |
| ③   | 作業 | 多面的 | コンピュータ | 伝統 | 公平 |
| ④   | 体験 | 多角的 | 公文書館   | 伝統 | 公正 |
| ⑤   | 体験 | 多面的 | 公文書館   | 遺跡 | 公平 |

(☆☆☆◎◎◎)

【7】≪資料≫のa～eは，略地図中ア～オの県の「農業産出額」「海面漁業漁獲量」「製造品出荷額等」を示している。当てはまる県の正しい組合せを選びなさい。

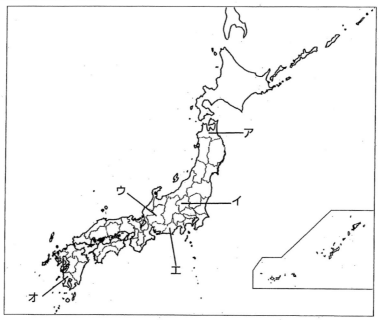

《資料》

|  | 農業産出額（億円）2018年 | 海面漁業漁獲量（千ｔ）2018年 | 製造品出荷額等（億円）2017年 |
|---|---|---|---|
| a | 4 863 | 64 | 20 990 |
| b | 3 222 | 90 | 19 361 |
| c | 2 454 | - | 90 985 |
| d | 2 120 | 195 | 169 119 |
| e | 1 104 | - | 57 062 |

（「日本国勢図会2020/2021」から作成）

|  | a | b | c | d | e |
|---|---|---|---|---|---|
| ① | オ | ア | イ | エ | ウ |
| ② | エ | オ | ウ | ア | イ |
| ③ | ア | イ | オ | ウ | エ |
| ④ | ウ | エ | ア | イ | オ |
| ⑤ | イ | ウ | エ | オ | ア |

（☆☆☆○○○）

【8】次の《図》は，裁判の三審制のしくみを示したものである。《図》のA～Eに当てはまる語句の正しい組合せを選びなさい。ただし，同じ記号には同じ語句が入る。

《図》三審制のしくみ

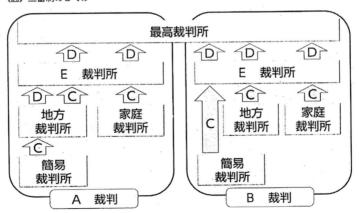

| | A | B | C | D | E |
|---|---|---|---|---|---|
| ① | 行政 | 民事 | 上告 | 起訴 | 高等 |
| ② | 民事 | 刑事 | 起訴 | 控訴 | 弾劾 |
| ③ | 刑事 | 行政 | 控訴 | 上告 | 弾劾 |
| ④ | 民事 | 刑事 | 控訴 | 上告 | 高等 |
| ⑤ | 行政 | 刑事 | 上告 | 控訴 | 高等 |

(☆☆☆◎◎◎)

【9】次の文は，小学校学習指導要領解説算数編(平成29年文部科学省)
「第4章　指導計画の作成と内容の取扱い」「2　内容の取扱いについて
の配慮事項」「(2)　コンピュータなどの活用」の一部を抜粋したもの
である。文中の( ア )～( オ )に当てはまる語句の正しい組合せを
選びなさい。

> (2)　数量や図形についての( ア )したり，( イ )を用いて表
> 現する力を高めたりするなどのため，必要な場面においてコ
> ンピュータなどを適切に活用すること。また，第1章総則の第
> 3の1の(3)のイに掲げるプログラミングを体験しながら
> ( ウ )を身に付けるための学習活動を行う場合には，児童の
> ( エ )に配慮しつつ，例えば第2の各学年の内容の〔第5学年〕
> の「B図形」の(1)における正多角形の作図を行う学習に関連
> して，( オ )繰り返し作業を行う必要があり，更に一部を変
> えることでいろいろな正多角形を同様に考えることができる
> 場面などで取り扱うこと。

| | ア | イ | ウ | エ | オ |
|---|---|---|---|---|---|
| ① | 知識及び技能を習得 | 表やグラフ | 筋道立てて考える力 | 負担 | 単純な |
| ② | 知識及び技能を習得 | 図や式 | 論理的思考力 | 発達段階 | 正確な |
| ③ | 感覚を豊かに | 表やグラフ | 筋道立てて考える力 | 発達段階 | 単純な |
| ④ | 感覚を豊かに | 表やグラフ | 論理的思考力 | 負担 | 正確な |
| ⑤ | 感覚を豊かに | 図や式 | 論理的思考力 | 発達段階 | 単純な |

(☆☆☆◎◎◎)

【10】 $\boxed{1}$，$\boxed{2}$，$\boxed{3}$，$\boxed{4}$ の4枚のカードがある。この4枚のカードをよくきってから，もとにもどさずに続けて3枚取り出す。1枚目のカードを百の位の数，2枚目のカードを十の位の数，3枚目のカードを一の位の数として3けたの整数をつくる。

このとき，この3けたの整数が3の倍数になる確率を求めなさい。ただし，どのカードを取り出すことも同様に確からしいとする。

①　$\dfrac{1}{3}$　　②　$\dfrac{3}{8}$　　③　$\dfrac{5}{12}$　　④　$\dfrac{11}{24}$　　⑤　$\dfrac{1}{2}$

(☆☆☆◎◎◎)

【11】 次の図のように，関数 $y=4x-6$ のグラフと関数 $y=-2x^2$ のグラフの交点をそれぞれ点A，点Bとする。

このとき，2点A，B間の距離を求めなさい。

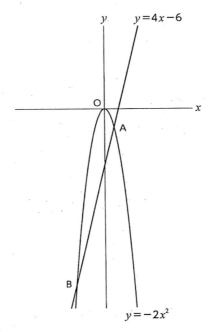

①　$2\sqrt{15}$　　②　$2\sqrt{65}$　　③　$4\sqrt{17}$　　④　$4\sqrt{22}$

⑤　$4\sqrt{26}$

(☆☆☆◎◎◎)

【12】正方形ABCDの対角線の交点をOとし，図のように，正方形ABCDと合同な正方形OPQRをつくり，辺BCと辺OPとの交点をS，辺CDと辺ORとの交点をTとする。

　　このとき，四角形OSCTの面積は，正方形ABCDの面積の何倍になるか求めなさい。

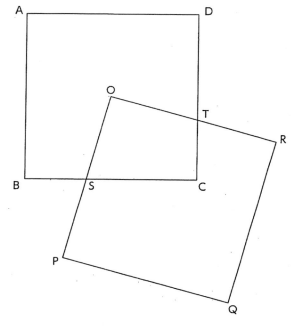

①　$\dfrac{4}{25}$倍　　②　$\dfrac{3}{16}$倍　　③　$\dfrac{2}{9}$倍　　④　$\dfrac{1}{4}$倍　　⑤　$\dfrac{4}{9}$倍

(☆☆☆◎◎◎)

【13】次の文は，小学校学習指導要領(平成29年3月告示)「第2章　各教科」「第4節　理科」「第2　各学年の目標及び内容」の一部を抜粋したものである。文中の( ア )〜( エ )に当てはまる語句の正しい組合せを選びなさい。ただし，同じ記号には同じ語句が入る。

〔第4学年〕
1　目標
(1)　物質・エネルギー
① 空気，水及び金属の性質，電流の働きについての理解を図り，観察，実験などに関する基本的な( ア )を身に付けるようにする。
② 空気，水及び金属の性質，電流の働きについて追究する中で，主に既習の内容や生活経験を基に，根拠のある( イ )を発想する力を養う。
③ 空気，水及び金属の性質，電流の働きについて追究する中で，( ウ )に問題解決しようとする態度を養う。
(2)　生命・地球
① 人の体のつくりと運動，動物の活動や植物の成長と環境との関わり，雨水の行方と地面の様子，気象現象，月や星についての理解を図り，観察，実験などに関する基本的な( ア )を身に付けるようにする。
② 人の体のつくりと運動，動物の活動や植物の成長と環境との関わり，雨水の行方と地面の様子，気象現象，月や星について追究する中で，主に既習の内容や生活経験を基に，根拠のある( イ )を発想する力を養う。
③ 人の体のつくりと運動，動物の活動や植物の成長と環境との関わり，雨水の行方と地面の様子，気象現象，月や星について追究する中で，生物を( エ )する態度や( ウ )に問題解決しようとする態度を養う。

| | ア | イ | ウ | エ |
|---|---|---|---|---|
| ① | 技能 | 予想や仮説 | 主体的 | 愛護 |
| ② | 技能 | 解決の方法 | 多面的 | 尊重 |
| ③ | 技能 | 予想や仮説 | 多面的 | 尊重 |
| ④ | 知識 | 解決の方法 | 主体的 | 尊重 |
| ⑤ | 知識 | 予想や仮説 | 主体的 | 愛護 |

(☆☆☆◎◎◎)

【14】太陽や太陽系の惑星，衛星，小惑星探査機に関するA～Eの記述の
うち，正しいものを選びなさい。

A　太陽の黒点は温度が約4000℃であり，まわりに比べて高温である。

B　新月の瞬間から，半月を経て満月となるまでには，約29.5日かかる。

C　小惑星探査機「はやぶさ2」は，2018年秋に目的の小惑星イトカワ
に到着した。

D　木星の直径は地球の約9倍，質量は約95倍であり，土星に次ぐ，太
陽系で2番目に大きい惑星である。

E　金星は太陽の光をよく反射するため明るく見え，「明けの明星」や
「よいの明星」とよばれる。

①　A　　②　B　　③　C　　④　D　　⑤　E

(☆☆☆◎◎◎)

【15】次のア～エの各文は，実験器具や薬品の取扱いについて説明したも
のである。正しく説明しているものを〇，誤っているものを×とした
とき，正しい組合せを選びなさい。

> ア　酸素用検知管は熱くなるので，測定後すぐに触らない。
> イ　リトマス紙に水溶液をつけるときは，ガラス棒で，少量の水
> 　溶液を，リトマス紙につける。
> ウ　ガスボンベが熱くなり，破裂する恐れがあるので，実験用ガ
> 　スコンロを使うときは，加熱するものは金網からはみ出して置
> 　かない。
> エ　濃硫酸を希釈するとき，濃硫酸に精製水を加えるようにする。

|     | ア | イ | ウ | エ |
|-----|----|----|----|----|
| ①   | ×  | ○  | ○  | ○  |
| ②   | ×  | ×  | ×  | ○  |
| ③   | ○  | ○  | ○  | ×  |
| ④   | ○  | ×  | ×  | ×  |
| ⑤   | ○  | ○  | ○  | ○  |

(☆☆☆◎◎◎)

【16】次の文は，小学校学習指導要領解説生活編(平成29年文部科学省)「第3章　生活科の内容」「第2節　生活科の内容」の一部を抜粋したものである。文中の（　ア　）〜（　オ　）に当てはまる語句の正しい組合せを選びなさい。

> それらは生命をもっていることや成長していることに気付くとは，動植物の飼育・栽培を行う中で，動植物が変化し成長していることに気付き，生命をもっていることやその大切さに気付くことである。そこでは，動植物の特徴，育つ場所，世話の仕方，変化や成長の様子に気付くことはもちろん，それらと自分との関わりに気付いたり，自分自身の世話の仕方や（　ア　）などに気付いたりすることも大切にしたい。
> (略)
> 　このような児童の姿が生まれるためには，（　イ　）動植物と関わる（　ウ　）学習活動を設定することが大切である。それらによって，動植物に対する親しみの気持ちが生まれ，（　エ　）が育ち，生命の尊さも感じることができる。また，自分本位ではなく，動植物の立場に立って考えることができるようになる。そこに（　オ　）学習活動を加えることで気付きの質の高まりも期待できる。こうして児童は動植物への親しみをもち，世話をする楽しさや喜びを味わい，思いや願いが膨らんでいくのである。

|   | ア | イ | ウ | エ | オ |
|---|----|----|----|----|----|
| ① | 世話してきた心持ちの変容 | 身近な | 息の長い | 愛情 | 観察したり記録したりする |
| ② | 動植物と関わることのよさ | 繰り返し | 計画的な | 責任感 | 交流したり表現したりする |
| ③ | 世話してきた心持ちの変容 | 繰り返し | 息の長い | 責任感 | 交流したり表現したりする |
| ④ | 動植物と関わることのよさ | 身近な | 息の長い | 愛情 | 交流したり表現したりする |
| ⑤ | 世話してきた心持ちの変容 | 繰り返し | 計画的な | 責任感 | 観察したり記録したりする |

(☆☆☆◎◎◎◎)

【17】次の文は，小学校学習指導要領解説生活編(平成29年文部科学省)「第4章　指導計画の作成と内容の取扱い」「2　内容の取扱いについての配慮事項」の一部を抜粋したものである。文中の（　ア　）～（　オ　）に当てはまる語句の正しい組合せを選びなさい。

　生活科は，児童が身近な環境と直接関わる活動や体験を楽しむことを大切にしており，これらを十分に行わなければならない。こうした学習活動の中でも，コンピュータなどの情報機器を効果的に活用することも必要である。

　例えば，アサガオを育てる中で，興味・関心をもったことを自分の言葉や絵などで表現する活動を行う。友達の気付きと比べたり，これまでの（　ア　）を振り返ったりする場面では，デジタルカメラやタブレット型端末の画像を活用し，具体的に（　イ　）ことも効果的である。

　また，町探検で見付けたことをデジタルカメラやタブレット型端末で撮影し，教室で発表する活動を行う。画像を大きく映すことで，それぞれの発表したいことや気付いたことなどが伝わりやすくなる。その結果，児童一人一人の（　ウ　）が共有され，町のイメージを広げていくこと，新たな探検への意欲の高まり

なども期待できる。

　しかし，低学年の児童の発達の特性は，人，社会，自然を（　エ　）感じ取り，自分との関わりで捉える傾向がある。また，発達段階的に情報機器の操作に戸惑う児童も多いことが予測される。そうした児童の発達の段階や特性を十分配慮して，（　オ　）情報機器を取り入れることが重要である。

| | ア | イ | ウ | エ | オ |
|---|---|---|---|---|---|
| ① | 単元 | 思い起こす | 思いや願い | 個別的に | 計画的に |
| ② | 単元 | 伝え合う | 発見 | 一体的に | 積極的に |
| ③ | 成長 | 思い起こす | 思いや願い | 一体的に | 積極的に |
| ④ | 成長 | 伝え合う | 発見 | 個別的に | 積極的に |
| ⑤ | 成長 | 思い起こす | 発見 | 一体的に | 計画的に |

(☆☆☆○○○○)

【18】次の文は，小学校学習指導要領(平成29年3月告示)「第2章　各教科」「第6節　音楽」「第2　各学年の目標及び内容」〔第5学年及び第6学年〕「2　内容」「A　表現」の一部を抜粋したものである。文中の（　A　）～（　E　）に当てはまる語句の正しい組合せを選びなさい。ただし，同じ記号には同じ語句が入る。

　(3)　音楽づくりの活動を通して，次の事項を身に付けることができるよう指導する。
　　ア　音楽づくりについての知識や技能を得たり生かしたりしながら，次の(ア)及び(イ)をできるようにすること。
　　　(ア)　即興的に表現することを通して，音楽づくりの様々な（　A　）を得ること。
　　　(イ)　音を音楽へと構成することを通して，どのように（　B　）のまとまりを意識した音楽をつくるかについて思いや意図をもつこと。
　　イ　次の(ア)及び(イ)について，それらが生み出すよさや面白

113

さなどと関わらせて理解すること。
(ア)　いろいろな( C )やそれらの組合せの特徴
(イ)　音やフレーズのつなげ方や重ね方の特徴
ウ　( A )を生かした表現や，思いや意図に合った表現をするために必要な次の(ア)及び(イ)の技能を身に付けること。
(ア)　設定した( D )に基づいて，即興的に音を選択したり組み合わせたりして表現する技能
(イ)　音楽の( E )を用いて，音楽をつくる技能

|  | A | B | C | D | E |
|---|---|---|---|---|---|
| ① | 発想 | 全体 | 音の響き | 条件 | 仕組み |
| ② | 技法 | 拍 | 楽器 | 条件 | 要素 |
| ③ | 技法 | 全体 | 楽器 | 課題 | 要素 |
| ④ | 発想 | 拍 | 音の響き | 課題 | 仕組み |
| ⑤ | 発想 | 全体 | 音の響き | 条件 | 要素 |

(☆☆☆◎◎◎)

【19】次のア～オの設問に正しく答えた組合せを選びなさい。

ア　歌唱共通教材「かたつむり」「ひらいたひらいた」に共通する拍子記号はどちらか。

　　a　4分の2拍子　　b　4分の3拍子

イ　歌唱共通教材「ふじ山」の歌いだしの楽譜として正しいのはどちらか。

ウ　長調の音階として正しいのはどちらか。

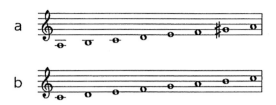

エ　木管楽器のグループを表しているのはどちらか。

  a　フルート　ホルン　ファゴット

  b　フルート　オーボエ　クラリネット

オ　「筝(こと)」の弦の本数として正しいのはどちらか。

  a　13本　　　b　12本

|   | ア | イ | ウ | エ | オ |
|---|---|---|---|---|---|
| ① | b | b | b | a | a |
| ② | a | b | b | b | a |
| ③ | b | a | a | a | b |
| ④ | a | a | b | b | a |
| ⑤ | a | b | a | a | b |

(☆☆☆◎◎◎)

【20】次の文は，小学校学習指導要領(平成29年3月告示)「第2章　各教科」「第7節　図画工作」「第2　各学年の目標及び内容」〔第3学年及び第4学年〕「2　内容」の一部を抜粋したものである。文中の( a )～( e )に当てはまる語句の正しい組合せを選びなさい。ただし，同じ記号には同じ語句が入る。

---

A　表現

 (1)　表現の活動を通して，発想や構想に関する次の事項を身に付けることができるよう指導する。

  ア　造形遊びをする活動を通して，身近な材料や( a )などを基に造形的な活動を思い付くことや，新しい形や色などを思い付きながら，どのように活動するかについて

---

　　　考えること。
　　イ　絵や立体，工作に表す活動を通して，感じたこと，想
　　　像したこと，（　b　）から，表したいことを見付けること
　　　や，表したいことや（　c　）などを考え，形や色，材料な
　　　どを生かしながら，どのように表すかについて考えるこ
　　　と。
　(2)　表現の活動を通して，技能に関する次の事項を身に付け
　　ることができるよう指導する。
　　ア　造形遊びをする活動を通して，材料や用具を適切に扱
　　　うとともに，前学年までの材料や用具についての経験を
　　　生かし，（　d　），切ってつないだり，形を変えたりする
　　　などして，（　e　）を十分に働かせ，活動を工夫してつく
　　　ること。
　　イ　絵や立体，工作に表す活動を通して，材料や用具を適
　　　切に扱うとともに，前学年までの材料や用具についての
　　　経験を生かし，（　e　）を十分に働かせ，表したいことに
　　　合わせて表し方を工夫して表すこと。

| | a | b | c | d | e |
|---|---|---|---|---|---|
| ① | 場所 | 考えたこと | 思い | 組み合わせたり | 体全体の感覚 |
| ② | 空間 | 見たこと | 用途 | 組み合わせたり | 体全体の感覚 |
| ③ | 空間 | 見たこと | 思い | 並べたり | 手や体全体 |
| ④ | 場所 | 見たこと | 用途 | 組み合わせたり | 手や体全体 |
| ⑤ | 場所 | 考えたこと | 思い | 並べたり | 体全体の感覚 |

（☆☆☆◎◎◎）

【21】次のア～オの各文は，図画工作科の工作で使う道具や材料について
　　述べたものである。その内容が正しいものを○，誤っているものを×
　　としたとき，正しい組合せを選びなさい。
　　ア　ペンチを使って針金を切るときには，刃の先よりも元の方で切る

とよく切れる。

イ　はさみを使って曲線を切るときには，切る線がずれないように，紙をしっかりと固定して切る。

ウ　カッターナイフで大きいものや長いものを切るときには，切る方向に刃をねかせて，ひじを引くように切ると上手に切れる。

エ　木を組み立てて箱等を製作する際，ちょうつがいを取り付けるときには，木ねじではなく，釘を打ち込んで固定した方がよい。

オ　木工やすりを使うときには，木材が動かないように万力で木材を押さえ，引くときに力を入れて削る。

|  | ア | イ | ウ | エ | オ |
|---|---|---|---|---|---|
| ① | × | ○ | × | × | ○ |
| ② | ○ | × | ○ | ○ | × |
| ③ | ○ | ○ | × | × | × |
| ④ | × | × | ○ | ○ | ○ |
| ⑤ | ○ | × | ○ | × | × |

(☆☆☆◎◎◎)

【22】次のア～エの各文は，調理に関することについてまとめたものである。正しいものを○，誤っているものを×としたとき，正しい組合せを選びなさい。

ア　栄養素には，炭水化物，脂質，たんぱく質，無機質，ビタミンがあり，これらを五大栄養素と言う。じゃがいもは主にエネルギーのもとになる食品で，炭水化物に分類される。

イ　ガス漏れに気付いた時，ガス栓を閉め，窓を開ける。換気扇などのスイッチには触れない。

ウ　計量スプーンの大さじ1は20mL，小さじ1は5mLである。

エ　循環型社会の実現のために，消費者にできる行動として5Rで表されることがある。キャベツの芯を利用し，捨てる部分が少なくてすむようにすることは，その内のRepairである。

| | ア | イ | ウ | エ |
|---|---|---|---|---|
| ① | × | × | × | ○ |
| ② | ○ | × | ○ | × |
| ③ | × | ○ | ○ | ○ |
| ④ | ○ | ○ | × | × |
| ⑤ | ○ | × | × | × |

(☆☆☆◎◎◎)

【23】次の文は，小学校学習指導要領(平成29年3月告示)「第2章　各教科」「第8節　家庭」「第2　各学年の内容」〔第5学年及び第6学年〕「1　内容」の一部を抜粋したものである。文中の( a )～( d )に当てはまる語句の正しい組合せを選びなさい。ただし，同じ記号には同じ語句が入る。

> B　衣食住の生活
>   (略)
>   (4)　衣服の着用と手入れ
>     ア　次のような知識及び技能を身に付けること。
>       (ア)　衣服の主な( a )が分かり，季節や状況に応じた日常着の( b )着方について理解すること。
>       (イ)　日常着の手入れが必要であることや，ボタンの付け方及び洗濯の仕方を理解し，適切にできること。
>     イ　日常着の( b )着方や手入れの仕方を考え，工夫すること。
>   (5)　生活を( c )するための布を用いた製作
>     ア　次のような知識及び技能を身に付けること。
>       (ア)　製作に必要な材料や手順が分かり，製作計画について理解すること。
>       (イ)　手縫いやミシン縫いによる( d )縫い方及び用具の安全な取扱いについて理解し，適切にできること。
>     イ　生活を( c )するために布を用いた物の製作計画を考

え，製作を工夫すること。

| | a | b | c | d |
|---|---|---|---|---|
| ① | 働き | 快適な | よりよく | 目的に応じた |
| ② | 働き | 快適な | 豊かに | 目的に応じた |
| ③ | 役割 | 適切な | よりよく | 目的に応じた |
| ④ | 役割 | 快適な | よりよく | 正しい |
| ⑤ | 働き | 適切な | 豊かに | 正しい |

(☆☆☆◎◎◎◎)

【24】次の文は，小学校学習指導要領(平成29年3月告示)「第2章　各教科」「第9節　体育」「第2　各学年の目標及び内容」〔第3学年及び第4学年〕「1　目標」を抜粋したものである。文中の( ア )～( エ )に当てはまる語句の正しい組合せを選びなさい。

(1)　各種の運動の( ア )に触れ，その行い方及び健康で安全な生活や体の発育・発達について理解するとともに，基本的な動きや技能を身に付けるようにする。

(2)　自己の運動や身近な生活における健康の課題を見付け，その解決のための方法や活動を工夫するとともに，考えたことを( イ )力を養う。

(3)　各種の運動に進んで取り組み，きまりを守り誰とでも仲よく運動をしたり，友達の考えを( ウ )，場や用具の安全に留意したりし，最後まで努力して運動をする態度を養う。また，健康の大切さに気付き，自己の健康の( エ )に進んで取り組む態度を養う。

| | ア | イ | ウ | エ |
|---|---|---|---|---|
| ① | 楽しさ | 表現する | 認めたり | 保持増進や回復 |
| ② | 楽しさや喜び | 他者に伝える | 受け入れたり | 保持増進 |
| ③ | 楽しさ | 表現する | 受け入れたり | 保持増進や回復 |
| ④ | 楽しさや喜び | 他者に伝える | 認めたり | 保持増進 |
| ⑤ | 楽しさ | 他者に伝える | 認めたり | 保持増進や回復 |

(☆☆☆○○○○)

【25】次の文は，小学校学習指導要領解説体育編(平成29年文部科学省)
「第2章　体育科の目標及び内容」「第1節　教科の目標及び内容」
「3　教科の内容」の一部を抜粋したものである。文中の下線部ア～エ
について，正しいものを○，誤っているものを×としたとき，正しい
組合せを選びなさい。

---

(1)　運動領域

　　運動領域においては，発達の段階のまとまりを考慮すると
ともに，基本的な動きや技能を身に付け，運動を豊かに実践
していくための基礎を培う観点から，発達の段階に応じた指
導内容の明確化・体系化を図った。各学校においては，育成
を目指す資質・能力の系統を踏まえ，「何を教えるのか」とと
もに，「ァどのように評価するか」を整理し，学習を進めるこ
とが求められる。

　　内容の構成を基本的に，従前に引き続き低・中・高学年の
三段階で示すことにより，各学年での運動の取り上げ方や年
間計画においても弾力性をもたせることができるようにした。
このことは，個に応じた ィ多様な学習 を積極的に行うことを
目指したことによるものである。

　　これらの領域では，児童が発達の段階に即した易しい運動
に取り組み，自己に適した課題を見付けたり，仲間と競争し
たり協働したりすることによって，ゥもっと運動をしたい，
できるようになりたい，勝ちたいなどの欲求を充足し，楽し

---

120

くできるようにすることが大切である。

(2) 保健領域

　　保健領域については，身近な生活における健康・安全に関する基礎的な内容を重視し，健康な生活を送る資質や能力の基礎を培う観点から，小学校においては，これまでの内容を踏まえて，「健康な生活」，「体の発育・発達」，「心の健康」，「<u>エ事故の防止</u>」及び「病気の予防」の五つの内容とした。

(略)

| | ア | イ | ウ | エ |
|---|---|---|---|---|
| ① | × | ○ | ○ | × |
| ② | × | × | ○ | ○ |
| ③ | × | ○ | × | ○ |
| ④ | ○ | × | ○ | × |
| ⑤ | ○ | ○ | × | × |

(☆☆☆○○○○)

【26】次の文は，小学校学習指導要領(平成29年3月告示)「第4章　外国語活動」「第2　各言語の目標及び内容等」の一部を抜粋したものである。文中の( A )～( E )に当てはまる語句の正しい組合せを選びなさい。

　1　目標

　　英語学習の( A )を踏まえ，以下に示す，聞くこと，話すこと［やり取り］，話すこと［発表］の三つの( B )別に設定する目標の実現を目指した指導を通して，第1の(1)及び(2)に示す資質・能力を( C )的に育成するとともに，その過程を通して，第1の(3)に示す資質・能力を育成する。

(1)　聞くこと

　　ア　ゆっくりはっきりと話された際に，自分のことや( D )を表す簡単な語句を聞き取るようにする。

> イ　ゆっくりはっきりと話された際に，（　E　）に関する基
> 本的な表現の意味が分かるようにする。
> ウ　文字の読み方が発音されるのを聞いた際に，どの文字
> であるかが分かるようにする。
>
> (略)

| | A | B | C | D | E |
|---|---|---|---|---|---|
| ① | 特質 | 領域 | 一体 | 身の回りの物 | 身近で簡単な事柄 |
| ② | 特性 | 技能 | 統合 | 関心のある物 | 関心のある事柄 |
| ③ | 特性 | 技能 | 一体 | 関心のある物 | 関心のある事柄 |
| ④ | 特質 | 領域 | 一体 | 身の回りの物 | 関心のある事柄 |
| ⑤ | 特質 | 領域 | 統合 | 身の回りの物 | 身近で簡単な事柄 |

(☆☆☆○○○○)

【27】次の(1)～(5)の英文について，（　ア　）～（　オ　）に入る適当な語句
の組合せを選びなさい。

(1)　My grandmother is (　ア　) from a disease, so I will go and see her in
the hospital this weekend.

(2)　I decided to (　イ　) the sports gym because the results from my
physical examination were not good.

(3)　George and I visited many good places during my stay in London. We
have (　ウ　) touch with each other since I came back to Japan.

(4)　A : I want to know when the temple was built. Do you know?

B : I don't know, either. Why don't you (　エ　) it up online?

(5)　A : I cannot sleep tonight. I am worrying about if Peter can do his best at
the tournament tomorrow.

B : Don't worry. He did everything he could. I'm (　オ　) he will win.

|   | ア | イ | ウ | エ | オ |
|---|---|---|---|---|---|
| ① | suffering | join | kept in | make | obscure |
| ② | suffered | join | held on | look | certain |
| ③ | suffering | joining | held on | make | certain |
| ④ | suffered | joining | held on | look | obscure |
| ⑤ | suffering | join | kept in | look | certain |

(☆☆☆○○○○○)

【28】 次の英文を読み，その内容に合致するものを選びなさい。

I learned about World Heritage Sites in social studies classes last month. I didn't know that there are some World Heritage Sites in Fukuoka, for example, *Munakata Taisha* shrine, *Yahata Steel Works*, and more. I was surprised and proud that the prefecture that I've lived in since I was born has these great treasures. I want a lot of people all over the world to know about these great treasures.

I will have fieldwork with foreign exchange students that go to a university near my school next week. I want to tell them in English about the World Heritage Sites of my prefecture during the fieldwork, so I asked my social studies teacher again about them last week. Now I want to study more in English classes this week to be able to introduce them effectively. I want the students to know that great treasures are in my prefecture, and to actually visit them.

Through these classes, I realized something. It is very important to have a town where we can keep living with traditional buildings and cultures. To achieve this, we must do many things. For my town and people in the future, I want to be a person who contributes to this goal.

① The author says that he visited the World Heritage Sites in Fukuoka prefecture to learn about the history and culture of his town.

② The author thinks that everyone should be proud of every town because there are a lot of good places in all cities.

③　The author and foreign exchange students visited a World Heritage Site during fieldwork last month.

④　The author wants to tell foreign exchange students in English about good places in his prefecture during fieldwork.

⑤　The author thinks that everyone has to study English more to talk with many people all over the world

(☆☆☆○○○○○)

【29】次の文は，小学校学習指導要領解説特別活動編(平成29年文部科学省)「第3章　各活動・学校行事の目標及び内容」「第2節　児童会活動」「1　児童会活動の目標」の一部を抜粋したものである。文中の(　ア　)～(　オ　)に当てはまる語句の正しい組合せを選びなさい。ただし，同じ記号には同じ語句が入る。

---

　　第1の目標に掲げる資質・能力を育成するために，児童会活動においては，例えば次のとおり資質・能力を育成することが考えられる。
○　児童会やその中に置かれる委員会などの(　ア　)により構成される(　イ　)組織における活動の意義について理解するとともに，その活動のために必要なことを理解したり行動の仕方を身に付けたりするようにする。
○　児童会において，学校生活の充実と向上を図るための課題を見いだし，解決するために話し合い，(　ウ　)を図ったり，意思決定したり，(　エ　)をよりよく形成したりすることができるようにする。
○　(　イ　)な集団活動を通して身に付けたことを生かして，多様な他者と互いのよさを生かして(　オ　)し，よりよい学校生活をつくろうとする態度を養う。

---

| | ア | イ | ウ | エ | オ |
|---|---|---|---|---|---|
| ① | 異年齢 | 実践的 | 改善 | 集団 | 協働 |
| ② | 異年齢 | 自治的 | 合意形成 | 人間関係 | 協働 |
| ③ | 異年齢 | 自治的 | 改善 | 人間関係 | 連携 |
| ④ | 様々な集団 | 実践的 | 合意形成 | 集団 | 連携 |
| ⑤ | 様々な集団 | 自治的 | 改善 | 集団 | 協働 |

(☆☆☆◎◎◎◎)

【30】次の文は，小学校学習指導要領解説総則編(平成29年文部科学省)
「第3章　教育課程の編成及び実施」「第6節　道徳教育推進上の配慮事
項」「2　指導内容の重点化」の一部を抜粋したものである。文中の
(　ア　)～(　オ　)に当てはまる語句の正しい組合せを選びなさい。

---

(1)　各学年を通じて配慮すること

　小学校においては，生きる上で基盤となる道徳的価値観の
形成を図る指導を徹底するとともに自己の生き方についての
指導を充実する観点から，各学年を通じて，自立心や自律性，
生命を尊重する心，他者を思いやる心の育成に配慮すること
が大切である。

　自立心や自律性は，児童がよりよい生き方を目指し，人格
を形成していく上で核となるものであり，自己の生き方や人
間関係を広げ，社会に参画をしていく上でも基盤となる重要
な要素である。特に，小学校の段階では，児童が自己を肯定
的に受け止め，自分の生活を見直し，将来に向けて夢や希望
をもち，よりよい生活や社会をつくり出そうとする態度の育
成が求められている。その際，児童が(　ア　)を深め，自己を
肯定的に受け止めることと，自己に責任をもち，(　イ　)態度
をもつことの両面を調和のとれた形で身に付けていくことが
できるようにすることが重要である。

　生命を尊重する心は，生命の尊厳を感得し，生命ある全て
のものを尊重しようとする心のことである。生命を尊重する

---

　心の育成は，道徳教育を進めるに当たって特に留意しなければならないこととして生命に対する畏敬の念を生かすことを示しているように，豊かな心を育むことの（　ウ　）に置かれる重要な課題の一つである。いじめによる自殺などが社会的な問題となっている現在，児童が生きることを喜ぶとともに，生命に関する問題として（　エ　）などについて考え，他者と共に生命の尊さについて自覚を深めていくことは，特に重要な課題である。

　　他を思いやる心は，児童が自立した一人の人間として人生を他者と共に，よりよく生きる人格形成を図る道徳教育の充実を目指す上で不可欠なものである。相手の（　オ　）を推し量り自分の思いを相手に向けることは，よりよい人間関係を築くために重要である。

|   | ア | イ | ウ | エ | オ |
|---|---|---|---|---|---|
| ① | 価値理解 | 自律的な | 根本 | 誕生や成長 | 言動や行為の意味 |
| ② | 価値理解 | 自律的な | 根本 | 誕生や成長 | 気持ちや立場 |
| ③ | 自己理解 | 主体的な | 中心 | 老いや死 | 言動や行為の意味 |
| ④ | 価値理解 | 主体的な | 中心 | 誕生や成長 | 気持ちや立場 |
| ⑤ | 自己理解 | 自律的な | 根本 | 老いや死 | 気持ちや立場 |

（☆☆☆◎◎◎◎）

【31】次の文は，小学校学習指導要領解説総合的な学習の時間編(平成29年文部科学省)「第2章　総合的な学習の時間の目標」「第2節　目標の趣旨」「2　総合的な学習の時間で育成することを目指す資質・能力」の一部を抜粋したものである。文中の（　ア　）～（　オ　）に当てはまる語句の正しい組合せを選びなさい。ただし，同じ記号には同じ語句が入る。

　育成を目指す資質・能力の三つの柱のうち，主に「思考力，判断力，表現力等」に対応するものとしては，実社会や実生活の中から（　ア　）を見いだし，自分で課題を立て，情報を集め，（　イ　）して，まとめ・表現するという，探究的な学習の過程において発揮される力を示している。

　具体的には，身に付けた「知識及び技能」の中から，当面する課題の解決に必要なものを選択し，状況に応じて適用したり，複数の「知識及び技能」を（　ウ　）たりして，適切に活用できるようになっていくことと考えることができる。なお，（　エ　）な情報活用能力や問題発見・解決能力を構成している個別の「知識及び技能」や，各種の「考えるための技法」も，単にそれらを習得している段階から更に一歩進んで，課題や状況に応じて選択したり，適用したり，（　ウ　）たりして活用できるようになっていくことが，「思考力，判断力，表現力等」の具体と考えることができる。こうしたことを通して，知識や技能は，既知の限られた状況においてのみならず，未知の状況においても課題に応じて（　オ　）できるものとなっていく。

| | ア | イ | ウ | エ | オ |
|---|---|---|---|---|---|
| ① | テーマ | 理解 | 組み合わせ | 教科等横断的 | 柔軟に対応 |
| ② | 問い | 整理・分析 | 比較し | 汎用的 | 柔軟に対応 |
| ③ | テーマ | 整理・分析 | 比較し | 教科等横断的 | 柔軟に対応 |
| ④ | 問い | 理解 | 組み合わせ | 汎用的 | 自在に駆使 |
| ⑤ | 問い | 整理・分析 | 組み合わせ | 教科等横断的 | 自在に駆使 |

（☆☆☆◎◎◎◎）

## 解答・解説

【１】問1　③　　問2　⑤

〈解説〉リスニング問題では，焦らずに落ち着いて回答することが肝要となる。問題文は2回読まれることが多いので，1回目で大体の内容を聞き取り，2回目は最初に聞き取れなかった部分に意識を集中して聞くようにするとよい。　問1　第1段落に，熊本での滞在での特別の計画，それは祖父母のために夕食を作ることである，と書かれている。問2　最終段落に，福岡に戻るバスの中で私たちは，来年も祖父母の家に行って夕食をつくることを約束したと書かれている。

【２】問1　⑤　　問2　②　　問3　②

〈解説〉リスニング問題では，音声が放送される前に，問題文と各選択肢に目を通しておくと，回答するのが容易になる。選択肢に目を通していれば，放送が始まったときに聞き取るべきキーワードが予測できるので，その分心に余裕を持って聞き取りに集中することができる。問1　Ms. GreenがTakashiに，教育実習に行った話を尋ねている会話である。Ms. Greenは，Takashiから小学校に実習に行った話を聞いただけなので，⑤のNo, she did not.が適切である。　問2　Takashiの4つ目，5つ目の会話文に，午前中は6年生の教室で授業に参加したことと，担任のTanaka先生の補助として，何人かの児童のサポートをしたことが書かれている。したがって，②が適切。　①　3年生のクラスとあることから，不適切。　③　Takashi自身は教えていないので，不適切。④・⑤　児童の宿題のチェックや校庭で線を引いた活動は，どちらも昼食後であり，不適切である。　問3　Takashiの最後の会話文に，生徒たちが「ありがとう，Takashi先生。運動会のときには，私たちに会いに来てください」と言ってくれたことで，先生になりたいという思いが強くなったと書かれている。したがって，②が適切である。

【3】①

〈解説〉今回の学習指導要領改訂において，国語科では学習過程を一層明確にし，各指導事項が位置付けられた。「A話すこと・聞くこと」，「B書くこと」，「C読むこと」の3領域それぞれで整理された指導事項を，改めて確認しておく必要がある。　A　「C読むこと」のアは，説明的な文章における構造と内容の把握の学習過程である。「事実と感想，意見など」は，高学年の項目に含まれる。　B　「C読むこと」のイは，文学的な文章における構造と内容の把握の学習過程である。低学年では「場面の様子や登場人物の行動など」を，中学年では，「登場人物の行動や気持ちなど」を，高学年では「登場人物の相互関係や心情など」を捉えることが，それぞれ示されている。　C　「C読むこと」のオは，考えの形成の学習過程である。低学年では「感想をもつこと」，中学年では「感想や考えをもつこと」，高学年では「自分の考えをまとめること」と，発達段階に応じて達成したい内容が示されている。D・E　出題の(2)は，「C読むこと」の言語活動例である。Dの選択肢「話し合ったり，文章にまとめたり」や，Eの選択肢「複数の本や新聞」はいずれも，高学年の項目に含まれている。

【4】⑤

〈解説〉a　後半にある「読書活動を通して」が誤りで，正しくは「言語活動を通して」である。国語科の指導計画の作成に当たり，児童の主体的・対話的で深い学びの実現を目指して授業改善を進めるよう配慮することが示された事項であり，言語能力を育成する中心的な役割を担う国語科においては，「言語活動」を通して資質・能力を育成することになる。　b　各配当時間の部分が誤っている。正しくは，「第1学年及び第2学年では年間35単位時間程度，第3学年及び第4学年では年間30単位時間程度，第5学年及び第6学年では年間25単位時間程度を配当すること」である。　d　後半にある「社会生活において」が誤りで，正しくは「日常生活において」である。児童の生活の対象は基本的には「日常生活」であり，「社会生活」は将来の生活として位置付

けられている。

【５】問1　②　　問2　④

〈解説〉問1　空欄の直前では，最尖端の作品について多くの人が，理解が難しいものと述べていて，空欄直後では，最尖端作品を味わうやり方はいろいろあると，直前の文脈と相反する事柄が述べられている。問2　空欄を含む段落では，「自分にとって」の魅力を追求し，その魅力について考えつめているうちに，「（　Ｂ　）な『読み』に合流していく可能性がひらけ」ると述べられている。つまり，考えつめていくことでたどり着くものであることから，すべてのものにあてはまることの意味の，「普遍的」が適切である。

【６】②

〈解説〉ア　「観察や見学，聞き取りなどの調査活動」を含み，「具体的な」に続くので，「体験」が相応しい。「体験活動の充実」は，今回の学習指導要領改訂における，内容の改善事項の一つとして挙げられている。イ　社会科における「思考力，判断力，表現力等」に関する目標として，「意味を多角的に考える力」がその一つに示されている。また，「多角的」な視点は，社会科の目標(3)や高学年の目標にも示されているように，社会科において重要なキーワードである。　ウ　活用して情報の収集やまとめなどを行うものであることから，「コンピュータ」が当てはまる。　エ　文化財と併記され，調査活動の対象となるものなので，「遺跡」が当てはまる。第6学年の指導事項として，「遺跡や文化財，地図や年表などの資料で調べ，まとめること」が示されている。　オ　「強調しすぎたり」，「偏った取扱い」によって妨げられる事柄であることから，「公正に判断する」ことが適切である。公正に判断するとは，決して独りよがりの判断ではなく，複数の立場や意見を踏まえて多角的に考え，総合的に理解した上で判断することである。

【7】①

〈解説〉略地図中のアは青森県，イは群馬県，ウは岐阜県，エは静岡県，オは鹿児島県である。わかりやすいものから考える。 d 製造品出荷額が最も多く，海面漁業漁獲量も最も多いことから，エの静岡県である。製造品出荷額では，全国でも4位(2017年度)であり，漁獲量では全国で1，2位を争う焼津港がある。 a・b 両県とも海に面しているので，青森県または，鹿児島県である。海面漁獲量が多いbが青森県で，農業産出額が多いaが鹿児島県である。鹿児島県の農業産出額は，全国でも2位となっている。青森県には，漁獲量の多い八戸港がある。c・e 海に面していない県は，群馬県と岐阜県である。群馬県は首都圏に隣接し，自動車・電気機器などの機械工業を中心に工業が盛んな地域となっている。また，農業についても首都圏に近いことと恵まれた自然条件で，こんにゃく，ねぎなど様々な野菜を産出している。それらからcが群馬県で，残ったeが岐阜県となる。

【8】④

〈解説〉第一審判決に対する不服申し立てで，第二審の裁判所に裁判を求めることを，控訴という。図中のCの矢印がこれに該当する。第二審(控訴審)判決に対して，憲法や過去の判例に違反しているなどの理由で，第三審の裁判所に裁判を求めることを，上告という。図中のDの矢印がこれに該当する。簡易裁判所は，比較的軽い罪の刑事事件について，第一審の裁判権を持っている。したがって，第一審判決に対する控訴手続きによって，第二審は高等裁判所で行われる。一方，民事裁判では，第一審の簡易裁判所の判決に対しては，地方裁判所に対して控訴することができ，第二審の地方裁判所の判決に対しては，高等裁判所に上告することができる。

【9】④

〈解説〉ウ 今回の小学校学習指導要領(平成29年告示)では，総則に情報活用能力の育成を図るため，コンピュータなどを活用した学習活動の

充実が示され，各教科の特質に応じて実施することの一つとして，「児童がプログラミングを体験しながら，コンピュータに意図した処理を行わせるために必要な論理的思考力を身に付けるための学習活動」が示された。それに関して算数科においては，出題された指導計画の作成と内容の取扱いの項目の中で示された。　ア　算数科の知識及び技能においては，知識と技能とともに，「数量や図形についての感覚を豊かにする」ことが目標とされていることを覚えておきたい。イ　データを表に整理した後，いろいろなグラフに表すことが，コンピュータなどを用いると簡単にできる。　エ　プログラミング学習のような，発展的な学習を取り入れた指導を行う際には，児童の負担過重とならないように配慮する必要がある。　オ　正確な繰り返しが必要な作業をする際には，コンピュータを活用することが有効であることに基づいている。

【10】⑤

〈解説〉各位の数の組み合わせは(1，2，3)，(1，2，4)，(1，3，4)，(2，3，4)の4通り。このうち，この3けたの整数が3の倍数になるのは，(1，2，3)，(2，3，4)　の2通り。よって，求める確率は　$\frac{2}{4}=\frac{1}{2}$

【11】③

〈解説〉$y=4x-6$…①　と，$y=-2x^2$…②　の交点A，Bの座標は，①と②の連立方程式の解。②を①に代入して，$-2x^2=4x-6$　⇔　$x^2+2x-3=0$　⇔　$(x+3)(x-1)=0$　よって，$x=-3$，1　それぞれ①に代入して，A(1，$-2$)，B($-3$，$-18$)　三平方の定理より，2点A，B間の距離$=\sqrt{\{1-(-3)\}^2+\{-2-(-18)\}^2}=4\sqrt{17}$

【12】④

〈解説〉OB＝OC，∠OBS＝∠OCT＝45°　∠BOS＝∠BOC－∠SOC＝90°－∠SOC＝∠COT　よって，1辺とその両端の角がそれぞれ等しいから，△OBS≡△OCT　これより，(四角形OSCTの面積)＝△OSC＋△

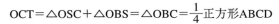

$$OCT = \triangle OSC + \triangle OBS = \triangle OBC = \frac{1}{4}\text{正方形ABCD}$$

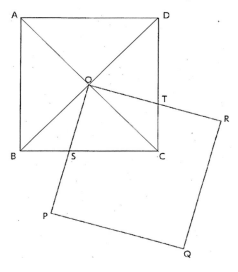

【13】 ①

〈解説〉ア　学年の目標①は，知識及び技能に関するものである。前半が知識に関する目標で，「観察・実験…」以降の後半が技能に関する目標である。　イ　目標②は，思考力，判断力，表現力等に関するものである。小学校理科では，学年を通して育成を目指す問題解決の力が，学年別に示されている。第4学年では，主に既習の内容や生活経験を基に，根拠のある予想や仮説を発想する力の育成を目指している。ウ　目標③は，学びに向かう力，人間性等に関するものである。主体的に問題解決しようとする態度とは，一連の問題解決の活動を，児童自らが行おうとすることによって表出された姿である。「多面的」という言葉は，理科では第6学年の思考力，判断力，表現力等の育成において，多面的に考えることが大切であるとして用いられている。エ　今回の小学校学習指導要領(平成29年告示)では，理科の目標(3)に「自然を愛する心情」が示され，各学年の「B生命・地球」に関する目

標に，生物を愛護する態度や生命を尊重する態度が位置付けられている。

【14】⑤

〈解説〉A　太陽の黒点の温度は約4000℃で，周り(約6000℃)より低温なので黒く見える。低温なのは，強い磁場があるためと言われている。B　月の満ち欠けの周期が29.5日であり，新月から満月まではその半分の期間となる。　C　「はやぶさ2」は，2018年6月27日に小惑星リュウグウに到着した。イトカワは，2005年に「はやぶさ」が到達し観測した小惑星である。　D　木星は，太陽系の惑星の中で大きさ，質量ともに最大の惑星である。直径は地球の約11倍で，質量は地球の約320倍である。　E　明けの明星は明け方に東の空に，よいの明星は日没後に西の空に見える。金星は濃硫酸の大気に覆われていて，太陽光を強く反射するので，明るく見えるのである。

【15】③

〈解説〉エ　濃硫酸を希釈するときは，濃硫酸に水を加えると表面で突沸が起き飛び散る恐れがあるので，精製水に少しずつ濃硫酸を加えるようにする。　ア　酸素用気体検知管には塩化水素が入っているので，酸素で酸化すると気体の塩素と液体の水を生じその際に熱を発生し熱くなる。よって，測定後はすぐに触らないようにする。　イ　リトマス紙を水溶液につけるときは，試験紙を水溶液の方へつけてしまうと，試薬成分が溶け出して不純物が混ざり混んで，液性を調べた後でその溶液を他の事に使用する事ができなくなってしまう。よって，直接水溶液につけるのではなく，ガラス棒で少量の水溶液をリトマス紙につけるようにする。　ウ　実験用ガスコンロを使うときは，ガスボンベが熱くなり破裂する恐れがあるので，加熱するものは金網からはみだして置かないようにする。

【16】③

〈解説〉出題されたのは，小学校学習指導要領(平成29年告示)生活科の内容「(7)動物を飼ったり植物を育てたりする活動」の中の，知識及び技能の基礎にあたる内容である「それらは生命をもっていることや成長していることに気付く」に関する解説の一部である。選択肢は，前後の文脈を捉えて，適切な言葉を選びたい。なお，内容の前半に示されている「それらの育つ場所，変化や成長の様子に関心をもって働きかける」ことは，思考力，判断力，表現力等の基礎，後半の「生き物への親しみをもち，大切にしようとする」ことは学びに向かう力，人間性等に関する内容となっている。生活科の内容は，どの項目も育成を目指す3つの柱で構成されているので，確認しておきたい。

【17】⑤

〈解説〉出題されたのは，小学校学習指導要領(平成29年告示)生活科の「第3　指導計画の作成と内容の取扱い」の2(4)の「学習活動を行うに当たっては，コンピュータなどの情報機器について，その特質を踏まえ，児童の発達の段階や特性及び生活科の特質などに応じて適切に活用するようにすること」に関する解説文である。コンピュータに関しては，同学習指導要領総則に，「情報活用能力の育成を図るため，各学校において，コンピュータや情報通信ネットワークなどの情報手段を活用するために必要な環境を整え，これらを適切に活用した学習活動の充実を図ること」と示された。生活科においても，それを受けた取扱いが示されたものである。　ア・イ・ウ　映像や写真を活用した効果的な学習であることから，「成長」を振り返ったりする場面で，「思い起こす」ことが当てはまる。また，映像や写真によって，「発見」の共有を図ることができる。　エ　低学年の児童の特性として，心と体を一体的に働かせて学ぶことが挙げられる。　オ　空欄の前に，「戸惑う児童も多い」，「児童の発達の段階や特性を十分配慮して」とあることから，「積極的」ではなく，「計画的」が当てはまる。

【18】①

〈解説〉音楽づくりの活動は,「音遊びや即興的に表現する」活動と,「音を音楽へと構成する」活動からなる。アは思考力,判断力,表現力等,イは知識,ウは技能に関する資質・能力が,それぞれ示されている。Aの「音楽づくりの様々な発想を得る」とは,いろいろな音の響きをその場で選択したり組み合わせたりする中で生まれる,「これらの音をこうしたらもっと面白くなる」という様々な考えをもつことである。Bの「全体のまとまり」は,教科の目標(2)の「音楽表現を工夫する」について,音楽づくりの学習におけるカギとなるもので,音楽の全体のまとまりなどを考えたりして,表現について思いや意図を持つことである。Cの「音の響き」には,音の素材や楽器そのものがもつ固有の音の響き,材質がもつ音の響き,音を出す道具による音の響きなどがある。Dの「設定した条件」とは,様々な音を即興的に選択したり組み合わせたりする際の約束事のことで,児童が音楽づくりの様々な発想を得るために,必要不可欠なものである。Eの「音楽の仕組み」は,反復,呼びかけとこたえ,変化,音楽の縦と横との関係などのことである。各学年の共通事項に示されている「音楽を形づくっている要素」の一つとして,内容の取扱いと指導上の配慮事項に示されている。

【19】②

〈解説〉ア・イ　「かたつむり」,「ひらいたひらいた」はどちらも第1学年,「ふじ山」は第3学年の歌唱共通教材である。歌唱共通教材は各学年4曲の全24曲であるが,すべて頻出曲なので,曲名,作詞・作曲者,拍子,調,階名,旋律,歌詞など楽譜全体を確認しておくことが重要である。アは,4分音符が2拍分の拍子で,「4分の2拍子」である。イは,初めの小節の4拍目の音の長さに注目すると良い。「あたまをくもの」の「を」の部分は,4分音符である。　ウ　aはロ短調,bはハ長調の音階である。ハ長調は一番親しみのある音階である。「長調」であることを意識しておくと良い。　エ　挙げられている楽器の中で,

「ホルン」のみが金管楽器である。　オ　「箏」は13本の弦を持つ。手につけた爪ではじいて演奏する和楽器である。

【20】④

〈解説〉図画工作科の内容は「A表現」,「B鑑賞」及び〔共通事項〕で構成されている。また,(1)として「A表現」を通して育成する「思考力,判断力,表現力等」として発想や構想に関する項目,(2)として「A表現」を通して育成する「技能」に関する項目が示されている。

　a　造形的な活動を思い付くことについて,低学年では「身近な自然物や人工の材料の形や色などを基に」,中学年では「身近な材料や場所などを基に」,高学年では「材料や場所,空間などの特徴を基に」と,発達の特性に応じて示されている。　b・c　低学年では「感じたこと,想像したこと」からが,中学年では「見たこと」が加わり,高学年ではさらに,「伝え合いたいこと」が加えられている。

　d・e　「組み合わせ」る活動は,中学年から示されている。「手や体全体」を働かせる活動は低学年から示されており,高学年では「活動を工夫して」表すと表現されている。低・中・高学年を対比させて,学習指導要領の全体構造を理解することで,系統立てた理解が可能になる。

【21】⑤

〈解説〉イ　はさみを使って曲線を切るときには,はさみを動かさずに紙を動かしながら切る。　エ　ちょうつがいは,開けたり閉じたりする扉のようなものを固定するときに使用する。木を組み立てて箱等を製作する際は,釘ではなく木ねじで固定するのがよい。　オ　木工やすりは,引くときではなく,押すときに力を入れて削る。

【22】④

〈解説〉ウ　計量スプーンの大さじ1は,15mLである。　エ　ごみの発生を減らす取り組みは,「Reduce」である。「Repair」は,修理してもの

を長く使う取り組みである。　イ　換気扇や電灯などのスイッチを押
すと，小さな火花が出るため，スイッチに触れてはいけない。

【23】②
〈解説〉衣生活については，「(4)衣服の着用と手入れ」，「(5)生活を豊かに
　するための布を用いた製作」の2項目で構成されている。　a　衣服の
　主な働きについては，保健衛生上の働きとして，暑さ・寒さを防いだ
　り，皮膚を清潔に保ったり，ほこりや害虫，けがなどから身体を守っ
　たりすることなどの理解が求められている。　b　季節に応じた快適
　な着方と，状況に応じた快適な着方についての理解が求められている。
　c　生活を豊かにするための布を用いた製作とは，布の特徴を生かし
　て自分や身近な人の生活を豊かにする物を製作することである。
　d　縫い方にはそれぞれ特徴があり，縫う部分や目的に応じて，適し
　た手縫いを選ぶ必要がある。

【24】④
〈解説〉体育科の学年の目標は3項目で構成されており，(1)は運動や健康
　についての「知識及び技能」に関する目標，(2)は「思考力，判断力，
　表現力等」に関する目標，(3)は「学びに向かう力，人間性等」に関す
　る目標である。目標(1)では，低学年の「楽しさに触れ」から，中学年
　ではこれを進めて「楽しさや喜びに触れ」となっている。さらに高学
　年ではこれを深めて「楽しさや喜びを味わい」となる。目標(2)では，
　自己の工夫したことを他者に伝えることで，自己の考えを深めること
　ができるようにすることを目指している。目標(3)では，中学年で「友
　達の考えを認める」ことや，自己の健康の「保持増進」に進んで取り
　組むことが示されている。高学年では，「仲間の考えや取組を認める」
　ことや，「保持増進や回復」に進んで取り組むことを目指している。

【25】①
〈解説〉体育科の内容は，運動領域と保健領域から構成されている。

ア　運動領域において，「何を教えるのか」とともに求められていることは，「どのように指導するか」である。　エ　保健領域の内容は，「健康な生活」，「体の発育・発達」，「心の健康」，「けがの防止」，及び「病気の予防」の五つである。

【26】①
〈解説〉小学校学習指導要領(平成29年告示)外国語活動「英語」の目標の柱書及び「聞くこと」に関する目標からの出題である。　A～C　中学年の外国語活動においては，小学校高学年以降で設定されている五つの領域のうち，「聞くこと」，「話すこと [やり取り]」，「話すこと [発表]」の三つの領域について目標が設定されている。外国語学習の特性を踏まえて，「知識及び技能」と「思考力，判断力，表現力等」を一体的に育成し，その過程を通して，「学びに向かう力，人間性等」に示す資質・能力を育成することとされている。　D・E　中学年で初めて英語に触れることを踏まえて，題材は児童が興味・関心をもつような，自分のことや身の回りの物を扱うことが大切である。また，話された際に理解できるようにすることとして，児童が興味・関心をもつような簡単な事柄である必要があることが示されている。

【27】⑤
〈解説〉(1)　is suffering from…で，「～で苦しんでいる」という表現。
(2)　toの後には基本的には動詞の原形しか入れることができないので，to joinが適切。　(3)　keep in touchは，「連絡を取り合う」という熟語。We have kept in touch「私達は連絡を取り合っていた」の意味。
(4)　look ～ upで，「～を辞書や検索などで調べる」という意味。
(5)　I am certainはI am sureと同じで「確信している」の意味。obscureは「不明瞭な」という意味。

【28】④
〈解説〉④　本文の第2段落に，「外国人留学生と行うフィールドワークで，

県の世界遺産のことを英語で伝えたい」，「英語の授業をもっと勉強して，効果的に紹介できるようにしたい」と書かれている内容と一致する。　①　著者は福岡県出身であり，県の世界遺産を訪れたとは書かれていない。　②　すべての人が自分の住む都市について誇りを持つべきということは，書かれていない。　③　著者と外国人留学生が世界遺産に行ったということは，書かれていない。　⑤　すべての人が英語の勉強をしなければならないとは，書かれていない。

【29】②

〈解説〉ア　児童会活動の目標の冒頭に，「異年齢の児童同士で協力」することが示され，内容の1項目として，「異年齢集団による交流」がある。　イ　特別活動の指導計画の作成と内容の取扱いに，「学級活動における児童の自発的，自治的な活動を中心として」，個々の児童についての理解を深めることが示されている。　ウ　特別活動の目標(2)に，「合意形成を図ったり，意思決定したりすることができるようにする」ことが示されている。　エ　特別活動の目標(3)に，人間関係をよりよく形成して，自己実現を図ろうとする態度を養うことが示されている。　オ　特別活動の目標(1)に，「多様な他者と協働する様々な集団活動の意義や活動を行う上で必要となることについて理解」することが示されている。　空欄に当てはまる語句はいずれも，特別活動におけるキーワードであり，押さえておく必要がある。

【30】⑤

〈解説〉本文は，小学校学習指導要領(平成29年告示)総則「第6　道徳教育に関する配慮事項」の2の「指導内容の重点化」における「各学年を通じて配慮すること」に関する解説である。各学年を通じては，「自立心や自律性，生命を尊重する心や他者を思いやる心を育てることに留意すること」が示されている。アは，「自己を肯定的に受け止め」や「自己に責任をもち」から，「自己理解」が当てはまることが分かる。イは，項目のテーマから，「自律的な」が当てはまる。オは，

空欄の後に「…を推し量り自分の思いを相手に向ける」とあることから，「気持ちや立場」が当てはまる。「指導内容の重点化」は，学年段階ごとに配慮することも示されているので，合わせて確認しておきたい。

【31】⑤

〈解説〉総合的な学習の時間の目標(2)に関する解説である。目標(2)は，思考力，判断力，表現力等に関するものである。　イ　総合的な学習の時間では，探究的な学習を実現するため，「①課題の設定→②情報の収集→③整理・分析→④まとめ・表現」の探究のプロセスを明示し，重視している。　ウ　「適切に活用できるようになっていくこと」や，「活用できるようになっていくこと」にかかる言葉であることから，「組み合わせ(たりして)」が当てはまる。　エ　情報活用能力や問題発見・解決能力は，「教科等横断的」にその育成が図られている。「知識及び技能」に関する目標(1)，「学びに向かう力，人間性等」に関する目標(3)についても，今回の学習指導要領の改訂で整理して示されたものであり，その意図することを，それぞれ確認しておく必要がある。

※福岡市を志望する場合は，【３】〜【26】を解答して下さい。

【１】次に読まれる英文を聞き，問1〜問3の設問に対する答えとして最も適切なものを選びなさい。(英文及び設問は2回読まれる。)

Hello, everyone. It's time for the Fukuoka Higashi Elementary School lunchtime news. I have two announcements today.

First, I will tell you about the vegetables used in today's school lunch. Today's lunch is vegetable curry and rice, egg salad, yogurt, and milk. Everyone, do you like vegetable curry?

The potatoes and carrots in the curry were grown by Mr. Sato who lives in the school district. Mr. Sato has a large vegetable field that is a 20 minute walk from the school. In addition to potatoes and carrots, Mr. Sato grows various vegetables such as cabbage and Chinese cabbage. Actually, we have eaten vegetables grown by Mr. Sato in other school lunches! Let's be thankful to him and enjoy our meal.

Next, I will tell you about today's exciting event after lunch. You can enjoy long rope jumping at the playground from 13 : 00 to 13 : 30. The participating teams should meet at the playground at 12 : 50. Last time the winning team jumped 200 times. Will there be a new record today? Good luck to all of today's participants.

That's all for Fukuoka Higashi Elementary School lunchtime news.

問1　What is today's lunch menu?

① Vegetable curry and rice, egg salad, yogurt, and carrot juice.

② Vegetable curry and rice, potato salad, yogurt, and milk.

③ Vegetable curry and rice, egg salad, yogurt, and milk.

④ Pork curry and rice, egg salad, french fries, and carrot juice.

⑤ Pork curry and rice, vegetable salad, yogurt, and milk.

問2　What does Mr. Sato do for the school?

① He makes the school lunch in the elementary school.

② He walks to school with the students every morning.

③ He eats school lunch with the children every weekday.

④ He comes to teach students how to grow vegetables.

⑤ He grows various vegetables in his large field.

問3　How many times did the winning team jump rope during the last event?

① The record last time was 20.

② The record last time was 50.

③ The record last time was 100.

④ The record last time was 200.

⑤ The record last time was 300.

(☆☆☆◎◎◎)

【2】次に読まれる英文を聞き，問1と問2の設問に対する答えとして最も適切なものを選びなさい。(英文及び設問は2回読まれる。)

Hanako is a sixth grader in elementary school.

Every Wednesday, there is an English activity in her homeroom called "Show and Tell". For this activity, one student brings something interesting to class and tells the other students about it. Most of the students talked about their birthday gifts or books that they recommend.

Next Wednesday, it will be Hanako's turn. She wanted to talk about something that everyone would be interested in and on a topic no other student has ever done. However, she couldn't come up with an idea.

　　She consulted with her sister. Her sister said, "You should tell your classmates what they do not know about you. For example, the things that you've been doing for a long time." Thanks to her sister, she was able to decide what to do for the activity.

　　Hanako has loved drawing. She has kept pictures she has drawn since she was four years old. Today, she has over 100 pictures. Finally, she decided to show some pictures and title her presentation, "My Museum". Now, she is looking forward to her presentation.

問1　Why did Hanako consult with her sister?

① 　Because she had no ideas for drawing a picture.

② 　Because she had no ideas for Show and Tell.

③ 　Because she had no ideas for her recommended book.

④ 　Because she had no ideas for her sister's birthday gift.

⑤ 　Because she had no ideas for her English journal.

問2　What has Hanako been doing since she was four years old?

① 　Giving her pictures to her friends.

② 　Introducing her pictures to her friends.

③ 　Keeping the pictures she has drawn.

④ 　Going to the museum with her sister.

⑤ 　Asking her sister how to draw pictures.

(☆☆☆◎◎◎)

【3】次の各文は，小学校学習指導要領(平成29年3月告示)「第2章　各教科」「第1節　国語」「第2　各学年の目標及び内容」〔第3学年及び第4学年〕「2　内容」の一部を抜粋したものである。文中の( 　a　 )〜( 　e 　)に当てはまる語句の正しい組合せを選びなさい。ただし，同じ記号には同じ語句が入る。

A　話すこと・聞くこと

(1)　話すこと・聞くことに関する次の事項を身に付けることができるよう指導する。

ア　目的を意識して，日常生活の中から話題を決め，集めた材料を( a )して，伝え合うために必要な事柄を選ぶこと。

イ　相手に伝わるように，理由や事例などを挙げながら，( b )が明確になるよう話の構成を考えること。

ウ　( b )や話す場面を意識して，言葉の抑揚や強弱，間の取り方などを工夫すること。

エ　必要なことを記録したり質問したりしながら聞き，( c )を捉え，自分の考えをもつこと。

オ　目的や進め方を確認し，司会などの役割を果たしながら話し合い，互いの意見の共通点や相違点に着目して，考えをまとめること。

(2)　(1)に示す事項については，例えば，次のような言語活動を通して指導するものとする。

ア　( d )など調べたことを話したり，それらを聞いたりする活動。

イ　質問するなどして情報を集めたり，それらを発表したりする活動。

ウ　( e )などして，グループや学級全体で話し合う活動。

145

| | a | b | c | d | e |
|---|---|---|---|---|---|
| ① | 分類したり<br>関係付けたり | 話す事柄の<br>順序 | 話し手が伝えたいことや<br>自分が聞きたいことの中心 | 意見や提案 | 互いの考えを<br>伝える |
| ② | 比較したり<br>分類したり | 話す事柄の<br>順序 | 話の内容 | 説明や報告 | 尋ねたり<br>応答したりする |
| ③ | 比較したり<br>分類したり | 話の中心 | 話の内容 | 意見や提案 | 尋ねたり<br>応答したりする |
| ④ | 分類したり<br>関係付けたり | 話の中心 | 話し手が伝えたいことや<br>自分が聞きたいことの中心 | 意見や提案 | 互いの考えを<br>伝える |
| ⑤ | 比較したり<br>分類したり | 話の中心 | 話し手が伝えたいことや<br>自分が聞きたいことの中心 | 説明や報告 | 互いの考えを<br>伝える |

(☆☆◎◎◎)

【4】次のa～iの各文は，小学校学習指導要領解説国語編(平成29年文部
科学省)「第2章　国語科の目標及び内容」「第2節　国語科の内容」「2
〔知識及び技能〕の内容」「(1)言葉の特徴や使い方に関する事項」の一
部を抜粋したものである。第5学年及び第6学年の内容を示したものと
して，正しい組合せを選びなさい。

○文や文章
　a　文の中における主語と述語との関係に気付くこと。
　b　文の中での語句の係り方や語順，文と文との接続の関係，
　　話や文章の構成や展開，話や文章の種類とその特徴につい
　　て理解すること。
　c　主語と述語との関係，修飾と被修飾との関係，指示する語
　　句と接続する語句の役割，段落の役割について理解するこ
　　と。
○言葉遣い
　d　日常よく使われる敬語を理解し使い慣れること。
　e　丁寧な言葉を使うとともに，敬体と常体との違いに注意し
　　ながら書くこと。
　f　丁寧な言葉と普通の言葉との違いに気を付けて使うととも
　　に，敬体で書かれた文章に慣れること。

○音読，朗読

g 文章を音読したり朗読したりすること。

h 語のまとまりや言葉の響きなどに気を付けて音読すること。

i 文章全体の構成や内容の大体を意識しながら音読すること。

① a, d, h　② b, d, g　③ b, e, h　④ c, f, g

⑤ c, f, i

(☆☆◎◎◎)

【5】次の文を読み，あとの問いに答えなさい。

　世の中に古典と呼ばれる本がある。これは何度も何度も読みかえされ，時代を経ているうちに残った本のことである。たとえばシェイクスピアは，彼が生きていた時代においては，単に比較的人気のある一人の劇作家にすぎなかった。当時の人の目から見ると，キッドとかマーローとか，ベン・ジョンソンとか，シェイクスピアぐらい，あるいはそれ以上の人気のある劇作家がいっぱいいたのである。ところがそれから二，三百年経ってみるとどうだろう。シェイクスピアは異質なのである。断然ぬきん出ているのである。

　実は，私も大学院の一年生時に，ゼミナールでエリザベス朝のイギリスの劇をいくつか読まされたことがある。いちおうはどれもおもしろかったのであるが，そのとき，たまたまシェイクスピアのマクベスを読んでアッと驚いたのである。そのおもしろさの質が，ほかの劇作家とはまるで違うのだ。どうして，シェイクスピアが異質な天才であることを彼の同時代人はすぐにわからなかったのであろうか，といぶかしく思ったのであった。

　しかしいまならその理由がわかるような気がする。（　A　）イギリス人はその後，何百年間も舞台の上でシェイクスピアを見てきたのである。もちろんはじめは他の作者のものもやっていたのである。しかし

147

時が経つにつれて，シェイクスピアだけはまったく別物だということがしだいに明かになってきたのである。それは古典が作られる（　Ｂ　）をまざまざと示している。相当の時間をかけて，繰りかえし繰りかえし上演され，読まれたりすることによって古典となってきたのである。この繰りかえしの間に，まさに繰りかえすというそのことによってイギリス人の劇趣味が発達してきたのであった。そしてシェイクスピアが別格であることが疑う余地なくわかってきたのである。

　これはひとつの国民のあいだで古典がどのように形成されるかの手っ取り早い話であるが，しかしこれはよく考えてみると，私という個人の中に，『半七捕物帳』が古典として確立してきたのと同じ経過をたどっていると言えるのではないだろうか。その秘密は「繰りかえす」，しかも「時間の間隔を置いて繰りかえす」ということにあると思う。「繰りかえす」ということは，子供の読書においても重要なポイントである。そしてこの繰りかえしが二十年も続けられて，しかもそれに耐える本や作者にめぐり合ったら，相当に大きな人生の幸福と言ってもよいのではないだろうか。（　Ａ　）そういう人は，その人自身の，私の古典を発見したことになるのだから。そして『半七捕物帳』は，だれがなんと言おうと私の古典なのである。

　　　　　　　　　　（渡部昇一『知的生活の方法』による。一部改変）

問1　文中の（　Ａ　）に当てはまる語句として，最適なものを選びなさい。
　①　そして　　②　たとえば　　③　つまり　　④　ところが
　⑤　また

問2　文中の（　Ｂ　）に当てはまる語句として，最適なものを選びなさい。
　①　ルール　　②　プロセス　　③　理由　　④　真相
　⑤　事実

（☆☆○○○）

【6】次の各文は，小学校学習指導要領(平成29年3月告示)「第2章　各教科」「第2節　社会」「第3　指導計画の作成と内容の取扱い」の一部を抜粋したものである。文中の( ア )～( オ )に当てはまる語句の正しい組合せを選びなさい。

> (1)　単元など( ア )を見通して，その中で育む資質・能力の育成に向けて，児童の主体的・対話的で深い学びの実現を図るようにすること。(後略)
>
> (2)　各学年の目標や内容を踏まえて，( イ )の取り上げ方を工夫して，内容の配列や授業時数の配分などに留意して効果的な年間指導計画を作成すること。
>
> (3)　我が国の47都道府県の名称と位置，世界の( ウ )と主な海洋の名称と位置については，学習内容と関連付けながら，その都度，地図帳や地球儀などを使って確認するなどして，小学校卒業までに身に付け活用できるように工夫して指導すること。
>
> (4)　障害のある児童などについては，学習活動を行う場合に生じる( エ )に応じた指導内容や指導方法の工夫を計画的，組織的に行うこと。
>
> (5)　第1章総則の第1の2の(2)に示す( オ )の目標に基づき，道徳科などとの関連を考慮しながら，第3章特別の教科道徳の第2に示す内容について，社会科の特質に応じて適切な指導をすること。

|   | ア | イ | ウ | エ | オ |
|---|---|---|---|---|---|
| ① | 内容や時間のまとまり | 事　例 | 国　々 | 課　題 | 学校教育 |
| ② | 内容や時間のまとまり | 事　例 | 大　陸 | 困難さ | 道徳教育 |
| ③ | 内容や追究・解決方法 | 事　例 | 大　陸 | 課　題 | 学校教育 |
| ④ | 内容や追究・解決方法 | 題　材 | 大　陸 | 困難さ | 学校教育 |
| ⑤ | 内容や追究・解決方法 | 題　材 | 国　々 | 困難さ | 道徳教育 |

(☆☆☆◎◎◎)

【7】 次のア～オに示す古代から現代までの社会の様子の説明として，正しいものを○，誤っているものを×としたとき，正しい組合せを選びなさい。

| | |
|---|---|
| ア | 9世紀には，藤原氏による執権政治が行われ，国司を任命する権限など政治の実権をにぎるようになった。藤原氏は，朝廷の高い地位をほとんど独占したり，広大な荘園を持ったりするようになった。 |
| イ | 13世紀には，幕府は領地の分割相続などにより生活が苦しくなった守護大名を救済するために徳政令を出した。しかし，外国の襲来に備えるために足利氏に権力が集中し，幕府への反感が強まった。 |
| ウ | 17世紀には，幕府は幕藩体制を確立させ，大名どうしが無断で縁組をすることを禁じるなどのきまりが定められた。また，1年おきに領地と江戸を往復する制度により，大名は多くの出費を強いられた。 |
| エ | 20世紀前半には，本格的な政党内閣が誕生したり，選挙法が改正され，選挙権を持つために必要な納税額による制限が廃止されたりした。また，女性が政治に参加する権利を求める運動が本格化した。 |
| オ | 20世紀後半，日本は国際連盟に加盟し，国際社会への復帰を果たした。また，中国との平和友好条約を結んだ同年に沖縄が日本復帰を果たし，非核三原則が国の方針となった。 |

| | ア | イ | ウ | エ | オ |
|---|---|---|---|---|---|
| ① | × | × | ○ | ○ | × |
| ② | ○ | ○ | × | ○ | ○ |
| ③ | × | ○ | × | × | × |
| ④ | ○ | × | ○ | ○ | × |
| ⑤ | × | ○ | ○ | × | ○ |

(☆☆☆○○○)

【8】 次の図は，日本の議院内閣制のしくみについて示したものである。図中のA～Eに当てはまる語句の正しい組合せを選びなさい。

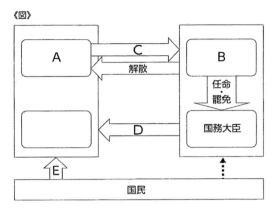

《図》

| | A | B | C | D | E |
|---|---|---|---|---|---|
| ① | 衆議院 | 内閣総理大臣 | 指　名 | 連帯責任 | 選　挙 |
| ② | 参議院 | 内閣総理大臣 | 指　名 | 不信任の決議 | 世　論 |
| ③ | 参議院 | 天　皇 | 不信任の決議 | 連帯責任 | 世　論 |
| ④ | 衆議院 | 内閣総理大臣 | 不信任の決議 | 連帯責任 | 選　挙 |
| ⑤ | 衆議院 | 天　皇 | 指　名 | 不信任の決議 | 世　論 |

(☆☆☆○○○)

【9】次の各文は，小学校学習指導要領解説算数編(平成29年文部科学省)
「第1章　総説」「2　算数科改訂の趣旨及び要点」「(4)数学的活動の取
組における配慮事項」の一部を抜粋したものである。文中の(　ア　)
～(　オ　)に当てはまる語句の正しい組合せを選びなさい。

> 　数学的活動の一層の充実に伴い，その指導の配慮事項として，
> 次のような機会を設けるものとした。
> ・数学的活動を(　ア　)ようにする機会を設けること。
> ・算数の問題を解決する方法を理解するとともに，自ら問題を
> 　見いだし，解決するための構想を立て，実践し，その結果を
> 　(　イ　)する機会を設けること。
> ・具体物，図，数，式，表，グラフ相互の(　ウ　)を図る機会を
> 　設けること。

・友達と考えを伝え合うことで学び合ったり，学習の( エ )と
　成果を振り返り，よりよく問題解決できたことを( オ )した
　りする機会を設けること。

| | ア | イ | ウ | エ | オ |
|---|---|---|---|---|---|
| ① | 体験できる | 吟味・分析 | 活用 | 内容 | 考察 |
| ② | 楽しめる | 評価・改善 | 関連 | 過程 | 実感 |
| ③ | 楽しめる | 吟味・分析 | 関連 | 内容 | 実感 |
| ④ | 体験できる | 評価・改善 | 関連 | 過程 | 考察 |
| ⑤ | 楽しめる | 評価・改善 | 活用 | 内容 | 考察 |

(☆☆☆◎◎◎)

【10】図のように，数直線上の「0」の位置におはじきを置き，1つのさい
　ころを2回投げて，下の【規則】に従っておはじきを動かす。

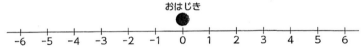

【規則】

①　1回目に出た目の数だけ，数直線の正の方向に，おはじきを
　1目盛りずつ動かす。
②　①で動かした位置から，2回目に出た目の数だけ，数直線の
　負の方向に，おはじきを1目盛りずつ動かす。

　この【規則】に従っておはじきを動かしたとき，おはじきが「−3」
の位置にある確率を求めなさい。ただし，さいころはどの目が出るこ
とも同様に確からしいとする。

①　$\dfrac{1}{4}$　　②　$\dfrac{1}{6}$　　③　$\dfrac{1}{9}$　　④　$\dfrac{1}{12}$　　⑤　$\dfrac{1}{18}$

(☆☆☆◎◎◎)

【11】図のように，放物線$y=x^2$のグラフ上に，$x$座標が正の数である点A
をとる。点Aを通り$x$軸に平行な直線と，放物線$y=x^2$との交点をBとす
る。また，点A，Bを通り$y$軸に平行な直線と，放物線$y=-\dfrac{1}{3}x^2$との交

点をそれぞれ，D，Cとする。

四角形ABCDが正方形になるとき，四角形ABCDの面積を求めなさい。

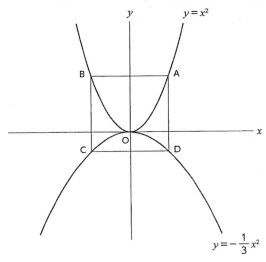

① 4　② $\dfrac{25}{4}$　③ 9　④ $\dfrac{49}{4}$　⑤ 16

(☆☆☆◎◎◎)

【12】図のように，円Oの円周上に5点A，B，C，D，Eをとる。∠ABE ＝19°，∠ECD＝40°のとき，∠ODAの大きさを求めなさい。

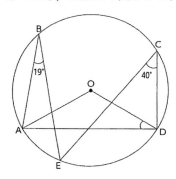

①　31°　　②　32°　　③　33°　　④　34°　　⑤　35°

(☆☆☆◎◎◎)

【13】次の各文は，小学校学習指導要領(平成29年3月告示)「第2章　各教科」「第4節　理科」「第2　各学年の目標及び内容」の一部を抜粋したものである。文中の(　ア　)～(　エ　)に当てはまる語句の正しい組合せを選びなさい。ただし，同じ記号には同じ語句が入る。

---

〔第5学年〕

1　目標

(1)　物質・エネルギー

①　物の溶け方，振り子の運動，電流がつくる磁力についての理解を図り，観察，実験などに関する(　ア　)を身に付けるようにする。

②　物の溶け方，振り子の運動，電流がつくる磁力について追究する中で，主に(　イ　)を基に，解決の方法を(　ウ　)する力を養う。

③　物の溶け方，振り子の運動，電流がつくる磁力について追究する中で，主体的に問題解決しようとする態度を養う。

(2)　生命・地球

①　生命の連続性，流れる水の働き，気象現象の規則性についての理解を図り，観察，実験などに関する(　ア　)を身に付けるようにする。

②　生命の連続性，流れる水の働き，気象現象の規則性について追究する中で，主に(　イ　)を基に，解決の方法を(　ウ　)する力を養う。

③　生命の連続性，流れる水の働き，気象現象の規則性について追究する中で，(　エ　)する態度や主体的に問題解決しようとする態度を養う。

---

154

|   | ア | イ | ウ | エ |
|---|---|---|---|---|
| ① | 基本的な技能 | 既習の内容や生活経験 | 発想 | 生物を愛護 |
| ② | 基本的な技能 | 予想や仮説 | 発想 | 生命を尊重 |
| ③ | 基本的な技能 | 既習の内容や生活経験 | 立案 | 生命を尊重 |
| ④ | 問題解決の力 | 予想や仮説 | 発想 | 生物を愛護 |
| ⑤ | 問題解決の力 | 既習の内容や生活経験 | 立案 | 生命を尊重 |

(☆☆☆○○○○○)

【14】 次の図は，福岡県のある地点で，気象観測を行ったときの乾湿計の一部を示したものである。また，表1は乾湿計用湿度表の一部を，表2は気温と飽和水蒸気量の関係を示したものである。この気象観測を行ったときの湿度と露点はいくらか。最も正しい組合せを選びなさい。

図

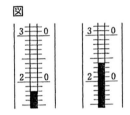

表1

| 乾球の読み〔℃〕 | 乾球と湿球との目もりの読みの差〔℃〕 | | | | | | |
|---|---|---|---|---|---|---|---|
|  | 0 | 1 | 2 | 3 | 4 | 5 | 6 |
| 25 | 100 | 92 | 84 | 76 | 68 | 61 | 54 |
| 24 | 100 | 91 | 83 | 75 | 68 | 60 | 53 |
| 23 | 100 | 91 | 83 | 75 | 67 | 59 | 52 |
| 22 | 100 | 91 | 82 | 74 | 66 | 58 | 50 |
| 21 | 100 | 91 | 82 | 73 | 65 | 57 | 49 |
| 20 | 100 | 91 | 81 | 72 | 64 | 56 | 48 |
| 19 | 100 | 90 | 81 | 72 | 63 | 54 | 46 |
| 18 | 100 | 90 | 80 | 71 | 62 | 53 | 44 |

表2

| 気温〔℃〕 | 飽和水蒸気量〔g/m³〕 | 気温〔℃〕 | 飽和水蒸気量〔g/m³〕 |
|---|---|---|---|
| 5 | 6.8 | 15 | 12.8 |
| 6 | 7.3 | 16 | 13.6 |
| 7 | 7.8 | 17 | 14.5 |
| 8 | 8.3 | 18 | 15.4 |
| 9 | 8.8 | 19 | 16.3 |
| 10 | 9.4 | 20 | 17.3 |
| 11 | 10.0 | 21 | 18.3 |
| 12 | 10.7 | 22 | 19.4 |
| 13 | 11.4 | 23 | 20.6 |
| 14 | 12.1 | 24 | 21.8 |

|   | 湿度 | 露点 |
|---|------|------|
| ① | 44% | 5℃ |
| ② | 44% | 10℃ |
| ③ | 53% | 5℃ |
| ④ | 53% | 8℃ |
| ⑤ | 53% | 13℃ |

(☆☆☆○○○)

【15】図1のように装置を組み立て，パルミチン酸を加熱したときの温度変化を調べる実験を行った。図2は，加熱時間と温度変化について，この実験の結果をグラフに表したものである。

　　この実験後，パルミチン酸の量だけを2倍にし，図1の装置を用いて同じように実験を行うと，図2のA－Bの平らな部分の長さ(時間)と，平らな部分の温度(融点)はどのようになるか。最も正しい組合せを選びなさい。

図1

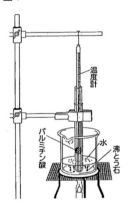

図2

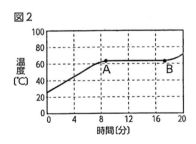

| | A－Bの平らな部分の長さ（時間） | A－Bの平らな部分の温度（融点） |
|---|---|---|
| ① | 長くなる | 変わらない |
| ② | 短くなる | 高くなる |
| ③ | 変わらない | 変わらない |
| ④ | 長くなる | 高くなる |
| ⑤ | 短くなる | 変わらない |

(☆☆☆○○○)

【16】次の文は，小学校学習指導要領解説生活編(平成29年文部科学省)「第2章　生活科の目標」「第1節　教科目標」「3　資質・能力の三つの柱としての目標の趣旨」の一部を抜粋したものである。文中の（　ア　）～（　オ　）に当てはまる語句の正しい組合せを選びなさい。ただし，同じ記号には同じ語句が入る。

> 　生活科でいう気付きとは，対象に対する一人一人の（　ア　）であり，児童の（　イ　）な活動によって生まれるものである。そこには知的な側面だけではなく，（　ウ　）な側面も含まれる。自分が「あれっ」「どうして」「なるほど」などのように何らかの心の動きを伴って気付くものであり，一人一人に生まれた気付きは吟味されたり一般化されたりしていないものの，確かな（　ア　）へとつながるものとして重要な役割をもつ。無（　エ　）だった気付きが（　エ　）されたり，一人一人に生まれた個別の気付きが（　オ　）たり，対象のみならず自分自身についての気付きが生まれたりすることを，気付きの質が高まったという。気付きは確かな（　ア　）へとつながるものであり，知識及び技能の基礎として大切なものである。

| | ア | イ | ウ | エ | オ |
|---|---|---|---|---|---|
| ① | 認識 | 協働的 | 感覚的 | 意識 | 関連付けられ |
| ② | 理解 | 協働的 | 感覚的 | 自覚 | 関連付けられ |
| ③ | 認識 | 主体的 | 情意的 | 自覚 | 関連付けられ |
| ④ | 理解 | 主体的 | 情意的 | 意識 | 取捨選択され |
| ⑤ | 認識 | 主体的 | 感覚的 | 自覚 | 取捨選択され |

(☆☆☆☆○○○)

157

【17】次の文は，小学校学習指導要領解説生活編(平成29年文部科学省)
「第5章　指導計画の作成と学習指導」「第4節　学習指導の進め方」の
一部を抜粋したものである。文中の( ア )～( オ )に当てはまる語
句を語群A～Jから選んだとき，正しい組合せを選びなさい。

> 　主体的・対話的で深い学びからの授業改善の視点に基づいて，
> 生活科の学習指導は，これまでと同様に，児童の思いや願いを
> 実現する体験活動を充実させるとともに，表現活動を工夫し，
> 体験活動と表現活動とが豊かに行きつ戻りつする相互作用を意
> 識し，以下の点に留意して進めていくようにする。
> 　第1に，主体的な学びの視点による指導である。生活科では，
> 児童の生活圏である学校，家庭，地域を学習の対象や場とし，
> 対象と直接関わる活動を行うことで，興味や関心を喚起し，自
> 発的な取組を促してきた。こうした点に加えて，表現を行い
> ( ア )の充実を図るようにする。小学校低学年は，自らの学び
> を( イ )に振り返ることは難しく，相手意識や( ウ )に支え
> られた表現活動を行う中で，自らの学習活動を振り返る。振り
> 返ることで自分自身の成長や変容について考え，自分自身につ
> いてのイメージを深め，自分の( エ )に気付いていく。自分自
> 身への気付きや，自分自身の成長に気付くことが，自分は更に
> 成長していけるという期待や意欲を高めることにつながる。学
> 習活動の成果や( オ )を表現し，振り返ることで得られた手応
> えや自信は，自らの学びを新たな活動に生かし挑戦していこう
> とする児童の姿を生み出す。こうしたサイクルが学びに向かう
> 力等を育成するものと捉え，指導に生かすようにする。

〈語群〉

| | | | | | |
|---|---|---|---|---|---|
| A | 過程 | B | 発表する活動 | C | 直接的 |
| D | 特徴や性格 | E | 目的意識 | F | 客観的 |
| G | 課題意識 | H | 課題 | I | よさや可能性 |
| J | 伝え合う活動 | | | | |

| | ア | イ | ウ | エ | オ |
|---|---|---|---|---|---|
| ① | B | C | G | D | A |
| ② | B | F | E | I | H |
| ③ | J | F | G | I | A |
| ④ | J | C | E | I | A |
| ⑤ | J | C | G | D | H |

(☆☆☆☆◎◎◎)

【18】次の各文は，小学校学習指導要領(平成29年3月告示)「第2章　各教科」「第6節　音楽」「第2　各学年の目標及び内容」〔第3学年及び第4学年〕「2　内容」の一部を抜粋したものである。文中の( a )～( e )に当てはまる語句の正しい組合せを選びなさい。

---

A　表現

(1)　歌唱の活動を通して，次の事項を身に付けることができるよう指導する。

ア　歌唱表現についての知識や技能を得たり生かしたりしながら，( a )を捉えた表現を工夫し，どのように歌うかについて思いや意図をもつこと。

イ　( b )と音楽の構造や歌詞の内容との関わりについて気付くこと。

ウ　思いや意図に合った表現をするために必要な次の(ア)から(ウ)までの技能を身に付けること。

(ア)　範唱を聴いたり，( c )の楽譜を見たりして歌う技能

(イ)　呼吸及び( d )に気を付けて，自然で無理のない歌い方で歌う技能

(ウ)　互いの歌声や副次的な旋律，伴奏を聴いて，( e )歌う技能

---

| | a | b | c | d | e |
|---|---|---|---|---|---|
| ① | 曲の特徴 | 曲想 | ハ長調 | 発音の仕方 | 声を合わせて |
| ② | 曲全体 | 曲想 | ト長調 | 発音の仕方 | 正しい音程で |
| ③ | 曲全体 | 曲の背景 | ハ長調 | 身体の使い方 | 声を合わせて |
| ④ | 曲の特徴 | 曲の背景 | ト長調 | 発音の仕方 | 声を合わせて |
| ⑤ | 曲の特徴 | 曲想 | ト長調 | 身体の使い方 | 正しい音程で |

(☆☆☆◎◎◎◎)

【19】次のア～オの各問いの正答として，正しい組合せを選びなさい。

ア　4分の4拍子の $\frac{4}{4}$ の ◌ 部分の数字「4」(下の「4」)のもつ意味として，正しいのはどちらか。

　　a　4拍子の「4」　　b　4分音符の「4」

イ　歌唱共通教材「とんび」の歌いだしのリズムとして，譜面上で正しいのはどちらか。

ウ　16分音符の3倍の長さをもつ音符はどちらか。

　　a　付点16分音符　　　b　付点8分音符

エ　スラーを表しているのはどちらか。

a　　　　　　　　　　b

オ　宮城道雄が作曲した「春の海」(編曲でない原曲)で演奏される楽器の組合せとして，正しいのはどちらか。

　　a　箏と尺八　　b　箏と篠笛

| | ア | イ | ウ | エ | オ |
|---|---|---|---|---|---|
| ① | a | b | b | a | b |
| ② | b | a | b | a | a |
| ③ | a | a | a | b | b |
| ④ | b | a | b | b | a |
| ⑤ | b | b | a | a | b |

(☆☆☆◎◎◎◎◎)

【20】次の各文は，小学校学習指導要領(平成29年3月告示)「第2章　各教科」「第7節　図画工作」「第3　指導計画の作成と内容の取扱い」の一部を抜粋したものである。文中の( a )〜( d )に当てはまる語句の正しい組合せを選びなさい。ただし，同じ記号には同じ語句が入る。

---

1　指導計画の作成に当たっては，次の事項に配慮するものとする。

(1)　題材など内容や時間の( a )を見通して，その中で育む( b )の育成に向けて，児童の主体的・対話的で深い学びの実現を図るようにすること。その際，造形的な見方・考え方を働かせ，表現及び鑑賞に関する( b )を相互に関連させた学習の充実を図ること。

(2)　第2の各学年の内容の「A表現」及び「B鑑賞」の指導については相互の関連を図るようにすること。ただし，「B鑑賞」の指導については，指導の効果を高めるため必要がある場合には，児童や学校の実態に応じて，( c )して行うようにすること。

(3)　第2の各学年の内容の〔共通事項〕は，表現及び鑑賞の学習において共通に必要となる( b )であり，「A表現」及び「B鑑賞」の指導と併せて，十分な指導が行われるよう工夫すること。

(4)　第2の各学年の内容の「A表現」については，造形遊びをする活動では，(1)のア及び(2)のアを，絵や立体，工作に表す活動では，(1)のイ及び(2)のイを関連付けて指導すること。その際，(1)のイ及び(2)のイの指導に配当する授業時数については，工作に表すことの内容に配当する授業時数が，絵や立体に表すことの内容に配当する授業時数とおよそ( d )なるように計画すること。

---

|   | a | b | c | d |
|---|---|---|---|---|
| ① | まとまり | 視点 | 独立 | 半分に |
| ② | まとまり | 資質・能力 | 先行 | 等しく |
| ③ | 過不足 | 視点 | 独立 | 半分に |
| ④ | 過不足 | 資質・能力 | 先行 | 半分に |
| ⑤ | まとまり | 資質・能力 | 独立 | 等しく |

(☆☆☆◎◎◎)

【21】次の図は12色相環である。①が「き」，②が「きみどり」とする。
ア～オの各文の内容が正しいものを○，誤っているものを×としたとき，正しい組合せを選びなさい。
ア　④の色は「あおみどり」である。
イ　⑪の色は「あか」である。
ウ　⑥の色は「あお」である。
エ　⑨の色は「あかむらさき」である。
オ　お互いに向かい合う色，例えば①と⑦などの関係を「保護色」という。

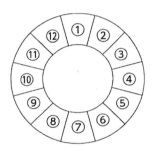

|   | ア | イ | ウ | エ | オ |
|---|---|---|---|---|---|
| ① | ○ | ○ | × | × | ○ |
| ② | ○ | × | ○ | ○ | × |
| ③ | × | × | ○ | ○ | ○ |
| ④ | ○ | ○ | × | ○ | × |
| ⑤ | × | ○ | ○ | × | ○ |

(☆☆☆◎◎◎)

【22】次の各文は，小学校学習指導要領(平成29年3月告示)「第2章　各教科」「第8節　家庭」「第2　各学年の内容」〔第5学年及び第6学年〕の一部を抜粋したものである。文中の( a )～( d )に当てはまる語句の正しい組合せを選びなさい。

162

1　内容

　(略)

　C　消費生活・環境

　　(略)

(1)　物や金銭の使い方と買物

　　ア　次のような知識及び技能を身に付けること。

　　　(ア)　買物の(　a　)や消費者の(　b　)が分かり，物や金
　　　　　銭の大切さと計画的な使い方について理解すること。

　　　(イ)　身近な物の選び方，買い方を理解し，購入するた
　　　　　めに必要な情報の収集・整理が適切にできること。

　　イ　購入に必要な情報を(　c　)し，身近な物の選び方，買
　　　　い方を考え，工夫すること。

　(2)　(略)

2　内容の取扱い

　(1)　(略)

　(2)　(略)

　(3)　内容の「C消費生活・環境」については，次のとおり取
　　　り扱うこと。

　　ア　(略)

　　イ　(1)のアの(ア)については，(　d　)の基礎について触れ
　　　　ること。

　　ウ　(略)

|  | a | b | c | d |
|---|---|---|---|---|
| ① | 仕組み | 役割 | 精選 | 二者間契約 |
| ② | 原理 | 倫理 | 活用 | 二者間契約 |
| ③ | 仕組み | 役割 | 活用 | 売買契約 |
| ④ | 原理 | 役割 | 精選 | 二者間契約 |
| ⑤ | 仕組み | 倫理 | 精選 | 売買契約 |

(☆☆◎◎◎◎)

【23】次のア～エの各文は，衣服製作について述べたものである。正しいものを○，誤っているものを×としたとき，正しい組合せを選びなさい。

ア　ミシンの針を上げたり下げたりする時は，はずみ車を手前に回す。

イ　ミシンで縫う方向を変える時は，角に針を刺したままおさえを上げ，布の向きを変えておさえを下ろす。

ウ　いろいろな布があるが，1本の糸で編んだ布のことを織物と言う。縦にも横にもよく伸び，体育着やジャージ等に使われることが多い。

エ　なみ縫いは，2枚以上の布を縫い合わせる時に使う基本的な縫い方である。また，なみ縫いよりも丈夫な縫い方で，表から見るとミシン縫いのように隙間なく縫い目が並んでいる縫い方を半返し縫いと言う。

|   | ア | イ | ウ | エ |
|---|---|---|---|---|
| ① | ○ | ○ | × | × |
| ② | × | × | × | ○ |
| ③ | × | × | ○ | × |
| ④ | ○ | × | × | × |
| ⑤ | × | ○ | ○ | ○ |

(☆☆○○○○)

【24】次の文は，小学校学習指導要領解説体育編(平成29年文部科学省)「第2章　体育科の目標及び内容」「第1節　教科の目標及び内容」「4　各領域の内容」「(1)　運動領域の内容」「エ　水泳運動系」の一部を抜粋したものである。文中の( ア )～( エ )に当てはまる語句の正しい組合せを選びなさい。

水泳運動は，中学年を「浮いて進む運動」及び「もぐる・浮く運動」で，高学年を「クロール」，「平泳ぎ」及び「（　ア　）運動」で内容を構成している。これらの運動は，安定した呼吸を伴うことで，（　イ　）泳いだり，泳ぐ距離や浮いている時間を伸ばしたり，記録を達成したりすることに繋がり，楽しさや喜びに触れたり味わったりすることができる運動である。

(略)

水泳運動の学習指導では，児童一人一人が自己やグループの能力に応じた課題をもち，その解決の方法を工夫し，互いに（　ウ　）学習を進めながら，水泳運動の楽しさや喜びを味わうことができるようにすることが大切である。とりわけ技能面では，手や足の動きに呼吸を合わせながら泳ぐことや，（　エ　）や浮き沈みをしながら安定した呼吸を伴い浮くことが重要な課題となる。

| | ア | イ | ウ | エ |
|---|---|---|---|---|
| ① | 安全に泳ぐ | 速く | 協力して | 背浮き |
| ② | 安全確保につながる | 心地よく | 協力して | 伏し浮き |
| ③ | 安全確保につながる | 速く | 認め合って | 背浮き |
| ④ | 安全に泳ぐ | 速く | 認め合って | 伏し浮き |
| ⑤ | 安全確保につながる | 心地よく | 協力して | 背浮き |

(☆☆☆○○○○)

【25】次の文は，小学校学習指導要領解説体育編(平成29年文部科学省)「第2章　体育科の目標及び内容」「第1節　教科の目標及び内容」「1　教科の目標」の一部を抜粋したものである。文中の下線部ア～エについて正しいものを○，誤っているものを×としたとき，正しい組合せを選びなさい。

> 　「保健の見方・考え方」とは，疾病や傷害を防止するとともに，生活の質や生きがいを重視した健康に関する観点を踏まえ，「ア身近な生活における課題や情報を，健康や安全に関する原則や概念に着目して捉え，疾病等のリスクの軽減やイ体力の向上，健康を支える環境づくりと関連付けること」であると考えられる。
>
> (略)
>
> 　保健領域においては，社会の変化に伴うウ現代的な健康に関する課題の出現や，情報化社会の進展により様々な健康情報の入手が容易になるなど，環境が大きく変化している中で，児童が生涯にわたって正しい健康情報を選択したり，健康に関する課題をオ主体的に解決したりすることが求められる。

|     | ア | イ | ウ | エ |
| --- | --- | --- | --- | --- |
| ① | × | ○ | ○ | ○ |
| ② | ○ | × | ○ | × |
| ③ | ○ | ○ | × | × |
| ④ | × | × | ○ | × |
| ⑤ | ○ | ○ | × | ○ |

(☆☆☆◎◎◎◎)

【26】次の各文は，小学校学習指導要領(平成29年3月告示)「第2章　各教科」「第10節　外国語」「第1　目標」の一部を抜粋したものである。文中の( ア )～( オ )に当てはまる語句の正しい組合せを選びなさい。ただし，同じ記号には同じ語句が入る。

---

(1) 外国語の音声や文字，語彙，表現，文構造，言語の働きな
どについて，日本語と外国語との違いに気付き，これらの知
識を理解するとともに，( ア )に慣れ親しみ，聞くこと，読
むこと，話すこと，書くことによる実際のコミュニケーショ
ンにおいて活用できる( イ )技能を身に付けるようにする。

(2) コミュニケーションを行う( ウ )，状況などに応じて，身
近で簡単な事柄について，聞いたり話したりするとともに，
音声で十分に( エ )外国語の語彙や基本的な表現を推測しな
がら読んだり，語順を意識しながら書いたりして，自分の考
えや気持ちなどを伝え合うことができる( イ )力を養う。

(3) 外国語の背景にある文化に対する理解を深め，他者に配慮
しながら，( オ )外国語を用いてコミュニケーションを図ろ
うとする態度を養う。

---

|   | ア | イ | ウ | エ | オ |
|---|---|---|---|---|---|
| ① | 聞くこと，話すこと | 基礎的な | 相手や場所 | 慣れ親しんだ | 積極的に |
| ② | 読むこと，書くこと | 素地的な | 相手や場所 | 練習した | 主体的に |
| ③ | 聞くこと，話すこと | 基礎的な | 目的や場面 | 練習した | 積極的に |
| ④ | 読むこと，書くこと | 基礎的な | 目的や場面 | 慣れ親しんだ | 主体的に |
| ⑤ | 聞くこと，話すこと | 素地的な | 目的や場面 | 慣れ親しんだ | 主体的に |

(☆☆☆◎◎◎)

【27】 次の(1)～(5)の英文について，( ア )～( オ )に入る最も適切な
語句の組合せを選びなさい。

(1) There was a ( ア ) range of drinks, and it was hard to choose among
them.

(2) Brian had to wait three hours before his flight, so he ( イ ) time by
having dinner with his friend in the airport.

(3) Peter was busy at work, so he got to the party two hours late. By the
time he arrived, there was nothing ( ウ ) to eat.

(4)　A : Dad, can you help me with this science problem?

　　B : I'm busy now. You'll have to (　エ　) the answer yourself.

(5)　A : I haven't seen Jack today. What's wrong with him?

　　B : No one knows (　オ　) because he hasn't called the office yet.

|  | ア | イ | ウ | エ | オ |
|---|---|---|---|---|---|
| ① | wide | killed | left | work out | for sure |
| ② | high | moved | left | work out | on duty |
| ③ | wide | killed | leaving | put away | for sure |
| ④ | wide | moved | leaving | work out | on duty |
| ⑤ | high | moved | leaving | put away | for sure |

(☆☆☆◎◎◎)

【28】次の英文を読み，その内容に合致するものを選びなさい。

　We often see plastic products all around us. Among these plastics, small plastic pieces called microplastics exist in our environment. Recently, these plastics have been causing serious environmental problems worldwide because no matter how small the plastic gets, it doesn't decompose naturally. One of the biggest problems is the destruction of marine ecosystems by microplastics.

　Typically, microplastics are small plastic pieces with a diameter of 5mm or less. They are small particles, but the environmental problems they cause are by no means small.

　Many creatures living in the sea die due to indigestion as a result of taking in microplastics mixed with seawater. In order to save marine creatures, countries have started to reduce plastic waste. Even in our daily lives, there are many actions we can take. Some coffee shops have stopped using plastic straws. At some convenience stores, plant based products are used to wrap rice balls.

　How can we protect the environment for not only humans but for all living things? I think it is important to consider what each person can do in their everyday lives , such as using eco-bags to reduce the amount of disposable

168

shopping bags.

①　The author says that we can throw used plastic products away in the sea because plastic can decompose naturally.

②　The author says that microplastics are causing problems related only to human beings.

③　The author says that the smaller the plastics are, the smaller the environmental problems will be.

④　The author says that giving up plastic straws at coffee shops is a way to help to save the environment.

⑤　The author says that using an ecb-bag is one of the ways to save money.

(☆☆☆◎◎◎)

【29】次の文は，小学校学習指導要領(平成29年3月告示)「第6章　特別活動」「第2　各活動・学校行事の目標及び内容」〔学級活動〕「3　内容の取扱い」の一部を抜粋したものである。文中の( ア )～( オ )に当てはまる語句の正しい組合せを選びなさい。

> (1)　指導に当たっては，各学年段階で特に次の事項に配慮すること。
>
> 〔第1学年及び第2学年〕
>
> 　話合いの( ア )に沿って，自分の意見を発表したり，他者の意見をよく聞いたりして，合意形成して実践することのよさを理解すること。基本的な生活習慣や，( イ )ことの大切さを理解して行動し，生活をよくするための目標を決めて実行すること。
>
> 〔第3学年及び第4学年〕
>
> 　( ウ )を明確にして考えを伝えたり，自分と異なる意見も受け入れたりしながら，集団としての目標や活動内容について合意形成を図り，実践すること。自分のよさや役割を自覚し，よく考えて行動するなど節度ある生活を送ること。

〔第5学年及び第6学年〕

　相手の思いを受け止めて聞いたり，相手の立場や考え方を理解したりして，（　エ　）を積極的に生かして合意形成を図り，実践すること。（　オ　）をもって粘り強く努力し，自他のよさを伸ばし合うようにすること。

| | ア | イ | ウ | エ | オ |
|---|---|---|---|---|---|
| ① | 約束 | 約束やきまりを守る | 目的 | 身に付けたこと | 高い目標 |
| ② | 約束 | 協働して取り組む | 理由 | 多様な意見のよさ | 強い意志 |
| ③ | 進め方 | 約束やきまりを守る | 理由 | 多様な意見のよさ | 高い目標 |
| ④ | 進め方 | 約束やきまりを守る | 理由 | 身に付けたこと | 強い意志 |
| ⑤ | 進め方 | 協働して取り組む | 目的 | 身に付けたこと | 強い意志 |

(☆☆☆◎◎◎)

【30】次の文は，小学校学習指導要領解説特別の教科　道徳編(平成29年文部科学省)「第3章　道徳科の内容」「第1節　内容の基本的性格」「1　内容構成の考え方」の一部を抜粋したものである。文中の（　ア　）～（　オ　）に当てはまる語句の正しい組合せを選びなさい。

(1)　内容の捉え方

　学習指導要領第3章の「第2　内容」は，教師と児童が人間としてのよりよい生き方を求め，共に考え，共に語り合い，その実行に努めるための（　ア　）である。学校の教育活動全体の中で，様々な場や機会を捉え，多様な方法によって進められる学習を通して，児童自らが調和的な道徳性を養うためのものである。それらは，教育活動全体を通じて行われる道徳教育の（　イ　）としての道徳科はもとより，全教育活動において，指導されなければならない。

　ここに挙げられている内容項目は，児童が人間として他者とよりよく生きていく上で学ぶことが必要と考えられる道徳的価値を含む内容を，短い文章で平易に表現したものである。また，内容項目ごとにその内容を端的に表す言葉を付記して

いる。これらの内容項目は，児童自らが道徳性を養うための手掛かりとなるものである。なお，その指導に当たっては，内容を端的に表す言葉そのものを教え込んだり，（　ウ　）にのみとどまる指導になったりすることがないよう十分留意する必要がある。

　したがって，各内容項目について児童の実態を基に把握し直し，指導上の課題を具体的に捉え，児童自身が道徳的価値の理解を基に自己を見つめ，物事を（　エ　）考え，自己の生き方についての考えを深めることができるよう，実態に応じた指導をしていくことが大切である。このように道徳的価値の自覚を深める指導を通して，児童自らが振り返って（　オ　）したり，これからの課題や目標を見付けたりして，自己の生き方についての考えを深める学習ができるよう工夫する必要がある。

|  | ア | イ | ウ | エ | オ |
|---|---|---|---|---|---|
| ① | 共通の課題 | 基盤 | 知的な理解 | 発展的・統合的に | 言動を反省 |
| ② | 日常生活の問題 | 要 | 知的な理解 | 発展的・統合的に | 成長を実感 |
| ③ | 共通の課題 | 要 | 具体的な行動 | 多面的・多角的に | 言動を反省 |
| ④ | 日常生活の問題 | 基盤 | 具体的な行動 | 発展的・統合的に | 成長を実感 |
| ⑤ | 共通の課題 | 要 | 知的な理解 | 多面的・多角的に | 成長を実感 |

(☆☆◎◎◎)

【31】次の文は，小学校学習指導要領解説総合的な学習の時間編(平成29年文部科学省)「第5章　総合的な学習の時間の指導計画の作成」「第3節　各学校が定める内容とは」「4　考えるための技法の活用」の一部を抜粋したものである。文中の（　ア　）～（　オ　）に当てはまる語句の正しい組合せを選びなさい。

(1)　考えるための技法を活用する意義

(略)

　　総合的な学習の時間において，「考えるための技法」を活用することの意義については，大きく三つの点が考えられる。

　　一つ目は，探究の過程のうち特に「情報の整理・分析」の過程における（　ア　）を育てるという意義である。情報の整理・分析においては，集まった情報をどのように処理するかという工夫が必要になる。「考えるための技法」は，こうした分析や工夫を助けるためのものである。

　　二つ目は，（　イ　）を充実させるという意義である。「考えるための技法」を使って情報を整理，分析したものを黒板や紙などに書くことによって，（　ウ　）され児童間で共有して考えることができるようになる。

　　三つ目は，総合的な学習の時間が，各教科等を越えた全ての学習の基盤となる資質・能力を育成すると同時に，各教科等で学んだ資質・能力を実際の（　エ　）に活用したりするという特質を生かすという意義である。「考えるための技法」を意識的に使えるようにすることによって，各教科等と総合的な学習の時間の学習を相互に（　オ　）意義が明確になる。

| | ア | イ | ウ | エ | オ |
|---|---|---|---|---|---|
| ① | 思考力，判断力，表現力等 | 探究的な学習 | 可視化 | 問題解決 | 関連付ける |
| ② | 思考力，判断力，表現力等 | 協働的な学習 | 可視化 | 問題解決 | 往還する |
| ③ | 思考力，判断力，表現力等 | 探究的な学習 | 具体化 | 生活場面 | 関連付ける |
| ④ | 知識及び技能 | 探究的な学習 | 具体化 | 問題解決 | 往還する |
| ⑤ | 知識及び技能 | 協働的な学習 | 可視化 | 生活場面 | 関連付ける |

（☆☆☆◎◎◎）

# 解答・解説

【1】問1　③　　問2　⑤　　問3　④

〈解説〉解答の選択肢をあらかじめ読んでおくことで，注意して聞き取るべきポイントを理解しておく。　問1　昼食(給食)のメニューを聞かれている。野菜カレー，たまごサラダ，ヨーグルト，牛乳なので，③が適切。　問2　サトウさんが学校のために何をしたのか聞かれている。野菜カレーの野菜を一部提供しているので，⑤が適切。　問3　前回大会の優勝者が縄跳びを飛んだ回数を聞かれている。200回とあるので，④が適切。

【2】問1　②　　問2　③

〈解説〉問4　ハナコが姉に相談をした理由を聞かれている。Show and Tellという英語活動について，悩んでいたので，②が適切。　問5　ハナコが4歳のときからしてきたことは何かという問題。絵を描いて，それをとっていたので，③が適切。

【3】⑤

〈解説〉「A　話すこと・聞くこと」は，思考力，判断力，表現力等に関する内容で，(1)については，アが話題の設定，情報の収集，内容の検討，イ・ウは話すこと，エは聞くこと，オは話し合うことに関する指導事項である。アについては，第1学年及び第2学年が「身近なことや経験したことなどから話題を決め」，第3学年及び第4学年は「集めた材料を比較したり分類したりして」，第5学年及び第6学年は「集めた材料を分類したり関係付けたりして」と，段階的に変化していることを押さえておきたい。(2)については，話すこと・聞くことに関する言語活動例が示されている。

【4】②

〈解説〉dの敬語やgの朗読は，第5学年及び第6学年の指導内容である。a，f，hが第1学年及び第2学年の内容であり，c，e，iが第3学年及び第4学年の内容である。

【5】問1　③　　問2　②

〈解説〉問1　空欄Aでは，いずれも空欄前の内容を，空欄後で言換えて述べている。　問2　空欄Bの前後には「時が経つ」「相当の時間をかけて」などの表現が見られる。時間の経過を表す語句が相応しい。

【6】②

〈解説〉指導計画の作成と内容の取扱いの(1)では，「主体的・対話的で深い学び」の実現に向けては，1回1回の授業ですべての学びが実現されるものではなく，単元や題材など内容や時間のまとまりの中で実現を図っていくものであるという趣旨のことが示されている。ウについては，主な海洋と対になる言葉を選ぶと大陸である。(4)はインクルーシブ教育に関連した項目である。障害のある児童への対応においては障害ごとの困難さに応じた指導や支援の充実が必要となる。(5)の「第1章総則の第1の2の(2)」には，道徳教育に関する目標が示されている。

【7】①

〈解説〉ア　平安時代，藤原氏が摂政，関白を独占して天皇に代わって，あるいは補佐して行った政治は摂関政治である。　イ　13世紀とあるので，守護大名ではなく御家人である。また権力が集中したのは北条氏である。　オ　国際連盟ではなく，国際連合である。

【8】④

〈解説〉議院内閣制で押さえておきたいポイントは，国会(厳密には衆議院)は内閣に対して内閣不信任の決議を出すことができ，内閣は衆議院を解散することができるということである。国会(衆議院)は内閣総理

大臣を指名することができるが，Cの矢印は国会全体を指していることから当てはまらない。国務大臣を任命・罷免できるのは内閣総理大臣である。Dは内閣が国会に対してどのような関係なのかを考えればよい。国民は国会に対しては選挙，内閣に対しては世論で自身の考えを主張するのである。

**【9】②**

〈解説〉出題された内容は，小学校学習指導要領(平成29年告示)の算数の「第3　指導計画の作成と内容の取扱い　3」で数学的活動の取り組みにおける配慮事項として示されたものでもある。　ア　算数科の目標(3)には「数学的活動の楽しさや数学のよさに気付く」ことが示されている。　イ　自らの活動を振り返り評価することによって，改めるきっかけや新しい問題を得る機会が生まれるきっかけとなる。　ウ　空欄の直前に相互のとあることから関連が当てはまる。　エ　空欄直後に成果とあることから，学習活動において対となる言葉過程が当てはまる。　オ　問題発見・解決を繰り返すことで，少しずつよりよい方法を用いることができるようにして，よりよく問題解決できたことを実感できるようにすることが大切である。

**【10】④**

〈解説〉1つのさいころを2回投げるとき，全ての目の出方は　$6 \times 6 = 36$〔通り〕。このうち，おはじきが「$-3$」の位置にあるのは，(1回目の目の数，2回目の目の数)$=(1, 4), (2, 5), (3, 6)$の3通り。よって，求める確率は　$\dfrac{3}{36} = \dfrac{1}{12}$

**【11】③**

〈解説〉点Aの$x$座標を$t(t > 0)$とすると，3点A，B，Dの座標はそれぞれA$(t, t^2)$，B$(-t, t^2)$，D$\left(t, -\dfrac{1}{3}t^2\right)$。これより，AB$= t - (-t) = 2t$，AD$=$

$t^2-\left(-\dfrac{1}{3}t^2\right)=\dfrac{4}{3}t^2$　四角形ABCDが正方形になるとき，AB＝ADより，

$2t=\dfrac{4}{3}t^2$　⇔　$2t^2-3t=0$　⇔　$t(2t-3)=0$　$t>0$より，$t=\dfrac{3}{2}$　四角形

ABCDの面積は　$AB^2=\left(2\times\dfrac{3}{2}\right)^2=9$

【12】①

〈解説〉弧AEと弧DEに対する中心角と円周角の関係から，∠AOD＝∠AOE＋∠DOE＝2∠ABE＋2∠DCE＝2×19°＋2×40°＝118°　△OADは∠OAD＝∠ODAの二等辺三角形だから，∠ODA＝(180°−∠AOD)÷2＝(180°−118°)÷2＝31°

【13】②

〈解説〉ア　理科の学年の目標は，区分ごとに①が知識及び技能，②が思考力，判断力，表現力等，③が学びに向かう力，人間性等に関するものである。　イ・ウ　理科では，学年を通して育成を目指す問題解決の力を学年ごとに示している。第5学年では，「主に予想や仮説を基に，解決の方法を発想する」といった問題解決の力の育成を目指している。エ　③は学びに向かう力，人間性等に関する目標である。第3学年及び第4学年では生物を愛護する態度，第5学年及び第6学年では生命を尊重する態度を養うことが示されている。

【14】⑤

〈解説〉図の左側が湿球，右側が乾球である。湿球は18℃，乾球は24℃を示しているので，温度差は6℃である。よって表1の乾球の読み24℃で読みの差6℃のところを読み取ると湿度は53％と分かる。空気中の水蒸気の量は，$21.8\times\dfrac{53}{100}≒11.6$〔g/m³〕である。この値が飽和水蒸気量となるときの温度が露点となる。

【15】①

〈解説〉融点は物質によって決まっているので，量を増やしても変わらな

い。ただし量を増やすと融解に時間がかかるので，A－B間の長さは長くなる。

## 【16】③

〈解説〉気付きは，児童の主体的な活動によって生まれるもので，そこには知的な側面だけでなく，情意的な側面も含まれることは押さえておきたい。小学校学習指導要領(平成29年告示)の生活の「指導計画の作成と内容の取扱い　2(3)」では，生活の気付きの質を高めるという視点に立ち，気付いたことをもとに考えることができるようにするための多様な学習活動として，「見つける，比べる，たとえる」に，「試す，見通す，工夫するなど」が新たに加えられた。

## 【17】④

〈解説〉出題された文は，学習指導要領解説　生活編(平成29年7月)の「第5章　第4節　学習指導の進め方」について説明した総括文と3つの留意点を示したうちの1点目のものである。　ア　生活科の内容(8)には，「身近な人々と伝え合う活動」が示されている。　ウ　低学年における意識レベルを考えると，課題意識ではなく目的意識が当てはまる。　エ　学年の目標(3)に，自分のよさや可能性に気付いて生活するようにすることが示されている。　オ　空欄の直前に成果とあることから，学習面における対の言葉過程が当てはまる。　教科の目標やキーワードを手掛かりに，文脈を読み取って該当する選択肢を選ぶとよい。

## 【18】①

〈解説〉a　「曲全体」という用語は，主に「B鑑賞」で用いられる。　b　教科の目標のうち，知識及び技能に関する目標(1)には，曲想と音楽の構造などとの関わりについて理解することが示されている。　c　中学年では「ハ長調」，高学年では「ハ長調及びイ短調」を学習する。　d　「身体の使い方」が示されるのは中学校である。　e　「声を

合わせて」歌う技能は低中高学年共通で，何を聞いて合わせるかが段
階的に異なっている。　中学校まで含めて学年ごとに比較して読むと，
理解が深まるだろう。

【19】④

〈解説〉ア　例えば4分の2拍子は，4分音符が2拍分の拍子を意味する。
　　イ　1番の歌詞の「とーベー」の部分は，4つの8分音符が音程を変化
　　させて並ぶ。歌唱共通教材は，作詞者，作曲者，旋律，歌詞は押さえ
　　ておきたい。　ウ　全音符を16に分けた音符が16分音符，8に分けた
　　音符が8分音符である。付点が付いた音符は1.5倍の長さになる。
　　エ　同じ音をつなぐ記号はタイ，異なる音をつなぐ記号はスラーであ
　　る。　オ　篠笛は，フルートのように横に構えて演奏する楽器である。

【20】⑤

〈解説〉a　主体的・対話的で深い学びは，1回1回の授業ですべての学び
　　が実現されるものではなく，単元や題材など内容や時間のまとまりの
　　中で実現を図っていくものである。　b　空欄前後に育む，の育成と
　　あることから，資質・能力が当てはまる。　c　表現と鑑賞は本来一
　　体であり，相互に関連して働き合うものであるが，指導の効果を高め
　　るために必要がある場合は，全ての学年の児童に，鑑賞を独立して扱
　　うことができることが示されている。　d　内容や指導，題材の選択
　　に不均衡が起こらないようにすることが示されている。

【21】②

〈解説〉色相環は色相を環状に配置したもので，12色相環と24色相環があ
　　る。　ア〜エ　問いで示された①を黄色，②を黄緑とすると，③以降
　　は順番に緑・青緑・緑みの青・青・青紫・紫・赤紫・赤・赤みの橙・
　　黄みの橙となる。　オ　向かい合う色の関係を補色と言う。保護色は，
　　動物をその敵の目から保護していると考えられる色のことである。

【22】③

〈解説〉a～c　今回の改訂では，自立した消費者を育成するため，小学校と中学校の内容の系統性を図り，消費者教育に関する内容の一層の充実を図っている。小学校では，「買物の仕組みや消費者の役割」を新設し，中学校における「売買契約の仕組み」「消費者の基本的な権利と責任」「消費者被害の背景とその対応」の基礎となる学習ができるようにしている。　d　「C消費生活」の(1)のアの(ア)の買物の仕組みについては，主に現金による店頭での買物を扱い，日常で行っている買物が売買契約であることを理解できるようにする。売買契約の基礎である，買う人(消費者)の申し出と売る人の承諾によって売買契約が成立すること，買う人はお金を払い，売る人は商品を渡す義務があること，商品を受け取った後は，買った人の一方的な理由で商品を返却することができないことについて理解できるようにする。

【23】①

〈解説〉ア　はずみ車は常に手前に回す。下糸を引き出すときは，上糸を軽く持ち，はずみ車をゆっくり手前に回して下糸を引き出し，上糸と下糸を揃えて，押さえの下に通し，向こう側に10cmほど引き出す。　イ　角の曲がり方は，角に針がきたら，布に針を刺したままミシンを止め，押さえを上げて，針を軸にして布を90度回す。押さえを下ろして再び縫う。　ウ　織物は，たて糸とよこ糸で織りあげたもののことをいう。　エ　半返し縫いは，ひと針縫ってひと針の半分戻る縫い方で，表はなみ縫いのように隙間があり，裏は本返し縫いのように糸が重なっている。

【24】⑤

〈解説〉ア　このうち高学年の「水泳運動」は，「クロール」「平泳ぎ」「安全確保につながる運動」で構成されている。「安全確保につながる運動」は，安定した呼吸の獲得を意図した運動である。　イ　速く泳ぐ指導は中学校からである。　ウ　グループの活動も想定されている

ことから，協力してが当てはまる。　エ　背浮きや浮き沈みは，安全確保につながる運動において続けて長く浮くための動きである。

【25】④

〈解説〉アは「身近な生活」ではなく「個人及び社会生活」，イは「体力の向上」ではなく「生活の質の向上」。また，保健領域において求められることについて解説されている部分では，エは「主体的に」ではなく「適切に」が正しい。

【26】④

〈解説〉ア　中学年の外国語活動では「読むこと」，「書くこと」は指導していないため，慣れ親しませることから指導する必要がある。
イ　高学年の外国語科では，中学校で身に付けるべき実際のコミュニケーションにおいて活用できる技能の基礎的なものを身に付けることとなる。　ウ　外国語教育における学習過程の最初は，設定されたコミュニケーションの目的や場面，状況等を理解することである。
エ　学習指導要領の改訂にあたり，外国語科における内容の取扱いとして，「推測しながら読む」ことにつながるよう，音声で十分に慣れ親しんだ簡単な語句や基本的表現について，音声と文字とを関連付けて指導することとしたことが，学習指導要領解説(平成29年7月)に示されている。　目標(3)は学びに向かう力，人間性等の涵養に関わる目標である。　オ　「主体的に」とした意図は，学校教育外においても，生涯にわたって継続して外国語習得に取り組もうとする態度を養うことをねらったものである。

【27】①

〈解説〉(1)　後半に「選ぶのが大変だった」とあることから，wide range of drinksで「飲み物が豊富にあった」が適切。range にかかるのは，highではなくwide。　(2)　「時間をつぶす」はkill time。　(3)　There is nothing left で「残り物はない」という意味。　(4)　work out には，「練

習する」「取り組む」などの意味がある。put away は「片づける」という意味。　(5)　for sure は「確かに」，on dutyは「勤務中」という意味。Jackが休んだ理由について，「確かなことを知っている人は誰もいない」となるfor sureが適切。

【28】④

〈解説〉あらかじめ選択肢を読んでおくと効率的である。また，プラスチックによる環境問題についての基本的な知識があれば，文章を読まなくても①から③までが誤りであることはわかり，⑤が問題と関係のないお金の節約の話をしているので，④のみが残る。プラスチックストローについての記述は本文の第三段落にある。

【29】③

〈解説〉各学年の段階に応じて，児童の発達の段階の特性や，各教科等における学習状況，幼児期の教育や中学校との円滑な接続などを踏まえて，適切な内容を取り上げて計画的に指導する必要がある。

【30】⑤

〈解説〉まず，今回改訂された学習指導要領のキーワードが選択肢にある空欄を確定させる。　イ　小学校学習指導要領(平成29年告示)の「総則　第2　教育課程の編成」に，道徳教育は道徳科を要として学校の教育活動全体を通じて行うことが示されている。　エ　道徳科の目標に，「多面的・多角的に考え」という言葉が用いられているとおり，「多面的・多角的に考える」ことが今回の改訂における道徳科の重要なキーワードである。これによって解答が絞られる。そのうえで，残りの空欄を道徳科の特性や文脈の読み取りなどから判断するとよい。

【31】②

〈解説〉今回の学習指導要領改訂においては，内容の取扱いについての配慮事項として，探究的な学習の過程で他者と協働して課題を解決しよ

うとする学習活動などにおいて，「比較する，分類する，関連付ける
などの考えるための技法が活用されるようにすること」が示された。
この「考えるための技法」を活用する意義に関して解説された部分か
らの出題である。　ア　一つ目は，「情報の整理・分析」に関連する
内容であることから，「思考力，判断力，表現力等」が当てはまる。
イ　ここでは，他者との協働学習の場が想定されていることから，
「協働的な学習」が当てはまる。　ウ　空欄前に「黒板や紙などに書
く」とあることから，可視化が当てはまる。　エ　資質・能力を活用
する対象であることから，問題解決が当てはまる。　オ　考えるため
の技法を使うことによってもたらされるのは，各教科等と総合的な学
習の時間の学習の間を行き来する，つまり往還する意義である。

## 2020年度　　実施問題

【1】次の対話を聞き，問1と問2の設問に対する答えとして最も適切なものを選びなさい。(対話及び設問は2回読まれる。)

Reiko : Hi, Jack.

Jack　: Hi, Reiko. What is your plan for today?

Reiko : I want to see a movie in the neighboring town.

Jack　: Sounds good. Let's go together. Are there any movies you want to see?

Reiko : I want to watch a horror movie. Do you like horror movies?

Jack　: No, I don't. I like comedy movies the best, but I will try watching a horror movie today. I can drive to the movie theater.

Reiko : Thanks, we must look for parking first.

Jack　: There are two big parking lots around the movie theater. One is Star Parking Lot, and the other is Green Parking Lot.

Reiko : Which is the cheaper of the two?

Jack　: Well, Star Parking Lot is 5 dollars per hour, and Green Parking Lot is 20 dollars for a day.

Reiko : It takes 2 hours to watch the movie. After watching the movie, I want to eat something at a nearby restaurant.

Jack　: Okay then, it may take more than 4 hours, so let's park our car at Green Parking Lot.

問1　Why does Reiko want to go to the neighboring town?

① Because she wants to meet a comedy star.

② Because she wants to watch a horror movie and a comedy movie.

③ Because she wants to watch a horror movie and go to the park.

④ Because she wants to watch a horror movie and go to a restaurant.

⑤　Because she wants to watch a comedy movie and go to a restaurant.

問2　Where will Reiko and Jack go first?

①　Star Parking Lot.

②　Green Parking Lot.

③　The movie theater.

④　The restaurant.

⑤　The shopping mall.

(☆☆☆◎◎◎)

【2】次に読まれる英文を聞き，問1から問3の設問に対する答えとして最も適切なものを選びなさい。(英文及び設問は2回読まれる。)

Hello. My name is Minami Suzuki. I am eighteen years old. I have been living in London with my parents for fifteen years. My grandfather and grandmother live in Tokyo. I visit their house every summer with my parents. My grandmother is good at cooking Japanese food. I always look forward to learning how to cook Japanese dishes from her so I can cook Japanese food, too. This summer, I will visit my grandparents with my parents. However, next summer vacation I'll go to Tokyo alone.

During my visit next summer, I want to do volunteer work at a restaurant in the Olympic Stadium. I want players from all over the world to enjoy a wide range of dishes. I hope that they can feel at ease during their stay in Japan. I also want to meet a lot of people and experience different cultures through them. I hope to make many friends all over the world.

問1　How long has Minami lived in London?

①　3 years.　　②　8 years.　　③　10 years.　　④　15 years.

⑤　18 years.

問2　Who teaches Minami how to cook Japanese food?

①　Her mother and father.　　②　Her mother.

③ Her father. ④ Her grandfather.

⑤ Her grandmother.

問3 What's the purpose for Minami to go to Tokyo next summer?

① To join the Olympic games as an athlete.

② To do volunteer work at a restaurant in the Olympic Stadium.

③ To enjoy a wide range of dishes at a restaurant in the Olympic Stadium.

④ To study about Japanese food at a restaurant in the Olympic Stadium.

⑤ To meet her parents at the Olympic Stadium.

(☆☆☆○○○)

【3】次の英文を読み，その内容に合致するものを選びなさい。

In Japan, many people move around by train or bus to go to work or school. People who spend a long time on the train commuting often spend time in various ways. However, we often see people who do not consider other people's feelings.

For example, people have not been giving up their seats for others on public transportation. People spend their time looking at their phones in order to respond to emails, do internet shopping, or watch videos. There are other people who listen to loud music, read books without taking breaks, or even sleep on the move. When doing these actions, we cannot be conscious of our surroundings. When someone who is in need of a seat comes into the train or bus, we may be unaware of their needs. We are fully immersed in the ways we want to enjoy public transportation, but it is not respectful to all people.

We should spend time on public transportation not only enjoying our own time, but we should also pay attention to our surroundings and the needs of other people so that all of us can enjoy our time on the train or bus.

① Recently, few people commute to work or school on public transportation.

② We can often see people who give up their seats for others on public transportation.

③　People should use their phones on public transportation because they can pay attention to people around them.

④　People using public transportation should be aware of their actions and the people around them.

⑤　It is more important for us to enjoy our time than consider the feelings of people around us on public transportation.

(☆☆☆◎◎◎)

【４】次の文は，小学校学習指導要領(平成29年告示)「第2章　各教科」「第1節　国語」「第2　各学年の目標及び内容」〔第5学年及び第6学年〕「2　内容」〔思考力，判断力，表現力等〕「B　書くこと」である。文中の(　A　)～(　E　)に当てはまる語句の正しい組合せを選びなさい。

---

B　書くこと

(1)　書くことに関する次の事項を身に付けることができるよう指導する。

ア　目的や意図に応じて，(　A　)などから書くことを選び，集めた材料を分類したり関係付けたりして，伝えたいことを明確にすること。

イ　筋道の通った文章となるように，文章全体の構成や展開を考えること。

ウ　目的や意図に応じて簡単に書いたり詳しく書いたりするとともに，(　B　)とを区別して書いたりするなど，自分の考えが伝わるように書き表し方を工夫すること。

エ　引用したり，図表やグラフなどを用いたりして，自分の考えが伝わるように書き表し方を工夫すること。

オ　文章全体の構成や書き表し方などに着目して，文や文章を整えること。

カ　(　C　)が明確になっているかなど，文章に対する感想や意見を伝え合い，自分の文章のよいところを見付ける

---

こと。

(2) (1)に示す事項については，例えば，次のような言語活動を通して指導するものとする。

ア （ D ）など，考えたことや伝えたいことを書く活動。

イ （ E ）をつくるなど，感じたことや想像したことを書く活動。

ウ 事実や経験を基に，感じたり考えたりしたことや自分にとっての意味について文章に書く活動。

| | A | B | C | D | E |
|---|---|---|---|---|---|
| ① | 経験したことや想像したこと | 事実と感想，意見 | 文章全体の構成や展開 | 調べたことをまとめたり紹介したりする | 詩や物語 |
| ② | 感じたことや考えたこと | 事実と感想，意見 | 文章全体の構成や展開 | 事象を説明したり意見を述べたりする | 短歌や俳句 |
| ③ | 経験したことや想像したこと | 自分の考えと根拠 | 書こうとしたこと | 事象を説明したり意見を述べたりする | 短歌や俳句 |
| ④ | 感じたことや考えたこと | 自分の考えと根拠 | 文章全体の構成や展開 | 事象を説明したり意見を述べたりする | 詩や物語 |
| ⑤ | 感じたことや考えたこと | 事実と感想，意見 | 書こうとしたこと | 調べたことをまとめたり紹介したりする | 詩や物語 |

(☆☆☆◎◎◎)

【5】次の文は，小学校学習指導要領(平成29年告示)「第2章 各教科」「第1節 国語」「第2 各学年の目標及び内容」「2 内容」〔知識及び技能〕の一部を抜粋したものである。文中の（ A ）〜（ E ）に当てはまる語句の正しい組合せを選びなさい。

〔第1学年及び第2学年〕

(2) 話や文章に含まれている情報の扱い方に関する次の事項を身に付けることができるよう指導する。

ア （ A ）など情報と情報との関係について理解すること。

〔第3学年及び第4学年〕

(2)　話や文章に含まれている情報の扱い方に関する次の事項を身に付けることができるよう指導する。

　　ア　（　B　），全体と中心など情報と情報との関係について理解すること。

　　イ　（　C　）の仕方，必要な語句などの書き留め方，引用の仕方や出典の示し方，辞書や事典の使い方を理解し使うこと。

〔第5学年及び第6学年〕

(2)　話や文章に含まれている情報の扱い方に関する次の事項を身に付けることができるよう指導する。

　　ア　（　D　）など情報と情報との関係について理解すること。

　　イ　（　E　）の仕方，図などによる語句と語句との関係の表し方を理解し使うこと。

|  | A | B | C | D | E |
|---|---|---|---|---|---|
| ① | 具体と抽象 | 考えとそれを支える理由や事例 | 比較や分類 | 原因と結果 | 情報の信頼性の確認 |
| ② | 具体と抽象 | 意見と根拠 | 情報の整理 | 原因と結果 | 情報と情報との関係付け |
| ③ | 共通，相違，事柄の順序 | 意見と根拠 | 比較や分類 | 具体と抽象 | 情報の信頼性の確認 |
| ④ | 共通，相違，事柄の順序 | 考えとそれを支える理由や事例 | 比較や分類 | 原因と結果 | 情報と情報との関係付け |
| ⑤ | 共通，相違，事柄の順序 | 意見と根拠 | 情報の整理 | 具体と抽象 | 情報と情報との関係付け |

(☆☆☆◎◎◎)

【6】次の文を読み，あとの問いに答えなさい。

　日本の発酵調味料，とりわけ醬油や味噌，魚醬などを語るには，まず塩の話をしなくてはなるまい。というのは，塩は人間にとって不可

欠の生理機能成分であるが，「食べもの」という観点から見ると，塩っぱい味をもたらしてくれるだけでなく，腐敗菌を寄せつけないので，保存料にもなる重宝なものであるからだ。[　A　]塩は，腐敗菌の侵入を抑えて，発酵菌だけの醸しの場をつくることと，発酵調味料に熟れた塩味を付けることができるわけだから実に頼もしい限りというものである。こうして，腐敗菌の生育には厳しく，発酵菌には優しい塩は，発酵調味料を造るのに不可欠で，極めて大切な材料ということになって使われてきたのである。

　その塩を，今から一万年以上も前の日本人は海水や岩塩といった自然にあるものをそのまま使っていたのであるが，縄文時代になって人々が集落をつくって生活をはじめると，今度は安定してそして大量の塩が必要となった。そこで知恵を搾り出し，長い間をかけて古代土器製塩法を編み出した。それは縄文時代後期，今からだいたい三〇〇〇〜四〇〇〇年前のことである。この製塩法は，土器に塩水を入れ，煮沸して塩の結晶を得る方法で，日本では茨城県霞ヶ浦沿岸に初現し，以後宮城県松島湾，青森県下北半島や津軽半島にまで広がった。これらの地はいずれも北方であるが，以後は南方にも伝わって，弥生時代のはじめに岡山県児島地方を中心に出現し，さらに香川県，徳島県，和歌山県，兵庫県，大阪府など瀬戸内海東部に広がり，次いで古墳時代は愛知県知多・渥美地方，九州天草地方にまで伝播，日本海側では能登半島や佐渡島にも広がって，ついにほぼ日本全土に古代土器製塩法が拡大して，最盛期に至った。これらの地域からは，土器製塩法に使われた土器が多数発掘され，考古学的に立証されている。

　これらの土器製塩法と並行して行われていた製塩法が藻塩焼きである。こちらの方は海が大荒れになると，海岸や浜辺に大量の海藻が打ち上げられる。それを集めてきて乾燥し，火をつけて燃やすと，塩は燃えないので灰とともに残り，そこから粗塩を得るというわけである。この方法が奈良時代まで組織的に続いていたのは，とても原始的な方法と思われがちだが，実はなかなか効率よく大量の塩が採れるからである。知恵を重ねていくうちに，単に海藻を焼くだけでなく，乾燥藻

をどんどん積み重ね，その上から幾度も海水を振りかけて，下に出てくる鹹水(濃い塩水)を煮つめるという仕方を考えついたためである。

　この藻塩焼きは，『万葉集』やさまぎまな『風土記』に詠まれていて，やはり全国で行われていた方法である。

(小泉武夫『醤油・味噌・酢はすごい』による。)

問1　文中の[　Ａ　]に入るものとして，最適なものを選びなさい。

①　また　　②　けれども　　③　つまり　　④　あるいは

⑤　たとえば

問2　本文の内容に合うものとして，最適なものを選びなさい。

①　縄文時代の土器製塩法に使われた土器が多数発掘された。

②　古墳時代には，ほぼ日本全土に古代土器製塩法が拡大した。

③　一万年以上前の日本人は，知恵を搾り出し，塩を作った。

④　弥生時代のはじめには，藻塩焼きが九州にまで伝播した。

⑤　藻塩焼きは現代までずっと，組織的に続いている。

(☆☆☆◎◎◎)

【７】次の図は，小学校学習指導要領解説社会編(平成29年文部科学省)「第2章　社会科の目標及び内容」「第1節　社会科の目標」「1　教科の目標」「①社会的な見方・考え方」の一部を抜粋したものである。文中の(　ア　)～(　オ　)に当てはまる語句の正しい組合せを選びなさい。ただし，同じ記号には同じ語句が入る。

社会的な見方・考え方

**現代社会の見方・考え方 (公民的分野)**

社会的事象を
政治，法，経済などに関わる多様な視点 (概念や理論など) に
着目して捉え
よりよい社会の構築に向けて，課題解決のための選択・判断に
資する概念や理論などと（　オ　）て

**社会的事象の地理的な見方・考え方**
**(地理的分野)**

社会的事象を
位置や（　ア　）に着目して捉え
地域の環境条件や地域間の結び付き
などの地域という枠組みの中で，人
間の営みと（　オ　）て

**社会的事象の歴史的な見方・考え方**
**(歴史的分野)**

社会的事象を
（　イ　），推移などに着目して捉え
類似や差異などを明確にしたり
事象同士を因果関係などで（　オ　）
たりして

**社会的事象の見方・考え方 (小学校)**

社会的事象を
位置や（　ア　），（　イ　）や時間の経過，
事象や人々の（　ウ　）に着目して捉え
比較・分類したり（　エ　）したり
地域の人々や国民の生活と（　オ　）たりして

| | ア | イ | ウ | エ | オ |
|---|---|---|---|---|---|
| ① | 空間的な広がり | 時　期 | 依存関係 | 整　理 | 結び付け |
| ② | 空間的な広がり | 起　源 | 依存関係 | 総　合 | 関連付け |
| ③ | 空間的な広がり | 時　期 | 相互関係 | 総　合 | 関連付け |
| ④ | 分　布 | 時　期 | 相互関係 | 整　理 | 関連付け |
| ⑤ | 分　布 | 起　源 | 依存関係 | 整　理 | 結び付け |

(☆☆☆◎◎◎)

【8】資料Ⅰ中のP～Tは略地図中の点A～Eのいずれかの府県の製造品別
出荷額割合を示している。正しい組合せを選びなさい。

191

〈資料Ⅰ〉府県の製造品出荷額等割合 (2016年)

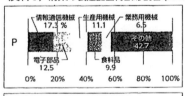

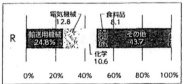

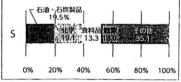

(2018／2019日本国勢図会から作成)

|   | P | Q | R | S | T |
|---|---|---|---|---|---|
| ① | C | A | D | E | B |
| ② | A | C | E | D | B |
| ③ | C | A | B | E | D |
| ④ | A | C | D | E | B |
| ⑤ | C | E | B | A | D |

(☆☆☆◎◎◎)

【9】 次のA～Dの建造物や史跡を，当初建造及び築造された年代の古い順に正しく並び替え，1番目と3番目にあたる正しい組合せを選びなさい。

A

B

C

D

| | 1番目 | 3番目 |
|---|---|---|
| ① | B | D |
| ② | B | C |
| ③ | D | B |
| ④ | B | A |
| ⑤ | D | C |

(☆☆☆◎◎◎)

【10】 次の資料は，日本国憲法が改正されるまでを示したものである。正しい組合せを選びなさい。ただし，同じ記号には同じ言葉が入る。

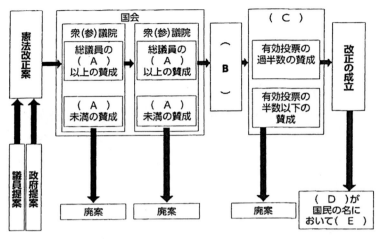

| | A | B | C | D | E |
|---|---|---|---|---|---|
| ① | 3分の2 | 改正の公表 | 国民審査 | 内閣総理大臣 | 公布 |
| ② | 過半数 | 改正の発議 | 国民投票 | 内閣総理大臣 | 施行 |
| ③ | 3分の2 | 改正の公表 | 国民投票 | 天皇 | 施行 |
| ④ | 3分の2 | 改正の発議 | 国民投票 | 天皇 | 公布 |
| ⑤ | 過半数 | 改正の公表 | 国民審査 | 天皇 | 公布 |

(☆☆☆◎◎◎)

【11】次の文は，小学校学習指導要領解説算数編(平成29年文部科学省)「第4章　指導計画の作成と内容の取扱い」「1　指導計画作成上の配慮事項」「(1)　主体的・対話的で深い学びの実現に向けた授業改善」の一部を抜粋したものである。

次の文中の( ア )～( オ )に当てはまる語句の正しい組合せを選びなさい。ただし，同じ記号には同じ語句が入る。

算数科では，児童自らが，問題の解決に向けて見通しをもち，( ア )取り組み，問題解決の過程を振り返り，よりよく解決したり，( イ )を見いだしたりするなどの「主体的な学び」を実現することが求められる。

また，数学的な表現を柔軟に用いて表現し，それを用いて筋

194

道を立てて説明し合うことで新しい考えを理解したり，それぞれの考えのよさや（　ウ　）について話し合うことでよりよい考えに高めたり，（　ウ　）を明らかにしたりするなど，自らの考えや集団の考えを広げ深める「対話的な学び」を実現することが求められる。

　さらに，日常の事象や数学の事象について，「数学的な見方・考え方」を働かせ，数学的活動を通して，問題を解決するよりよい方法を見いだしたり，（　エ　）を深めたり，概念を形成したりするなど，新たな知識・技能を見いだしたり，それらと既習の知識と（　オ　）して思考や態度が変容する「深い学び」を実現することが求められる。

| | ア | イ | ウ | エ | オ |
|---|---|---|---|---|---|
| ① | 粘り強く | 新たな問い | 事柄の本質 | 互いの考え | 比較したり |
| ② | 粘り強く | 新たな解決方法 | 考えの筋道 | 意味の理解 | 統合したり |
| ③ | 粘り強く | 新たな問い | 事柄の本質 | 意味の理解 | 統合したり |
| ④ | 計画的に | 新たな解決方法 | 考えの筋道 | 意味の理解 | 比較したり |
| ⑤ | 計画的に | 新たな解決方法 | 事柄の本質 | 互いの考え | 統合したり |

(☆☆☆◎◎◎)

【12】 $\sqrt{90n}$ が整数となるような自然数 $n$ のうち，2番目に小さい数を求めなさい。

① 2　　② 5　　③ 10　　④ 40　　⑤ 90

(☆☆☆◎◎◎)

【13】 次の図で，直線 $\ell$ は関数 $y = -3x + 4$ のグラフであり，直線 $\ell$ と $x$ 軸，$y$ 軸との交点をそれぞれ点A，Bとする。直線 $m$ は $y = ax + b (a > 0,\ b > 0)$ のグラフであり，線分ABの中点である点Pを通る。直線 $m$ と $x$ 軸，$y$ 軸との交点をそれぞれ点C，Dとする。

　△BDPと△ODCの面積が等しくなるとき，$a$，$b$ の値の正しい組合せを選びなさい。

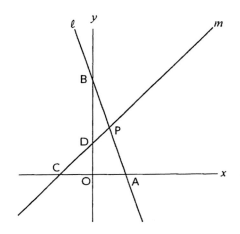

① $a=1$, $b=\dfrac{4}{3}$ 　　② $a=\dfrac{4}{3}$, $b=1$ 　　③ $a=1$, $b=\dfrac{2}{3}$

④ $a=2$, $b=\dfrac{2}{3}$ 　　⑤ $a=\dfrac{2}{3}$, $b=2$

(☆☆☆○○○)

【14】次の図で，線分ABが円Oの直径であるとき，∠$x$の大きさを求めな
さい。

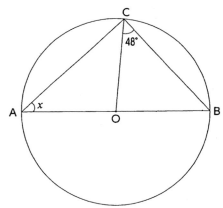

① 40° ② 42° ③ 44° ④ 46° ⑤ 48°

(☆☆☆◎◎◎)

【15】次の文は，小学校学習指導要領(平成29年告示)「第2章 各教科」「第4節 理科」「第2 各学年の目標及び内容」の一部を抜粋したものである。文中の( ア )～( エ )に当てはまる語句の正しい組合せを選びなさい。ただし，同じ記号には同じ語句が入る。

---

〔第3学年〕

1 目標

(1) 物質・エネルギー

① 物の性質，風とゴムの力の働き，光と音の性質，磁石の性質及び電気の回路についての理解を図り，観察，実験などに関する( ア )な技能を身に付けるようにする。

② 物の性質，風とゴムの力の働き，光と音の性質，磁石の性質及び電気の回路について追究する中で，主に差異点や共通点を基に，( イ )を養う。

③ 物の性質，風とゴムの力の働き，光と音の性質，磁石の性質及び電気の回路について追究する中で，( ウ )に問題解決しようとする態度を養う。

(2) 生命・地球

① 身の回りの生物，太陽と地面の様子についての理解を図り，観察，実験などに関する( ア )な技能を身に付けるようにする。

② 身の回りの生物，太陽と地面の様子について追究する中で，主に差異点や共通点を基に，( イ )を養う。

③ 身の回りの生物，太陽と地面の様子について追究する中で，( エ )態度や( ウ )に問題解決しようとする態度を養う。

---

|  | ア | イ | ウ | エ |
|---|---|---|---|---|
| ① | 基 本 的 | 問題を見いだす力 | 主 体 的 | 生物を愛護する |
| ② | 科 学 的 | 比較しながら調べる力 | 自 主 的 | 生物を愛護する |
| ③ | 科 学 的 | 問題を見いだす力 | 自 主 的 | 生命を尊重する |
| ④ | 基 本 的 | 比較しながら調べる力 | 主 体 的 | 生命を尊重する |
| ⑤ | 基 本 的 | 問題を見いだす力 | 主 体 的 | 生命を尊重する |

(☆☆☆○○○○)

【16】植物の体のつくりや特徴に関する次の記述のうち，正しいものを選びなさい。

① 被子植物と裸子植物は，茎の維管束が輪のように並んでいるか，ばらばらに分布しているか，という特徴で分けることができる。

② 被子植物の双子葉類であるアブラナとタンポポは，どちらも離弁花類である。

③ 被子植物の単子葉類であるチューリップとユリの根は，どちらも主根と側根からなる。

④ 裸子植物であるマツは，雄花と雌花をつくり，雄花の花粉のうの中には花粉が入っている。

⑤ シダ植物であるイヌワラビとスギナには雄株と雌株があり，雌株に胞子のうができる。

(☆☆☆○○○○)

【17】次図は，硝酸カリウムの溶解度曲線を示したものである。

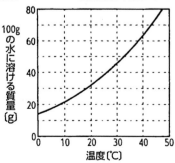

10℃の水40gの入った試験管に硝酸カリウム25.6gを入れよくかき混ぜたが，溶け残りがあった。そこで，水溶液の温度を上げていくと，硝酸カリウムはすべて溶けた。溶け残った硝酸カリウムをすべて溶かすことができたときの硝酸カリウム水溶液の温度はいくらか。最も適切なものを選びなさい。

① 約15℃ ② 約20℃ ③ 約25℃ ④ 約30℃
⑤ 約40℃

(☆☆☆◎◎◎◎)

【18】次の表は，ある地震が起きた時のA，Bの2地点の記録である。この記録から求められる地震の発生時刻を選びなさい。ただし，地震の揺れが伝わる速さはほぼ一定であり，この地震の震源は浅いものとする。

| 地点 | 震源からの距離 | 初期微動が始まった時刻 |
|------|------|------|
| A | 96km | 5時47分08秒 |
| B | 132km | 5時47分14秒 |

① 5時46分46秒 ② 5時46分52秒
③ 5時46分55秒 ④ 5時47分02秒
⑤ 5時47分05秒

(☆☆☆◎◎◎◎)

【19】次の文は，小学校学習指導要領解説生活編(平成29年文部科学省)「第1章　総説」「2　生活科改訂の趣旨及び要点」「(2)　改訂の要点」の一部を抜粋したものである。文中の( ア )〜( オ )に当てはまる語句の正しい組合せを選びなさい。

④　学習内容，学習指導の改善・充実

・　具体的な活動や体験を通じて，どのような「（　ア　）」の育成を目指すのかが具体的になるよう，各内容項目を見直した。

・　具体的な活動や体験を通して気付いたことを基に考え，気付きを確かなものとしたり，新たな気付きを得たりするようにするため，活動や体験を通して気付いたことなどについて多様に表現し考えたり，「見付ける」，「比べる」，「たとえる」，「試す」，「（　イ　）」，「工夫する」などの多様な学習活動を行ったりする活動を重視することとした。

・　動物の飼育や植物の栽培などの活動は（　ウ　）取り扱い，引き続き重視することとした。

・　各教科等との関連を積極的に図り，低学年教育全体の充実を図り，中学年以降の教育に円滑に移行することを明示した。特に，幼児期における（　エ　）を通した総合的な学びから，各教科等における，より（　オ　）な学びに円滑に移行できるよう，入学当初において，生活科を中心とした合科的・関連的な指導などの工夫(スタートカリキュラム)を行うことを明示した。

| | ア | イ | ウ | エ | オ |
|---|---|---|---|---|---|
| ① | 資質・能力 | 見通す | 2学年間にわたって | 直接体験 | 主体的 |
| ② | 資質・能力 | 予想する | 1年間を通して | 直接体験 | 自覚的 |
| ③ | 思考力，判断力，表現力等 | 見通す | 1年間を通して | 直接体験 | 自覚的 |
| ④ | 思考力，判断力，表現力等 | 予想する | 1年間を通して | 遊び | 主体的 |
| ⑤ | 思考力，判断力，表現力等 | 見通す | 2学年間にわたって | 遊び | 自覚的 |

(☆☆☆☆◎◎◎)

【20】次の文は，小学校学習指導要領解説生活編(平成29年文部科学省)「第2章　生活科の目標」「第1節　教科目標」「2　教科目標の趣旨」の一部を抜粋したものである。文中の(　ア　)～(　オ　)に当てはまる語句の

正しい組合せを選びなさい。ただし，同じ記号には同じ語句が入る。

---

　　生活を豊かにしていくとは，生活科の学びを（　ア　）に生かし，よりよい生活を創造していくことである。それは，（　ア　）において，まだできないことやしたことがないことに自ら取り組み，自分でできることが増えたり活動の（　イ　）して自分自身が成長することでもある。ここでいう豊かとは，自分の成長とともに周囲との関わりやその（　ウ　）が増すことであり，一つ一つの関わりが深まっていくことである。そして，自分自身や身近な人々，社会及び自然が一層（　エ　）存在になって，日々の生活が楽しく充実したり，（　オ　）が膨らんだりすることである。

---

| | ア | イ | ウ | エ | オ |
|---|---|---|---|---|---|
| ① | 家庭生活 | 範囲が広がったり | 頻　度 | 大切な | 意欲や自信 |
| ② | 実生活 | 範囲が広がったり | 多様性 | 大切な | 夢や希望 |
| ③ | 実生活 | 範囲が広がったり | 頻　度 | 身近な | 夢や希望 |
| ④ | 実生活 | 内容が深まったり | 多様性 | 身近な | 意欲や自信 |
| ⑤ | 家庭生活 | 内容が深まったり | 頻　度 | 身近な | 夢や希望 |

(☆☆☆☆☆◎)

【21】次の文は，小学校学習指導要領解説音楽編(平成29年文部科学省)「第2章　音楽科の目標及び内容」「第2節　音楽科の内容」「2　各領域及び〔共通事項〕の内容」の一部を抜粋したものである。文中の（　a　）～（　e　）に当てはまる語句の正しい組合せを選びなさい。ただし，同じ記号には同じ語句が入る。

---

　〔共通事項〕
　　(1) 「A表現」及び「B鑑賞」の指導を通して，次の事項を身に付けることができるよう指導する。
　　　　〔共通事項〕は，表現及び鑑賞の学習において共通に必要となる（　a　）を示している。「A表現」及び「B鑑賞」の指導と併せて，指導するものである。
　　　ア　音楽を形づくっている（　b　）を聴き取り，それらの

---

　　　　（　c　）よさや面白さ，美しさを感じ取りながら，聴き取
　　　　ったことと感じ取ったこととの関わりについて考えるこ
　　　　と。(思考力，判断力，表現力等)
　　イ　音楽を形づくっている（　b　）及びそれらに関わる音
　　　　符，休符，記号や（　d　）について，音楽における（　e　）
　　　　理解すること。(知識)

|  | a | b | c | d | e |
|---|---|---|---|---|---|
| ① | 知識・技能 | 要素 | 働きが生み出す | 背景 | 働きと関わらせて |
| ② | 資質・能力 | 要素 | 構造から生まれる | 背景 | 客観的根拠を基に |
| ③ | 知識・技能 | 曲想 | 構造から生まれる | 用語 | 働きと関わらせて |
| ④ | 資質・能力 | 要素 | 働きが生み出す | 用語 | 働きと関わらせて |
| ⑤ | 資質・能力 | 曲想 | 構造から生まれる | 用語 | 客観的根拠を基に |

（☆☆☆◎◎◎）

【22】次のア〜オの設問に正しく答えた組合せを選びなさい。
　ア　「君が代」の歌詞と音符の組合せが正しく記されているのはどち
　　らか。

　イ　「ソーラン節」と関わりが深い都道府県はどちらか。
　　a　新潟県　　b　北海道
　ウ　コードネーム「G7」の構成音はどちらか。
　　a　ソ・シ・レ・ファ　　b　ソ・シ・レ・ファ#
　エ　「クラベス」の説明について，正しいほうを選びなさい。
　　a　硬質の木をくりぬきスリットを入れた小型の体鳴楽器で，ステ
　　ィック等で叩いて音を出す
　　b　ラテンアメリカの打楽器で，丸い棒のひとつを片方の手のひら
　　にのせ，ひとつをもう片方の手に持ってそれを叩いて音を出す
　オ　歌唱共通教材「まきばの朝」の2番の歌い出しの歌詞はどれか。

a　もう起き出した小屋小屋の　　b　もう起き出した牧童の

|   | ア | イ | ウ | エ | オ |
|---|---|---|---|---|---|
| ① | b | a | a | a | b |
| ② | b | b | b | b | b |
| ③ | a | b | b | a | b |
| ④ | b | b | a | b | a |
| ⑤ | a | a | a | b | a |

(☆☆☆◎◎◎)

【23】次の文は，小学校学習指導要領(平成29年告示)「第2章　各教科」「第7節　図画工作」「第2　各学年の目標及び内容」「第5学年及び第6学年」である。文中の(　ア　)～(　オ　)に当てはまる語句の正しい組合せを選びなさい。ただし，同じ記号には同じ語句が入る。

---

1　目標
　(1)　対象や事象を捉える(　ア　)な視点について自分の感覚や行為を通して理解するとともに，材料や用具を活用し，表し方などを工夫して，(　イ　)につくったり表したりすることができるようにする。
　(2)　(　ア　)なよさや美しさ，表したいこと，表し方などについて考え，(　イ　)に発想や構想をしたり，親しみのある作品などから自分の(　ウ　)や感じ方を深めたりすることができるようにする。
　(3)　主体的に表現したり(　エ　)したりする活動に取り組み，つくりだす喜びを味わうとともに，形や色などに関わり楽しく(　オ　)生活を創造しようとする態度を養う。

---

|  | ア | イ | ウ | エ | オ |
|---|---|---|---|---|---|
| ① | 構造的 | 意欲的 | 思い | 鑑賞 | 芸術的な |
| ② | 造形的 | 創造的 | 思い | 制作 | 豊かな |
| ③ | 構造的 | 意欲的 | 見方 | 鑑賞 | 芸術的な |
| ④ | 創造的 | 構造的 | 見方 | 制作 | 豊かな |
| ⑤ | 造形的 | 創造的 | 見方 | 鑑賞 | 豊かな |

(☆☆☆◎◎◎◎)

【24】次の文は色の性質について述べたものである，その内容が正しいものを○，誤っているものを×としたとき，正しい組合せを選びなさい。

ア　純色の「あお」と「あか」を同量，混色すると「むらさき」になる。

イ　「あか」や「き」は暖かさを感じる暖色系である。

ウ　「きみどり」と「あか」は補色の関係にある。

エ　色光の三原色(レッド・グリーン・ブルー)の三色を重ね合わせるとイエローになる。

オ　彩度の高い暖色系の色は寒色系の色より，小さく奥に引っ込んで見える。

|  | ア | イ | ウ | エ | オ |
|---|---|---|---|---|---|
| ① | ○ | × | × | ○ | ○ |
| ② | × | ○ | ○ | × | ○ |
| ③ | ○ | ○ | × | × | × |
| ④ | × | × | ○ | ○ | × |
| ⑤ | ○ | ○ | ○ | × | × |

(☆☆☆◎◎◎)

【25】次の文は，小学校学習指導要領解説家庭編(平成29年文部科学省)「第2章　家庭科の目標及び内容」「第1節　家庭科の目標」の一部を抜粋したものである。文中の( ア )～( エ )に当てはまる語句の正しい組合せを選びなさい。

> 　生活の営みに係る見方・考え方を働かせとは，家庭科が学習対象としている家族や（　ア　），衣食住，消費や環境などに係る生活事象を，協力・（　イ　），健康・快適・（　ウ　），生活文化の継承・創造，持続可能な社会の構築等の視点で捉え，生涯にわたって，自立し共に生きる生活を創造できるよう，より良い生活を営むために工夫することを示したものである。
>
> 　(略)
>
> 　生活をよりよくしようと工夫する資質・能力とは，家庭科の学習で育成を目指す資質・能力(「何ができるようになるか」)であり，生涯にわたって健康で豊かな生活を送るための（　エ　）として必要なものについて示したものである。

|  | ア | イ | ウ | エ |
|---|---|---|---|---|
| ① | 家庭 | 連携 | 安全 | 家族の一員 |
| ② | 家庭 | 協働 | 安心 | 自立の基礎 |
| ③ | 地域 | 協働 | 安全 | 家族の一員 |
| ④ | 地域 | 連携 | 安心 | 自立の基礎 |
| ⑤ | 家庭 | 協働 | 安全 | 自立の基礎 |

(☆○○○○○)

【26】次のア〜エの各文は，商品についているマークについて述べたものである。そのマークをあとのa〜hから選んだとき，正しい組合せを選びなさい。

ア　このマークは，第三者検査機関による基準適合検査に合格した玩具に付けることができる。その基準は，機械的安全性，可燃安全性，化学的安全性からなっている。

イ　様々な商品(製品およびサービス)の中で，「生産」から「廃棄」にわたるライフサイクル全体を通して環境への負荷が少なく，環境保全に役立つと認められた商品につけられる環境ラベルである。

ウ　品位，成分，性能等の品質についての規格を満たす食品や林産物などに付される。

エ　地域の原材料の良さを活かして，つくられた特産品に都道府県が
付ける。

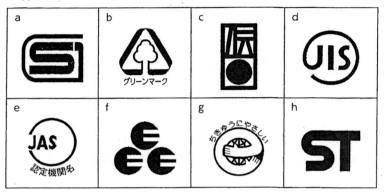

|    | ア | イ | ウ | エ |
|----|----|----|----|----|
| ① | h | g | d | f |
| ② | a | g | e | c |
| ③ | a | b | d | f |
| ④ | h | b | d | c |
| ⑤ | h | g | e | f |

(☆☆☆○○○○○)

【27】次の各文は，小学校学習指導要領(平成29年告示)「第2章　各教科」
「第9節　体育」「第3　指導計画の作成と内容の取扱い」の一部を抜粋
したものである。文中の下線部ア～エについて，正しいものを○，誤
っているものを×としたとき，正しい組合せを選びなさい。

　2　第2の内容の取扱いについては，次の事項に配慮するものと
　する。
　　(1)　学校や地域の実態を考慮するとともに，個々の児童の運
　　　動経験や技能の程度などに応じた指導や児童自らが運動の
　　　課題の解決を目指す活動を行えるよう工夫すること。特に，
　　　ア運動を苦手と感じている児童や，運動に意欲的に取り組

206

まない児童への指導を工夫するとともに，障害のある児童などへの指導の際には，周りの児童が様々な特性を尊重するよう指導すること。

(6)　第2の内容の「D水遊び」及び「D水泳運動」の指導については，適切な水泳場の確保が困難な場合にはこれらを取り扱わないことができるが，これらの心得については，<sub>イ</sub>必要に応じて取り上げること。

(8)　集合，整頓，列の増減などの行動の仕方を身に付け，<sub>ウ</sub>能率的で安全な集団としての行動ができるようにするための指導については，第2の内容の「A体つくりの運動遊び」及び「A体つくり運動」をはじめとして，各学年の各領域(保健を除く。)において適切に行うこと。

(10)　保健の内容のうち運動，食事，休養及び睡眠については，食育の観点も踏まえつつ，健康的な<sub>エ</sub>生活習慣の形成に結び付くよう配慮するとともに，保健を除く第3学年以上の各領域及び学校給食に関する指導においても関連した指導を行うようにすること。

|    | ア | イ | ウ | エ |
|----|----|----|----|----|
| ① | ○ | ○ | × | ○ |
| ② | × | ○ | ○ | × |
| ③ | ○ | × | ○ | ○ |
| ④ | × | ○ | × | × |
| ⑤ | ○ | × | × | ○ |

(☆☆☆○○○)

【28】次の文は，小学校学習指導要領解説体育編(平成29年文部科学省)「第2章　体育科の目標及び内容」「第1節　教科の目標及び内容」「4　各領域の内容」「ウ　陸上運動系」の一部を抜粋したものである。文中の(　ア　)〜(　エ　)に当てはまる語句の正しい組合せを選びなさい。

　　走・跳の運動遊びは,「走の運動遊び」及び「跳の運動遊び」で, 走・跳の運動は,「かけっこ・リレー」,「小型ハードル走」, (　ア　)で内容を構成している。これらの運動(遊び)は, 走る・跳ぶなどについて, 友達と競い合う楽しさや, (　イ　)走ったり跳んだりする心地よさを味わうことができ, また, 体を巧みに操作しながら走る, 跳ぶなどの様々な動きを身に付けることを含んでいる運動(遊び)である。

　　(略)

　　陸上運動の学習指導では, 合理的な運動の行い方を大切にしながら競走(争)や記録の達成を目指す学習活動が中心となるが, 競走(争)では勝敗が伴うことから, できるだけ多くの児童に(　ウ　)が与えられるように指導を工夫するとともに, その結果を受け入れることができるよう指導することが大切である。

　　(略)

　　なお, 児童の投能力の低下傾向が引き続き深刻な現状にあることに鑑み, 遠投能力の向上を意図し,「内容の取扱い」に「投の運動(遊び)」を(　エ　)ことにした。遠くに力一杯投げることに指導の主眼を置き, 投の粗形態の獲得とそれを用いた遠投能力の向上を図ることが主な指導内容となる。

| | ア | イ | ウ | エ |
|---|---|---|---|---|
| ① | 「走り幅跳び」及び「走り高跳び」 | 調子よく | 勝つ機会 | 加えて指導することができる |
| ② | 「幅跳び」及び「高跳び」 | 調子よく | 勝つ機会 | 加えて指導することができる |
| ③ | 「走り幅跳び」及び「走り高跳び」 | 勢いよく | 知識及び技能 | 取り扱う |
| ④ | 「幅跳び」及び「高跳び」 | 調子よく | 知識及び技能 | 加えて指導することができる |
| ⑤ | 「幅跳び」及び「高跳び」 | 勢いよく | 勝つ機会 | 取り扱う |

（☆☆☆◎◎◎）

【29】 次の文は，小学校学習指導要領(平成29年告示)「第6章　特別活動」「第2　各活動・学校行事の目標及び内容」「〔学級活動〕2　内容」の一部を抜粋したものである。文中の( A )～( E )に当てはまる語句の正しい組合せを選びなさい。ただし，同じ記号には同じ語句が入る。

(3)　一人一人のキャリア形成と自己実現

　　ア　現在や将来に( A )や目標をもって生きる意欲や態度の形成

　　　　学級や学校での生活づくりに( B )に関わり，自己を生かそうとするとともに，( A )や目標をもち，その実現に向けて日常の生活をよりよくしようとすること。

　　イ　( C )意識の醸成や働くことの意義の理解

　　　　清掃などの当番活動や係活動等の自己の役割を自覚して( D )することの意義を理解し，社会の一員として役割を果たすために必要となることについて( B )に考えて行動すること。

　　ウ　( B )な学習態度の形成と学校図書館等の活用

　　　　学ぶことの意義や現在及び将来の学習と自己実現とのつながりを考えたり，( E )に学習する場としての学校図書館等を活用したりしながら，学習の見通しを立て，振り返ること。

|  | A | B | C | D | E |
|---|---|---|---|---|---|
| ① | 希望 | 主体的 | 集団 | 行動 | 自発的 |
| ② | 希望 | 主体的 | 社会参画 | 協働 | 自主的 |
| ③ | 希望 | 積極的 | 社会参画 | 協働 | 自発的 |
| ④ | 強い意志 | 主体的 | 社会参画 | 行動 | 自発的 |
| ⑤ | 強い意志 | 積極的 | 集団 | 行動 | 自主的 |

(☆☆☆◎◎◎)

【30】 次の文は，小学校学習指導要領解説特別の教科　道徳編(平成29年文部科学省)「第5章　道徳科の評価」「第3節　道徳科の授業に対する評価」「4　評価を指導の改善に生かす工夫と留意点」である。文中の( ア )～( オ )に当てはまる語句の正しい組合せを選びなさい。

　　道徳科の指導は，道徳性の性格上，1単位時間の指導だけでその成

長を見取ることが（　ア　）。そのため，指導による児童の学習状況を把握して評価することを通して，改めて学習指導過程や指導方法について検討し，今後の指導に生かすことができるようにしなければならない。

　児童の道徳性を養い得る質の高い授業を創造するためには，授業改善に資する学習指導過程や指導方法の改善に役立つ（　イ　）評価を心掛ける必要がある。また，道徳科の授業で児童が伸びやかに自分の感じ方や考え方を述べたり，他の児童の感じ方や考え方を聞いたり，様々な表現ができたりするのは，（　ウ　）と密接に関わっている。

　道徳科における児童の道徳性に係る成長の様子に関する評価においては，（　エ　）取り組む必要がある。道徳科は，児童の人格そのものに働きかけるものであるため，その評価は安易なものであってはならない。児童のよい点や成長の様子などを積極的に捉え，それらを日常の指導や（　オ　）に生かしていくよう努めなければならない。

| | ア | イ | ウ | エ | オ |
|---|---|---|---|---|---|
| ① | 不可能である | 広義的・多角的な | 日々の学級経営 | 全 教 職 員 で | 教　　育 |
| ② | 困 難 である | 多面的・多角的な | 日々の学級経営 | 慎重かつ計画的に | 教　　育 |
| ③ | 不可能である | 多面的・多角的な | 学級での人間関係 | 全 教 職 員 で | 個別指導 |
| ④ | 困 難 である | 多面的・多角的な | 日々の学級経営 | 慎重かつ計画的に | 個別指導 |
| ⑤ | 不可能である | 広義的・多角的な | 学級での人間関係 | 慎重かつ計画的に | 教　　育 |

（☆☆☆☆◎◎◎）

【31】次の文は，小学校学習指導要領解説総合的な学習の時間編(平成29年文部科学省)「第4章　指導計画の作成と内容の取扱い」「第2節　内容の取扱いについての配慮事項」の一部を抜粋したものである。文中の（　ア　）～（　オ　）に当てはまる語句の正しい組合せを選びなさい。ただし，同じ記号には同じ語句が入る。

　プログラミングを体験しながら論理的思考力を身に付けるための学習活動とは，子供たちが将来どのような職業に就くとしても，時代を超えて普遍的に求められる力としての「プログラミング的思考」の育成を目指すものであり，プログラミングのための（　ア　）を用いて記

述する方法(コーディング)を覚え習得することが目的ではない。「プログラミング的思考」とは，自分が( イ )する一連の活動を実現するために，どのような( ウ )の組み合わせが必要か，どのように改善していけばより( イ )した活動に近づくのかということを論理的に考えていく力の一つである。このような思考力は，プログラミングに携わる職業を目指す児童にだけ必要な力ではなく，どのような進路を選択し，どのような職業に就くとしても，これからの時代において共通に求められる力であると考えられる。

　特に総合的な学習の時間においては，プログラミングを体験しながら論理的思考力を身に付けるための学習活動を行う場合には，プログラミングを体験することだけにとどまらず，情報に関する課題について( エ )学習する過程において，自分たちの暮らしとプログラミングとの関係を考え，プログラミングを体験しながらそのよさや課題に気付き，現在や将来の自分の( オ )と繋げて考えることが必要である。

|  | ア | イ | ウ | エ | オ |
|---|---|---|---|---|---|
| ① | 言　語 | 意図 | 動き | 探究的に | 生活や生き方 |
| ② | スキル | 構成 | 動き | 協働的に | 在　り　方 |
| ③ | スキル | 意図 | 指示 | 協働的に | 在　り　方 |
| ④ | 言　語 | 構成 | 動き | 協働的に | 生活や生き方 |
| ⑤ | スキル | 意図 | 指示 | 探究的に | 在　り　方 |

(☆☆☆○○○)

## 解答・解説

【 1 】問1　④　　　問2　②

〈解説〉リスニング問題。　問1　「なぜレイコは隣町に行きたいのか？」という問い。まず前半部分の会話で，ホラー映画を観に行く話をしている。さらに終盤で，レイコが映画を観た後レストランに行きたいと

話している。　問2　「レイコとジャックはまず初めにどこに行きますか？」という問い。映画館やレストランへ車で行くために，まずは車を停める駐車場へ行く。2つの駐車場のうち，Green Parking Lotに行くと言う結論になった。

【2】問1　④　　問2　⑤　　問3　②

〈解説〉リスニング問題。　問1　「ミナミはロンドンに何年住んでいますか？」という問い。冒頭(4文目)に「ロンドンに両親と15年間住んでいる」とある。　問2　「誰がミナミに和食料理の作り方を教えたのですか？」という問い。第1段落中程に，「祖母が和食を作るのが得意で，祖母から料理を習うのをいつも楽しみにしている」とある。　問3「来年の夏にミナミが東京に行く目的はなんですか？」という問い。第2段落の最初の文で，「オリンピックスタジアムのレストランで，ボランティアで働きたい」とある。

【3】④

〈解説〉長文読解問題。最終の段落で，「私たちは，自分たちの楽しみだけではなく，皆が電車やバスの中にいる時間を楽しめるように周囲の人にも注意を払う必要がある」と述べられている。

【4】②

〈解説〉「B　書くこと　(1)」のアは題材の設定，情報の収集，内容の検討，イは構成の検討，ウとエは考えの形成，記述，オは推敲，カは共有の学習過程である。空欄Bに当てはまる語句が答えに辿り着く第一のポイントである。第5学年及び第6学年のキーワードは，すべての領域において「事実と感想，意見」の関係性を理解し表現することである。次のポイントは空欄Eである。「詩や物語をつくる」のは第3学年及び第4学年の内容である。空欄Aの選択肢「経験したことや想像したこと」，空欄Cの選択肢「書こうとしたこと」も第3学年及び第4学年の内容である。

【5】④

〈解説〉〔知識及び技能〕の(2)は，情報の整理に関する事項である。情報を取り出したり活用したりする際に行う整理の仕方やそのための具体的な手段について示されている。これは今回改訂された学習指導要領(平成29年告示)から新たに設けられた事項である。この事項は，〔第3学年及び第4学年〕と〔第5学年及び第6学年〕は，ア　情報と情報との関係，イ　情報の整理の二つの内容で構成されている。

【6】問1　③　　問2　②

〈解説〉問1　接続詞に関しては，順接，逆接，並立，添加，選択，説明，補足などの種類がある。「また」は並立，「けれども」は逆接，「つまり」は説明などとなる。設問は前までの表現を後で説明しているので，説明の接続詞があてはまる。　問2　①　紹介されている発掘土器は，縄文時代からはじまって弥生時代，古墳時代と広くまたがっているので，不適。　②　第2段落の終盤に該当の内容が述べられている。　③　第2段落の1文目に「海水や岩塩といった自然にあるものをそのまま使っていた」と述べられているので，不適。　④　藻塩焼きの記述は第3段落で述べられているが，該当の内容の記述はない。　⑤　藻塩焼きは奈良時代まで続いていたとあり，現代まで続いているという記述はない。

【7】③

〈解説〉社会的な見方・考え方を働かせることは，(小学校)社会科，(中学校)地理歴史科，公民科としての本質的な学びを促し，深い学びを実現するための思考力，判断力の育成はもとより，生きて働く知識の習得に不可欠であること，主体的に学習に取り組む態度にも作用することなどを踏まえると，資質・能力全体に関わるものであると考えられるため，柱書に位置付けられている。空欄アは「位置」と対となる「空間」を含む「空間的な広がり」，空欄イは「時間」と対となる「時期」が当てはまると考えられる。

【8】①

〈解説〉Bの愛知県(中京工業地帯)，Eの千葉県(京葉工業地域)が分かりやすい。Bのある中京工業地帯は自動車産業が盛んであるので，輸送用機械が半分以上占めているTがあてはまる。Eのある京葉工業地域は石油化学コンビナートが中心であるので，石油・石炭製品，化学が高い割合を占めているSがあてはまる。この時点で選択肢は①か④である。長野県は，以前は腕時計などの精密機械工業が盛んであったが，今は情報通信機械産業が盛んである。よってCはPである。Dの静岡県は自動車産業をはじめ，電気工業，化学工業も盛んで，全国で4番目に製造品出荷額の多い県である。Aの京都府には大手飲料メーカーの工場があり，飲料・飼料の割合が多くなっている。

【9】③

〈解説〉A　鹿苑寺金閣は，室町時代の14世紀末に足利義満によって創建された。　B　東大寺大仏殿は，奈良時代の8世紀中頃に聖武天皇によって造営された。　C　法隆寺五重塔は，7世紀初めに聖徳太子によって建立された。　D　仁徳天皇陵と伝えられる5世紀の大仙古墳である。古い順に並べると，D→C→B→Aである。

【10】④

〈解説〉日本国憲法の改正は，日本国憲法第96条に定められているので，どのような流れで改正されるのかを確認しておくとよい。　A　通常の法案が出席議員の過半数であるのに比べて，日本国憲法改正の場合の総議員の3分の2以上という要件は相当厳しい。なお，「総議員」という部分も重要である。　B　「公表」ならばそこで終了である。国会が改正案を発議して，国民に提案する。　C　発議後，60〜180日の間に国民投票を行う。「国民審査」は，最高裁判所の裁判官に対して，衆議院選挙のときに行われる。　D，E　「天皇」が30日以内に，国民の名において「公布」するのである。主権は国民で，天皇は象徴であるということを認識していれば難しくはないはずである。

【11】③

〈解説〉児童の主体的・対話的で深い学びの実現を図るようにすることについて解説している箇所からの出題である。児童や学校の実態，指導の内容に応じ，「主体的な学び」，「対話的な学び」，「深い学び」の視点から授業改善を図ることが重要であることが示されている。「主体的・対話的で深い学び」は，今回改訂された小学校学習指導要領の最も重要なキーワードの一つである。

【12】④

〈解説〉$\sqrt{90n}=\sqrt{2\times3^2\times5\times n}$より，$\sqrt{90n}$が整数となるような自然数$n$は，$2\times5\times$（自然数）$^2$と表される。最も小さい数は$2\times5\times1^2＝10$，2番目に小さい数は$2\times5\times2^2＝40$

【13】①

〈解説〉2点A，Bの座標はそれぞれ$A\left(\dfrac{4}{3},\ 0\right)$，$B(0,\ 4)$。また，線分ABの中点Pの座標は$P\left(\dfrac{\frac{4}{3}+0}{2},\ \dfrac{0+4}{2}\right)＝P\left(\dfrac{2}{3},\ 2\right)$。△BDP＝△ODCより，△PCA＝△ODC＋四角形PDOA＝△BDP＋四角形PDOA＝△BAO＝$\dfrac{1}{2}\times AO\times BO＝\dfrac{1}{2}\times\dfrac{4}{3}\times4＝\dfrac{8}{3}\cdots$(i)　また，点Cの座標を$C(c,\ 0)$とすると，△PCA＝$\dfrac{1}{2}\times AC\times$（点Pの$y$座標）$＝\dfrac{1}{2}\times\left(\dfrac{4}{3}-c\right)\times2＝\dfrac{4}{3}-c\cdots$(ii)　(i)＝(ii)より，$\dfrac{8}{3}＝\dfrac{4}{3}-c$　$c＝-\dfrac{4}{3}$　よって，$C\left(-\dfrac{4}{3},\ 0\right)$。　異なる2点$(x_1,\ y_1)$，$(x_2,\ y_2)$を通る直線の式は　$(y_2-y_1)(x-x_1)-(x_2-x_1)(y-y_1)＝0$で与えられるから，2点$P\left(\dfrac{2}{3},\ 2\right)$，$C\left(-\dfrac{4}{3},\ 0\right)$を通る直線の式は　$(0-2)\left(x-\dfrac{2}{3}\right)-\left(-\dfrac{4}{3}-\dfrac{2}{3}\right)(y-2)＝0$　整理して　$y＝x+\dfrac{4}{3}$

【14】②

〈解説〉直径に対する円周角が$90°$であることと，△OACがOA＝OCの二

等辺三角形であることから，∠$x$＝∠ACO＝∠ACB－∠BCO＝90－48＝42〔°〕

## 【15】①

〈解説〉理科では，学年ごとに問題解決の力が示されている。第3学年では主に差異点や共通点をもとに問題を見いだす力が示されている。他の学年も確認しておくこと。空欄エに当てはまる「生物を愛護する」態度については，教科目標(3)に「自然を愛する心情や主体的に問題解決しようとする態度を養う」と示されていることを押さえていれば選択できる。

## 【16】④

〈解説〉①　被子植物と裸子植物は胚珠が子房に包まれているかいないかで区別する。　②　タンポポは合弁花類である。　③　根が主根と側根からなるのは双子葉類である。単子葉類はひげ根である。　⑤　イヌワラビやスギナなどのシダ植物には雄株，雌株の区別はない。

## 【17】⑤

〈解説〉水40gに対して25.6gの硝酸カリウムを入れたので，水100gには，$25.6 \div \frac{40}{100} = 64$〔g〕だから，溶解度が64gに当たる温度を提示されたグラフで調べる。

## 【18】②

〈解説〉A地点とB地点の間の距離は132－96＝36〔km〕で，初期微動が始まった時刻の差が14－8＝6〔秒〕であることから，初期微動が伝わる速さは，36÷6＝6〔m/秒〕である。これより震源からA地点に初期微動が伝わるまでの時間は96÷6＝16〔秒〕であるとわかるので，初期微動が始まった時間はA地点で初期微動が始まった時刻の16秒前であるとわかる。

【19】⑤

〈解説〉ア　改訂された小学校学習指導要領(平成29年告示)において育成を目指す資質・能力の三つの柱の一つが「思考力，判断力，表現力等」である。　ウ　学年の目標は2学年共通で示され，2学年間を見通した目標設定とされている。　オ　総合的な学びから，より自覚的な学びに円滑に移行できるように行われる生活科を中心としたスタートカリキュラムについては，各教科等(国語科，算数科，音楽科，図画工作科，体育科，特別活動)にも同旨が明記されている。

【20】②

〈解説〉「2　教科目標の趣旨」「(3)自立し生活を豊かにしていくこと」に関する解説からの抜粋である。自立し生活を豊かにしていくことは，生活科における究極的な児童の姿であるとしている。いずれの選択肢も，小学校低学年ということを素直に考えれば自然に選べる言葉である。

【21】④

〈解説〉音楽科の内容は「A表現」，「B鑑賞」，及び〔共通事項〕で構成されている。〔共通事項〕は，表現及び鑑賞の学習において共通に必要となる内容であり，全学年共通の内容となっている。ア及びイで示されている内容は，小学校学習指導要領で表されているものである。なお，「A表現」，「B鑑賞」，〔共通事項〕のいずれについても，アの項目が「思考力，判断力，表現力等」，イが「知識」，ウが「技能」に関する資質・能力を示している(〔共通事項〕はアとイのみ)。

【22】④

〈解説〉ア　「国歌『君が代』は，いずれの学年においても歌えるよう指導すること」と小学校学習指導要領(平成29年告示)「第2章　第6節　音楽」「第3　指導計画の作成と内容の取扱い」で示されている。
　　　イ　ソーラン節は北海道のニシン漁の歌として有名である。近年では，

高知県の民謡よさこい節とアレンジされた「よさこいソーラン節」などがつくられ，若者を中心に親しまれている。　ウ　コードネームは「和音」を意味している。メロディーに対する簡単な伴奏を付けるための目安として用いられ，広く普及している。G7はGキーの基本コードの一つである。　エ　クラベスはラテン音楽のクラーベを刻む際に用いられる打楽器である。選択肢aはジャズなどで用いられるウッドブロックが当てはまる。　オ　「まきばの朝」は文部省唱歌で船橋栄吉作曲，第4学年の歌唱共通教材である。歌唱共通教材については頻出なので，全てを押さえておく必要がある。

【23】⑤

〈解説〉(1)は知識及び技能に関する目標で，「対象や事象をとらえる造形的な視点」は，材料や作品，出来事などを捉える際の，形や色などの造形的な特徴のことである。(2)は思考力，判断力，表現力等に関する目標で，学年が進むにつれて「造形的な面白さや楽しさ→造形的なよさや面白さ→造形的なよさや美しさ」などについて考えることが示されている。(3)は学びに向かう力，人間性等に関する目標である。エについては，図画工作科の内容が表現と鑑賞で構成されていることから判断できる。「造形的に」は図画工作科におけるキーワードである。

【24】③

〈解説〉ア　色には印刷インキや絵の具などで表される色と光の色があり，アやウは印刷インキなどの色に限定した問題である。　ウ　「きみどり」の補色は「むらさき」，「あか」の補色は「あおみどり」である。色の色相は色相環を使う。補色は色相環上の相対する位置にあり，色相の性質が正反対の色どうしになる。　エ　色光の三原色は混色すればするほど明度が上がり(加法混色)，三色すべてを混色すると白になる。加法混色でイエローにするためにはレッドとグリーンを混色する。印刷インキなどの色の三原色はシアン，マゼンタ，イエローで，三色を混色していくと明度が下がり(減法混色)，限りなく黒に近づく。

オ　暖色系の色は前に出て見えたり(進出色)，大きく見えたり(膨張色)する。寒色系の色は奥に引っ込んで見えたり(後退色)，小さく見えたり(収縮色)する。

【25】⑤

〈解説〉出題された箇所は，家庭科の目標の柱書の部分に関する解説である。アは，家庭科の内容が家族・家庭生活，衣食住の生活，消費生活・環境で構成されていることから解答できる。ウは，小学校学習指導要領の衣食住の生活の内容などで「健康・快適・安全」と三つの言葉が並列して示されていることを押さえていれば選択できる。なお，エの選択肢の「家族の一員」は，教科の目標(3)の中に用いられている。

【26】⑤

〈解説〉アはSTマークで，玩具協会が設定した玩具安全マークである。イはエコマークで，環境省の指導のもと，財団法人日本環境協会が認定する。ウはJASマークで，日本農林規格等に関する法律(JAS法)に基づいて認定する。エは，都道府県の定めた認証基準を満たす特産品が付けられるEマークである。また，aは安全に関するSGマーク，bは環境に関するグリーンマーク，cは経済産業大臣の指定伝統的工芸品につけられる伝統マーク，dは品質に関するJISマークである。

【27】③

〈解説〉イ　「D水遊び」及び「D水泳運動」の指導における心得については，事故防止の観点から「必ず取り上げること」とされている。
　アに関する運動が苦手な児童や運動に意欲的でない児童への指導の在り方についての配慮は，小学校新学習指導要領(平成29年告示)における体育科の運動領域改訂に際しての基本的な方針であり，同解説体育編においては，「運動が苦手な児童への配慮の例」が適宜示されている。

【28】②

〈解説〉ア　「走り幅跳び」及び「走り高跳び」は，第5学年及び第6学年の「陸上運動」における内容である。　イ　「調子よく」とは，動きがとぎれずに連続して動けることである。　ウ　できるだけ多くの児童に勝つ機会が与えられる例として，スタート位置を変えて競走する方法などがある。　エ　「投能力の低下傾向」については，スポーツ庁から発表される「全国体力・運動能力，運動習慣等調査結果」などの体力数値の推移や，「第2期教育振興基本計画における現状と課題(スポーツ庁関係)」などで確認できる。

【29】②

〈解説〉小学校学習指導要領解説特別活動編(平成29年7月)では，学級活動の「(3)一人一人のキャリア形成と自己実現」の内容は，個々の児童の将来に向けた自己実現に関わるものであり，一人一人の主体的な意思決定に基づく実践にまでつなげることをねらいとしている。今回の改訂においては，特別活動を要として，学校の教育活動全体を通してキャリア教育を適切に行うことが示されている。

【30】④

〈解説〉イに当てはまる「多面的・多角的な」という言葉は，目標の中にも用いられているように，今回改訂された小学校学習指導要領の特に道徳科における重要なキーワードであるので，押さえておくこと。同解説(平成29年7月)では，「物事を多面的・多角的に考える学習を通して，児童一人一人は，価値理解と同時に人間理解や他者理解を深め，更に自分で考えを深め，判断し，表現する力などを育む」としている。

【31】①

〈解説〉小学校学習指導要領「第5章　総合的な学習の時間　第3　指導計画の作成と内容の取扱い　2　(9)」では，情報に関する学習活動に関して示されており，出題の箇所はその解説の一部である。プログラミ

ングに関しては，総則にも各教科等の特質に応じて実施する学習活動の一つとして，「イ　児童がプログラミングを体験しながら，コンピュータに意図した処理を行わせるために必要な論理的思考力を身に付けるための学習活動」と示されている。同解説総合的な学習の時間編では，総合的な学習の時間においてプログラミングを体験しながら論理的思考力を身に付けるための学習活動を行う場合には，「自分たちの暮らしとプログラミングとの関係を考え，プログラミングを体験しながらそのよさや課題に気付き，現在や将来の自分の生活や生き方と繋げて考えることが必要である」と解説されている。

# 2019年度　実施問題

【1】次に読まれる英文を聞き，問1と問2の設問に対する答として最も適切なものを選びなさい。

(英文及び設問は2回読まれる。)

Keiko : Thomas, I'm trying to decide where to take my parents for their 30ᵗʰ wedding anniversary. Do you have any ideas?

Thomas : Well, last year I took my parents strawberry picking. It was a lot of fun, and we could eat as many strawberries as we wanted. Do your parents like strawberries?

Keiko : Yes, they like them. So that's a great idea. Which strawberry farm did you go to?

Thomas : I think the name was "Red strawberry farm."

Keiko : How long does it take from my house to get there?

Thomas : It probably takes about one hour by car from your house. It's the closest strawberry farm to your house, I think.

Keiko : Oh, not too far! Are there any good restaurants nearby? They like seafood.

Thomas : Ok! There's a good sushi restaurant about another 10 minutes drive passed the farm.

問1　Why does Keiko plan to take her parents somewhere?

① In order to celebrate their 20th wedding anniversary.

② In order to celebrate their 30th wedding anniversary.

③ In order to celebrate Thomas's birthday.

④ In order to celebrate her mother's birthday.

⑤ In order to celebrate her father's birthday.

問2　How long does it take to get to the sushi restaurant from Keiko's house by car?

① About 10 minutes.

② About 30 minutes.

③ About 40 minutes.

④ About 60 minutes.

⑤ About 70 minutes.

(☆☆☆◯◯◯)

【2】次に読まれる英文を聞き，問1から問3の設問に対する答として最も適切なものを選びなさい。

(英文及び設問は2回読まれる。)

Hello. My name is Emily Stone. I'm from Australia. I was born in Sydney, but my family moved to Tokyo when I was 2 years old because my dad's company transferred him to Japan. We lived in Japan for 5 years before moving back to Australia. I was very young, so I don't remember much about Japan, but I did have the chance to go to a Japanese elementary school and learn karate at a dojo while I was there.

Karate is popular around the world, and I continued to learn it after moving back to Australia. I earned my black belt in high school and even won a couple of tournaments. I enjoy it because it trains not only your body, but also your mind. I also met some of my best friends while doing karate.

Now that I'm in university, I've come back to Japan to study abroad and relearn Japanese. I chose a school in Okinawa so that I can also learn more about the birthplace of karate. Even though coming back to Japan was difficult at first, it seems like I'm remembering more Japanese every day! My goal is to find a dojo here where I can practice karate and make many new Japanese friends. I'll do my best!

問1　How old was Emily when she moved back to Australia?

① 2 years old.

② 3 years old.

③ 7 years old.

④　17 years old.

⑤　20 years old.

問2　Why did Emily first move to Japan?

①　To learn karate.

②　To find a *dojo*.

③　She wanted to make Japanese friends.

④　Her dad's job transferred him to Japan.

⑤　Her family wanted her to study Japanese.

問3　Why did Emily choose to study in Okinawa?

①　To get her black belt.

②　To visit her old friends.

③　To teach karate to children.

④　To learn about karate's history.

⑤　To have her own *doio*.

(☆☆☆○○○)

【3】次の英文を読み，その内容に合致するものを選びなさい。

　Team-teaching English together with a native speaker is a great opportunity for both teachers and students. Students can learn native pronunciation and natural expressions from native speakers, and teachers can become even better teachers by practicing English with them and improving their language abilities.

　Native speakers are valuable and helpful, but Japanese teachers are also essential in the English classroom. Japanese teachers are important models for students of non-native speakers learning English. It's important for us to show our students that Japanese people can speak English, too.

　Teachers are models for students in every class, but it's especially important in English class.

①　It's more effective for students to be taught by just native speakers.

②　Teachers are an important model for students of Japanese learners of

224

English.

③　The best situation for the students is to be taught by a Japanese teacher with good English abilities.

④　We must create many chances for native speakers to learn Japanese.

⑤　Native speakers are only valuable to students who are learning English.

(☆☆☆◎◎◎)

【4】次の文は，小学校学習指導要領(平成29年告示)「第2章　各教科」「第1節　国語」「第1　目標」である。文中の( A )〜( E )に当てはまる語句の正しい組合せを選びなさい。

> 　( A )見方・考え方を働かせ，( B )を通して，国語で正確に( C )し適切に表現する( D )を次のとおり育成することを目指す。
> (1)　日常生活に必要な国語について，その特質を理解し適切に使うことができるようにする。
> (2)　日常生活における人との関わりの中で伝え合う力を高め，思考力や想像力を養う。
> (3)　言葉がもつよさを認識するとともに，( E )を養い，国語の大切さを自覚し，国語を尊重してその能力の向上を図る態度を養う。

| | A | B | C | D | E |
|---|---|---|---|---|---|
| ① | 国語的な | 言語活動 | 理解 | 資質・能力 | 言語感覚 |
| ② | 言葉による | 言語活動 | 判断 | 知識・技能 | 表現力 |
| ③ | 国語的な | 読書活動 | 理解 | 知識・技能 | 表現力 |
| ④ | 言葉による | 読書活動 | 判断 | 知識・技能 | 言語感覚 |
| ⑤ | 言葉による | 言語活動 | 理解 | 資質・能力 | 言語感覚 |

(☆☆☆◎◎◎)

【5】次のa〜fの各文は，小学校学習指導要領(平成29年告示)「第2章　各教科」「第1節　国語」「第2　各学年の目標及び内容」の一部を抜粋し

たものである。正しく述べられているものの組合せを選びなさい。

---

〔第1学年及び第2学年〕

1　目標

　a　順序立てて考える力や感じたり想像したりする力を養い，日常生活における人との関わりの中で伝え合う力を高め，自分の思いや考えをもつことができるようにする。

　b　言葉がもつよさを感じるとともに，楽しんで読書をし，国語を大切にして，思いや考えを伝え合おうとする態度を養う。

〔第3学年及び第4学年〕

1　目標

　c　筋道立てて考える力や豊かに感じたり想像したりする力を養い，日常生活における人との関わりの中で伝え合う力を高め，自分の思いや考えをまとめることができるようにする。

　d　言葉がもつよさを認識するとともに，進んで読書をし，国語の大切さを自覚して，思いや考えを伝え合おうとする態度を養う。

〔第5学年及び第6学年〕

1　目標

　e　筋道立てて考える力や豊かに感じたり想像したりする力を養い，日常生活における人との関わりの中で伝え合う力を高め，自分の思いや考えを確かなものにすることができるようにする。

　f　言葉がもつよさに気付くとともに，幅広く読書をし，国語を大切にして，思いや考えを伝え合おうとする態度を養う。

---

①　a，b，c　　②　a，b，d　　③　b，c，e　　④　a，d，e

⑤　d，e，f

(☆☆☆◎◎◎)

【6】実験室のガラスの向こうに，赤い鉛筆が三本置かれる。チンパンジーはそれを見て，前にあるキーボードと称される図形文字を表示したセット台に向かい，鉛筆，赤，三というボタンを押す。正解だとホロホロと音がして，好物の干ブドウが三個，横の皿に出てくる。間違うとブーとブザーが鳴り，何もほうびは与えられない。

　勉強に行くのは，好物の干ブドウがほしいからだろうというのが常識的な解釈である。たしかに初めはそうなのだが，しだいに状況が変わってくる。彼らは問題を解くこと自体に興味を示すようになってくるのだ。そうなると，問題を解いたとき，もはや干ブドウが出てこなくてもよい。ホロホロという「合ってるよ」を示す音だけで十分なのだ。あるいは，実験者が顔を見せてにっこり笑う，といったことで満足する。

　チンパンジーには，新しい知的な世界が開けたのだ。野生の世界では，図形文字を読むといった高度な知的活動は開発されない。チンパンジーは教育を受けることにより，潜在していた知的能力を掘り起こされ，新しい知的活動の領域が開かれた。彼らはその中で知的なよろこびに浸る，という楽しさを発見したのである。

　勉強の仕方について，チンパンジーの言語習得の研究をしている霊長類研究所の松沢哲郎さんは面白いことを言っている。<u>どういうときにチンパンジーは一番勉強に熱中するか</u>ということだが，やさしい問題を続けて出すと，チンパンジーは飽きてしまって，自分の体を毛づくろいしたり，他の物をいじくったりしてあそびはじめる。一方，難しい問題が続くと，初めは一生懸命に取っ組むが，間違いが続くとしだいに腹を立て，いらいらしだし，そのうち勉強室の中をいきなり走りまわったり，拳で壁を叩いたりする。攻撃性が湧出し，問題を解こうという意欲を押しつぶし，乱暴な行動に出るようになる。

　では，彼らが一番勉強に熱中するのはどういう場面かというと，現在持っている能力レベルより少し難しい問題を出したときである。そうすると，チンパンジーは大変熱心にキーボードに向かい，問題を解くために努力する。これは大変興味のあることで，チンパンジーは干

ブドウがほしくて勉強しているのではないことを示している。干ブドウにつられて勉強しているのならば，やさしい問題が続いて出される場合が一番いいわけで，キーボードを押しては干ブドウをどんどん手に入れることができるはずである。やはり，問題を解く楽しさが，チンパンジーを勉強に向かわせているということなのだ。

　チンパンジーの言語学習の実験は，「学ぶ」という行為について多くの貴重な示唆を与えてくれる。最も大切なことは，大脳新皮質が高度に発達した人間は，放っておいても自発的な知的関心を持つ動物だということだ。だから，本来は子どもたちは勉強が好きなはずなのだ。

(河合雅雄『子どもと自然』による。一部改変)

問1　「どういうときにチンパンジーは一番勉強に熱中するか」とあるが，チンパンジーが一番勉強に熱中するのはどのようなときか。最適なものを選びなさい。

①　好物の干ブドウがもらえるとき
②　やさしい問題が続けて出たとき
③　現在の能力より少し難しい問題が出たとき
④　表示された図形文字を読んでいるとき
⑤　キーボードを操作しているとき

問2　この文章についての説明として最適なものを選びなさい。

①　チンパンジーの言語学習の実験を基に，人間の子どもを勉強好きにする対策を述べている。
②　チンパンジーの様々な学習方法を基に，人間の子どもが段階的に学習する方法を述べている。
③　チンパンジーと人間の子どもを比較し，勉強に熱中する条件を筆者の体験を基に述べている。
④　チンパンジーの言語学習の実験結果を根拠に，人間の子どもがもつ本来の姿を述べている。
⑤　チンパンジーの勉強への熱中の仕方を人間の子どもも学ぶことが重要であると述べている。

(☆☆☆◎◎◎)

【7】次の文は，小学校学習指導要領(平成29年告示)「第2章　各教科」「第2節　社会」「第1　目標」である。文中の( ア )〜( オ )に当てはまる語句の正しい組合せを選びなさい。ただし，同じ記号には同じ語句が入る。

---

　　社会的な見方・考え方を働かせ，課題を追究したり解決したりする活動を通して，( ア )化する国際社会に主体的に生きる平和で民主的な国家及び社会の形成者に必要な公民としての資質・能力の基礎を次のとおり育成することを目指す。

(1)　地域や我が国の国土の( イ )，現代社会の仕組みや働き，地域や我が国の歴史や伝統と文化を通して社会生活について理解するとともに，様々な資料や( ウ )を通して情報を適切に調べまとめる技能を身に付けるようにする。

(2)　社会的事象の特色や( エ )，意味を多角的に考えたり，社会に見られる課題を把握して，その解決に向けて社会への関わり方を選択・判断したりする力，考えたことや選択・判断したことを適切に表現する力を養う。

(3)　社会的事象について，よりよい社会を考え主体的に問題解決しようとする態度を養うとともに，多角的な思考や理解を通して，地域社会に対する誇りと愛情，地域社会の一員としての( オ )，我が国の国土と歴史に対する愛情，我が国の将来を担う国民としての　( オ )，世界の国々の人々と共に生きていくことの大切さについての( オ )などを養う。

---

|   | ア | イ | ウ | エ | オ |
|---|---|---|---|---|---|
| ① | グローバル | 地理的環境 | 体験活動 | 原　因 | 自　覚 |
| ② | 高度情報 | 地理的環境 | 調査活動 | 原　因 | 責任感 |
| ③ | グローバル | 地理的環境 | 調査活動 | 相互の関連 | 自　覚 |
| ④ | 高度情報 | 地理的事象 | 体験活動 | 相互の関連 | 自　覚 |
| ⑤ | グローバル | 地理的事象 | 調査活動 | 原　因 | 責任感 |

(☆☆☆◎◎◎)

【８】次の資料のA～Eは米，野菜，果実，豚，鶏(鶏卵及びブロイラーを
　　含む)のいずれかの農業産出額の都道府県別構成割合である。資料中の
　　a～pは略地図のa～pを示す。A～Eの正しい組合せを選びなさい。

(資料)　　農業産出額の都道府県の構成割合

| A | a 8.6% | b 8.4 | c 7.5 | d 5.2 | e 4.4 | その他 |
|---|---|---|---|---|---|---|

(２兆５５６７億円)

| B | f 9.6% | g 9.6 | h 8.0 | b 5.5 | c 5.3 | その他 |
|---|---|---|---|---|---|---|

(９１４４億円)

| C | i 9.0% | a 7.0 | j 5.7 | k 4.8 | b 4.8 | その他 |
|---|---|---|---|---|---|---|

(１兆６５７９億円)

| D | g 11.7% | f 8.4 | c 8.1 | l 7.0 | a 6.9 | その他 |
|---|---|---|---|---|---|---|

(６１６２億円)

| E | m 10.2% | n 8.4 | k 8.3 | o 6.7 | p 6.7 | その他 |
|---|---|---|---|---|---|---|

(８３３３億円)

(平成２９年１２月　農林水産統計から作成)

|  | A | B | C | D | E |
|---|---|---|---|---|---|
| ① | 米 | 鶏 | 野菜 | 豚 | 果実 |
| ② | 野菜 | 鶏 | 米 | 豚 | 果実 |
| ③ | 野菜 | 豚 | 米 | 鶏 | 果実 |
| ④ | 野菜 | 鶏 | 米 | 果実 | 豚 |
| ⑤ | 米 | 果実 | 野菜 | 鶏 | 豚 |

(☆☆☆◎◎◎)

【9】次のA〜Eは，法令などの一部を示したものである。年代の古い順に正しく並び替え，2番目と4番目にあたる正しい組合せを選びなさい。

A　今般版籍奉還之儀ニ付深ク時勢ヲ被爲察廣ク公議ヲ被爲採政令歸一之　思食ヲ以テ言上之通被　聞食候事

B　然ルニ数百年因襲ノ久キ或ハ其名アリテ其実挙ラサル者アリ何ヲ以テ億兆ヲ保安シ万国ト対峙スルヲ得ンヤ朕探ク之ヲ慨ス仍テ今更ニ藩ヲ廃シ県ト為ス是務テ冗ヲ去リ簡ニ就キ有名無実ノ弊ヲ除キ政令多岐ノ憂無ラシメントス汝群臣其レ朕カ意ヲ体セヨ

C　今般地租改正ニ付旧来田畑貢納ノ法ハ悉ク皆相廃シ更ニ地券調査相済次第土地ノ代価ニ随ヒ百分ノ三ヲ以テ地租ト可相定旨被仰出候条改正ノ旨趣別紙条例ノ通相心得ヘシ

D　唯天下ノ公議ヲ張ルニ在ル而已。天下ノ公議ヲ張ルハ民撰議院ヲ立ルニ在ル而已。則有司ノ権限ル所アツテ，而上下其安全幸福ヲ受ル者アラン。請，遂ニ之ヲ陳ゼン。夫人民，政府ニ対シテ租税ヲ払フノ義務アル者ハ，乃チ其政府ノ事ヲ与知可否スルノ権理ヲ有ス。是天下ノ通論ニシテ，復喋々臣等ノ之ヲ贅言スルヲ待ザル者ナリ。

E　朝権一途ニ出不申候而ハ綱紀難立候間従來之舊習ヲ改メ政權ヲ朝廷ニ奉歸廣ク天下之公議ヲ盡シ　聖斷ヲ仰キ同心協力共ニ　皇國ヲ保護仕候得ハ必ス海外萬國ト可並立候

|   | ２番目 | ４番目 |
|---|---|---|
| ① | B | C |
| ② | A | C |
| ③ | C | D |
| ④ | B | D |
| ⑤ | A | B |

(☆☆☆◎◎◎)

【10】次の資料は，地方の政治における直接請求権の内容を示したものである。（　ア　）～（　オ　）に当てはまる語句の正しい組合せを選びなさい。ただし，同じ記号には同じ語句が入る。

| 内　容 | 必要な署名 | 請　求　先 |
|---|---|---|
| （　ア　）の制定，改廃 | （　エ　）の50分の１以上 | （　ウ　） |
| （　イ　）の監査 | | 監査委員 |
| 議会の解散 | （　エ　）の３分の１以上 | （　オ　） |
| 議員，（　ウ　）の解職 | | |
| 主要な職員の解職 | | （　ウ　） |

|   | ア | イ | ウ | エ | オ |
|---|---|---|---|---|---|
| ① | 法　令 | 事　務 | 首　長 | 住　民 | 選挙管理委員会 |
| ② | 条　例 | 議　事 | 議　長 | 有権者 | オンブズマン |
| ③ | 法　令 | 事　務 | 首　長 | 有権者 | オンブズマン |
| ④ | 条　例 | 事　務 | 首　長 | 有権者 | 選挙管理委員会 |
| ⑤ | 法　令 | 議　事 | 議　長 | 住　民 | 選挙管理委員会 |

(☆☆☆◎◎◎)

【11】次の文は，小学校学習指導要領(平成29年告示)「第2章　各教科」「第3節　算数」の「第1　目標」である。

次の文中の(　ア　)～(　エ　)に当てはまる語句の正しい組合せを選びなさい。

　数学的な見方・考え方を働かせ，数学的活動を通して，数学的に考える資質・能力を次のとおり育成することを目指す。

(1)　数量や図形などについての基礎的・基本的な( ア )などを理解するとともに，日常の事象を数理的に処理する技能を身に付けるようにする。

(2)　日常の事象を数理的に捉え( イ )筋道を立てて考察する力，基礎的・基本的な数量や図形の性質などを見いだし統合的・発展的に考察する力，数学的な表現を用いて事象を簡潔・明瞭・的確に表したり目的に応じて( ウ )表したりする力を養う。

(3)　数学的活動の楽しさや数学の( エ )に気付き，学習を振り返ってよりよく問題解決しようとする態度，算数で学んだことを生活や学習に活用しようとする態度を養う。

|  | ア | イ | ウ | エ |
|---|---|---|---|---|
| ① | 概念や性質 | 問題を発見し | 分かりやすく | 大　切　さ |
| ② | 概念や性質 | 見通しをもち | 柔　軟　に | よ　　　さ |
| ③ | 概念や性質 | 問題を発見し | 柔　軟　に | 大　切　さ |
| ④ | 関係や仕組み | 見通しをもち | 柔　軟　に | よ　　　さ |
| ⑤ | 関係や仕組み | 見通しをもち | 分かりやすく | 大　切　さ |

(☆☆☆◎◎◎)

【12】ある中学校の生徒10人の登校時間(家を出て学校に着くまでにかかる時間)を調べたところ，次の□□□のような結果になった。この10人の登校時間の平均値，中央値，最頻値の正しい組合せを選びなさい。

| 10 | 15 | 8 | 17 | 25 | 12 | 18 | 20 | 18 | 11 |

|   | 平均値 | 中央値 | 最頻値 |
|---|---|---|---|
| ① | 15.4 | 17 | 25 |
| ② | 18 | 15 | 25 |
| ③ | 15.4 | 15 | 18 |
| ④ | 18 | 16 | 25 |
| ⑤ | 15.4 | 16 | 18 |

(☆☆☆◎◎◎)

【13】 次の図のように，$x$軸上に2点P，Qと$y$軸上に点Rがある。また，$y＝\dfrac{6}{x}$のグラフと2点P，Rを通る直線$y＝ax＋b$のグラフがあり，2つのグラフの交点のうち，$x$座標と$y$座標がともに正の値になる点をSとする。

点Pの$x$座標が－1，点Qの$x$座標が1，点Rの$y$座標が1のとき，三角形PQSの面積を求めなさい。

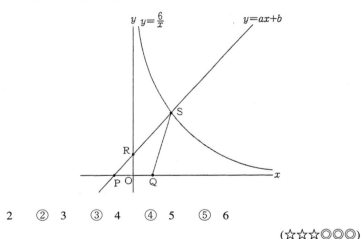

① 2    ② 3    ③ 4    ④ 5    ⑤ 6

(☆☆☆◎◎◎)

【14】 次の図において2直線$\ell$，$m$は平行であり，三角形ABCは正三角形である。点Dを辺BCのCの延長上にとり，点Eを∠CDE＝15°となるように直線$m$上にとる。直線$\ell$と辺ABによってできる角が42°のとき，∠CEDは何度になるか求めなさい。

234

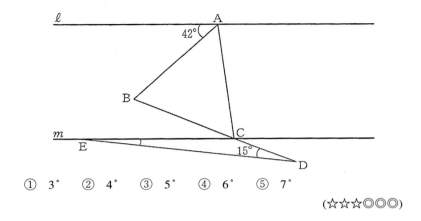

① 3° ② 4° ③ 5° ④ 6° ⑤ 7°

(☆☆☆◎◎◎)

【15】 次の文は，小学校学習指導要領(平成29年告示)「第2章　各教科」「第4節　理科」「第1　目標」である。文中の( ア )～( エ )に当てはまる語句の正しい組合せを選びなさい。

> 自然に親しみ，( ア )を働かせ，( イ )をもって観察，実験を行うことなどを通して，自然の事物・現象についての問題を( ウ )に解決するために必要な資質・能力を次のとおり育成することを目指す。
>
> (1) 自然の事物・現象についての理解を図り，観察，実験などに関する基本的な技能を身に付けるようにする。
>
> (2) 観察，実験などを行い，( エ )を養う。
>
> (3) 自然を愛する心情や主体的に問題解決しようとする態度を養う。

| | ア | イ | ウ | エ |
|---|---|---|---|---|
| ① | 科学的な見方・考え方 | 見 通 し | 自 主 的 | 問題解決の力 |
| ② | 科学的な見方・考え方 | 予想や仮説 | 自 主 的 | 科学的に解決する力 |
| ③ | 理科の見方・考え方 | 予想や仮説 | 科 学 的 | 科学的に解決する力 |
| ④ | 理科の見方・考え方 | 見 通 し | 科 学 的 | 問題解決の力 |
| ⑤ | 科学的な見方・考え方 | 見 通 し | 自 主 的 | 科学的に解決する力 |

(☆☆☆◎◎◎)

【16】次のア～オの各文は，月に関することについて説明したものである。
月の形の変わり方や，月と太陽と地球の位置関係を正しく説明したも
のの組合せを選びなさい。

ア　太陽，月，地球の順に直線にならんだとき起こるのは日食である
　　が，このときの月は新月である。

イ　太陽の光を月がさえぎっているところに地球が入ると月食が起き
　　る。

ウ　新月から次の新月までは約27.5日である。

エ　新月の位置から月が動いていくと，月は地球から見て左側から満
　　ちて満月となり，その後，左側から欠けて再び新月に戻ることをく
　　り返している。

オ　毎日，同じ時刻に月を観察するとだんだんと東に移動していくよ
　　うに見える。

①　アとエ　　②　アとオ　　③　イとエ　　④　イとウ
⑤　ウとオ

（☆☆☆◎◎◎）

【17】次のア～オの各文は，顕微鏡を使って観察するときの操作を示した
ものである。ア～オを正しい操作順に並べたものはどれか。

> ア　ステージを真横から見ながら，プレパラートと対物レンズ
> 　　をできるだけ近づける。
> イ　接眼レンズと対物レンズをとりつける。
> ウ　プレパラートをステージの上に置き，クリップで固定する。
> エ　接眼レンズをのぞきながら，反射鏡の角度を調節し，視野
> 　　全体がもっとも明るくなるようにする。
> オ　接眼レンズをのぞきながら調節ねじを操作し，ピントを合
> 　　わせる。

| ① | イ → ウ → ア → オ → エ |
|---|---|
| ② | イ → ウ → ア → エ → オ |
| ③ | ウ → イ → ア → エ → オ |
| ④ | イ → エ → ウ → ア → オ |
| ⑤ | イ → ウ → エ → ア → オ |

(☆☆☆○○○○○)

【18】 次の図のように，底面積30cm²，高さ10cm，質量800gの直方体を，直方体の上面が水面から5cmの位置になるように沈めたとき，ばねばかりの目もりは，5.0Nを示していた。この物体にはたらいている浮力はいくらか。正しいものを選びなさい。

ただし，100gの物体にはたらく重力を1Nとする。

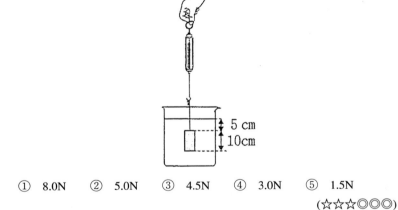

① 8.0N ② 5.0N ③ 4.5N ④ 3.0N ⑤ 1.5N

(☆☆☆○○○)

【19】 次の文は，小学校学習指導要領解説生活編(平成29年文部科学省)「第2章　生活科の目標」「第1節　教科目標」「1　教科目標の構成」の一部を抜粋したものである。文中の( ア )〜( オ )に当てはまる語句の正しい組合せを選びなさい。ただし，同じ記号には同じ語句が入る。

具体的な活動や体験を通して，（　ア　）に関わる見方・考え方を生かし，

自立し生活を豊かにしていく

〔育成を目指す資質・能力〕

(1)　活動や体験の（　イ　）において，自分自身，身近な人々，社会及び自然の特徴やよさ，それらの（　ウ　）等に気付くとともに，生活上必要な習慣や技能を身に付けるようにする。(知識及び技能の基礎)

(2)　身近な人々，社会及び自然を自分との（　ウ　）で捉え，自分自身や自分の生活について考え，表現することができるようにする。(思考力，判断力，表現力等の基礎)

(3)　身近な人々，社会及び自然に（　エ　）働きかけ，（　オ　）をもって学んだり生活を豊かにしたりしようとする態度を養う。(学びに向かう力，人間性等)

|   | ア | イ | ウ | エ | オ |
|---|---|---|---|---|---|
| ① | 身近な対象 | 過　　程 | つながり | 直　　接 | 意欲や自信 |
| ② | 身近な対象 | 場　　面 | つながり | 自　　ら | 思いや願い |
| ③ | 身近な生活 | 過　　程 | つながり | 自　　ら | 思いや願い |
| ④ | 身近な生活 | 場　　面 | 関　わ　り | 直　　接 | 思いや願い |
| ⑤ | 身近な生活 | 過　　程 | 関　わ　り | 自　　ら | 意欲や自信 |

(☆○○○○○)

【20】次の文は，「スタートカリキュラムスタートブック」(平成27年1月　文部科学省　国立教育政策研究所　教育課程研究センター)における「スタートカリキュラムのマネジメント」の一部を抜粋したものである。文中の（　ア　）〜（　オ　）に当てはまる語句の正しい組合せを選びなさい。

PLAN　校内組織を立ち上げて準備しよう

□意義，考え方，ねらいなどを全教職員で（　ア　）し，保護者へ説明する

□幼稚園・保育所等への訪問や教職員との意見交換，要録等から子供の実態をつかみ，指導や支援，子供のよさを小学校につなぐ

□スタートカリキュラムを編成する

DO　全校で協力体制を組みスタートカリキュラムに取り組もう

□学級担任だけでなく，全教職員で協力体制を組み，見守り，育てる

□発達の特性を生かし，具体的な活動や体験を取り入れた授業を工夫する

□（　イ　）を工夫し，安心感がもてるようにする

CHECK　子供の姿・指導の在り方を語り合おう

□取組がねらいに沿っているか，子供の姿で日々評価する

□（　ウ　）などで，子供の成長する姿や指導方法について情報交換する

□スタートカリキュラム作成委員会や職員会議などで，（　エ　）を共有する

ACTION　時期を捉えて，反省・検証・改善しよう

□長期休業後の学校生活への適応に向けて，夏休み明けの子供への指導に改善点を生かす

□スタートカリキュラムの改善のために，（　オ　）などの資料をデータベース化し共有する

□1月から3月に掛けて，次年度のスタートカリキュラムの改善を図る

| | ア | イ | ウ | エ | オ |
|---|---|---|---|---|---|
| ① | 作　　成 | 学習形態 | 学　年　会 | 実施計画 | 週　　案 |
| ② | 共通理解 | 環境構成 | 学　年　会 | 実施状況 | 週　　案 |
| ③ | 共通理解 | 環境構成 | 保護者会 | 実施計画 | 週　　案 |
| ④ | 共通理解 | 学習形態 | 保護者会 | 実施状況 | 時　間　割 |
| ⑤ | 作　　成 | 環境構成 | 保護者会 | 実施計画 | 時　間　割 |

(☆☆☆☆◎◎)

【21】次の文は，小学校学習指導要領(平成29年告示)「第2章　各教科」「第6節　音楽」「第1　目標」である。文中の( ア )～( オ )に当てはまる語句の正しい組合せを選びなさい。

---

　　表現及び鑑賞の活動を通して，音楽的な見方・考え方を働かせ，( ア )の中の音や音楽と豊かに関わる資質・能力を次のとおり育成することを目指す。

(1)　曲想と( イ )などとの関わりについて理解するとともに，( ウ )音楽表現をするために必要な技能を身に付けるようにする。

(2)　音楽表現を工夫することや，音楽を味わって( エ )ができるようにする。

(3)　音楽活動の( オ )を通して，音楽を愛好する心情と音楽に対する感性を育むとともに，音楽に親しむ態度を養い，豊かな情操を培う。

---

| | ア | イ | ウ | エ | オ |
|---|---|---|---|---|---|
| ① | 楽曲や教材 | 音楽の構造 | 表　し　た　い | 表現すること | 楽しさを体験すること |
| ② | 生活や社会 | 音楽の構造 | 楽譜等に記された | 表現すること | 幅　広　い　活　動 |
| ③ | 楽曲や教材 | 自己のイメージ | 楽譜等に記された | 聴　く　こと | 楽しさを体験すること |
| ④ | 生活や社会 | 音楽の構造 | 表　し　た　い | 聴　く　こと | 楽しさを体験すること |
| ⑤ | 生活や社会 | 自己のイメージ | 楽譜等に記された | 表現すること | 幅　広　い　活　動 |

(☆◎◎◎◎◎)

【22】次の楽譜は，ある歌唱共通教材の一部である。この教材について，
ア～オの設問に正しく答えた組合せを選びなさい。

ア　この曲の作曲者は誰か。

　　a　岡野貞一　　b　高野辰之

イ　この曲のふさわしい速度はどれか。

　　a　♩＝120～144　　b　♩＝88～96

ウ　□部の音を「移動ド唱法」で歌うと何の音になるか。

　　a　ソ　　b　ミ

エ　□部の音を「ヘ音記号」を用いて表すときの楽譜はどれか。

　　a　　　　　　　　b

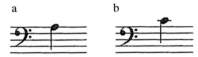

オ　この曲の2番の歌い出しの歌詞はどれか。

　　a　谷の流れに　　b　波にゆられて

|    | ア | イ | ウ | エ | オ |
|----|----|----|----|----|----|
| ① | a | a | a | a | b |
| ② | a | b | a | b | b |
| ③ | b | b | b | a | b |
| ④ | b | a | a | b | a |
| ⑤ | a | b | a | b | a |

（☆☆☆○○○○）

【23】次の文は，小学校学習指導要領(平成29年告示)「第2章　各教科」
「第7節　図画工作」「第1　目標」である。文中の（　ア　）～（　オ　）に
当てはまる語句の正しい組合せを選びなさい。ただし，同じ記号には
同じ語句が入る。

　　表現及び鑑賞の活動を通して，造形的な見方・考え方を働か
せ，（　ア　）の中の形や色などと豊かに関わる資質・能力を次の
とおり育成することを目指す。

(1)　対象や事象を捉える造形的な視点について自分の感覚や
　　（　イ　）を通して理解するとともに，材料や用具を使い，表し
　　方などを工夫して，（　ウ　）つくったり表したりすることがで
　　きるようにする。

(2)　造形的なよさや美しさ，（　エ　），表し方などについて考え，
　　（　ウ　）発想や構想をしたり，作品などに対する自分の見方や
　　感じ方を深めたりすることができるようにする。

(3)　（　オ　）喜びを味わうとともに，感性を育み，楽しく豊かな
　　生活を創造しようとする態度を養い，豊かな情操を培う。

|  | ア | イ | ウ | エ | オ |
|---|---|---|---|---|---|
| ① | 生活や社会 | 活　動 | 自分らしく | 主　題 | つくりだす |
| ② | 身近な生活 | 行　為 | 創造的に | 主　題 | 表現する |
| ③ | 身近な生活 | 活　動 | 自分らしく | 表したいこと | つくりだす |
| ④ | 生活や社会 | 行　為 | 創造的に | 表したいこと | つくりだす |
| ⑤ | 身近な生活 | 活　動 | 創造的に | 主　題 | 表現する |

(☆☆☆◎◎◎◎)

【24】次のア〜オの各文は，図画工作科の学習で使う道具や材料について
　　述べたものである。その内容が正しいものを○，誤っているものを×
　　としたとき，正しい組合せを選びなさい。

　ア　水彩画用絵筆には，号数が示されており，その号数が多くなるほ
　　ど穂が細くなる。

　イ　次の版画は，切り出し刀で彫ったものである。

ウ　三ツ目ぎりと糸のこぎりを使えば，縦横各20cm，厚さ5mmの白ラ
ワン板材に直径15cmの穴を開けることができる。

エ　板と板を接合する場合，くぎの打ち始めと打ち終わりは，金づち
の柄尻をもち，くぎを強く打つときは金づちの頭に近い柄をもつよ
うにする。

オ　土粘土の水分は絶えず蒸発するので，製作途中の作品や使用中の
土粘土は，水で湿したタオルやぞうきん(きれいなもの)の湿布，あ
るいはビニール袋で包むようにする。

|     | ア | イ | ウ | エ | オ |
| --- | --- | --- | --- | --- | --- |
| ① | × | × | × | ○ | × |
| ② | ○ | × | ○ | × | ○ |
| ③ | ○ | ○ | × | × | × |
| ④ | × | ○ | ○ | × | × |
| ⑤ | ○ | × | × | ○ | ○ |

(☆☆☆◎◎◎)

【25】次の文は，小学校学習指導要領(平成29年告示)「第2章　各教科」
「第8節　家庭」「第1　目標」である。文中の( ア )～( エ )に当て
はまる語句の正しい組合せを選びなさい。

> ( ア )に係る見方・考え方を働かせ，衣食住などに関する実
> 践的・体験的な活動を通して，生活をよりよくしようと工夫す
> る資質・能力を次のとおり育成することを目指す。
> (1)　家族や家庭，衣食住，消費や環境などについて，日常生活
> 　に必要な基礎的な理解を図るとともに，それらに係る( イ )
> 　を身に付けるようにする。

(2)　日常生活の中から問題を見いだして課題を設定し，様々な解決方法を考え，（　ウ　）を評価・改善し，考えたことを表現するなど，課題を解決する力を養う。

(3)　家庭生活を大切にする心情を育み，家族や地域の人々との関わりを考え，（　エ　）として，生活をよりよくしようと工夫する実践的な態度を養う。

|   | ア | イ | ウ | エ |
|---|---|---|---|---|
| ① | 生活の営み | 技　能 | 実　践 | 家族の一員 |
| ② | 家　庭 | 技　能 | 取　組 | 家族の一員 |
| ③ | 生活の営み | 技　術 | 取　組 | 家族の一員 |
| ④ | 生活の営み | 技　能 | 実　践 | 生　活　者 |
| ⑤ | 家　庭 | 技　術 | 取　組 | 生　活　者 |

(☆○○○○○)

【26】次のア～エの各文は，ジャガイモに含まれる天然毒素による食中毒の予防について述べたものである。正しいものを○，誤っているものを×としたとき，正しい組合せを選びなさい。

ア　ジャガイモに芽があれば，そのまわりの部分も含めて取り除く。

イ　家庭菜園や学校園でジャガイモを栽培する場合には，収穫した後に日光に当てて十分に乾燥させ，保管するようにする。

ウ　天然毒素ソラニンやチャコニンは，茹でることで分解することができるので，短時間でも茹でることが必要である。

エ　天然毒素ソラニンやチャコニンを多く含むジャガイモは苦いので，苦みを感じたら食べないようにする。

|   | ア | イ | ウ | エ |
|---|---|---|---|---|
| ① | ○ | ○ | × | × |
| ② | × | ○ | ○ | × |
| ③ | ○ | ○ | × | × |
| ④ | × | × | ○ | ○ |
| ⑤ | ○ | × | × | ○ |

(☆☆☆○○○)

【27】次の表は，小学校学習指導要領解説体育編(平成29年文部科学省)
「第2章　体育科の目標及び内容」「第1節　教科の目標及び内容」「3
教科の内容」における体育科の内容構成の表である。表中の( ア )
〜( エ )に当てはまる語句の正しい組合せを選びなさい。ただし，
同じ記号には同じ語句が入る。

| 学年 | | 1・2 | 3・4 | 5・6 |
|---|---|---|---|---|
| 領<br><br><br><br><br>域 | | （ ア ）の運動遊び | （ ア ）運動 | |
| | | 器械・器具を<br>使っての運動遊び | 器械運動 | |
| | | 走・跳の運動遊び | 走・跳の運動 | 陸上運動 |
| | | 水遊び | 水泳運動 | |
| | | （ イ ） | | ボール運動 |
| | | 表現リズム遊び | （ ウ ） | |
| | | | （ エ ） | |

| | ア | イ | ウ | エ |
|---|---|---|---|---|
| ① | 体ほぐし | ゲーム | リズムダンス | 体力を高める運動 |
| ② | 体つくり | ゲーム | リズムダンス | 保　　健 |
| ③ | 体ほぐし | ボール遊び | 表現運動 | 保　　健 |
| ④ | 体つくり | ゲーム | 表現運動 | 保　　健 |
| ⑤ | 体つくり | ボール遊び | リズムダンス | 体力を高める運動 |

(☆☆☆◎◎◎◎)

【28】次の各文は，小学校学習指導要領解説体育編(平成29年文部科学省)
「第2章　体育科の目標及び内容」「第2節　各学年の目標及び内容」
〔第5学年及び第6学年〕「2　内容」「E　ボール運動」の一部を抜粋し
たものである。文中の下線部ア〜エについて，正しいものを○，誤っ
ているものを×としたとき，正しい組合せを選びなさい。

E　ボール運動
　高学年のボール運動は，ァ「バスケットボール型」，「サッカー型」及び「ベースボール型」で構成され，ルールや作戦を工夫したり，集団対集団の攻防によって仲間と力を合わせて競い合ったりする楽しさや喜びを味わうことができる運動である。

(1)　知識及び技能

> (1)　次の運動の楽しさや喜びを味わい，その行い方を理解するとともに，その技能を身に付け，ィ簡易化されたゲームをすること。
>
> 　　（略）

(2)　思考力，判断力，表現力等

> (2)　ルールを工夫したり，ゥ自己やチームの特徴に応じた作戦を選んだりするとともに，自己や仲間の考えたことを他者に伝えること。

(3)　学びに向かう力，人間性等

> (3)　運動に積極的に取り組み，ルールを守り助け合って運動をしたり，勝敗を受け入れたり，ェ仲間の考えや取組を認めたり，場や用具の安全に気を配ったりすること。

|  | ア | イ | ウ | エ |
|---|---|---|---|---|
| ① | ○ | ○ | × | ○ |
| ② | × | ○ | ○ | ○ |
| ③ | ○ | × | × | ○ |
| ④ | ○ | ○ | ○ | × |
| ⑤ | × | × | ○ | × |

（☆☆☆○○○○）

【29】 次の文は，小学校学習指導要領解説特別活動編(平成29年文部科学省)「第2章　特別活動の目標」「第2節　特別活動の基本的な性格と教育活動全体における意義」「1　人間形成と特別活動」「(2)　発達的な特質を踏まえた指導」の一部を抜粋したものである。文中の（　ア　）～（　オ　）に当てはまる語句の正しい組合せを選びなさい。ただし，同じ記号には同じ語句が入る。

---

　　特別活動において，「主体的・対話的で深い学び」の実現を保障し，自発的，自治的な活動を通して人間形成を図るためには，児童期の（　ア　），社会参画，自己実現に関わる発達的な特質を十分に踏まえて指導する必要がある。以下に説明する各学年における特徴は，あくまで一般的な目安であり，児童や学級，学校の実態に応じた指導を行うことが大切である。

ア　低学年

　　児童は，まず学級生活を中心に新しい生活を始める。小学校への入学当初においては，幼児期の（　イ　）がかなり残っており，学校の中の児童相互の関係は，個々の児童の集合の段階にある。さらには，言ってよいことと悪いことについての理解はできるようになるが，（　ウ　）な言動等が多く，入学期に小学校生活や（　エ　）にうまく適応できなかったり，このことによって授業が成立しにくい状況が生まれたりすることなども考えられる。しかしながら，幼稚園教育要領の「（　ア　）」の領域などの教育や（　オ　）を育む幼児期の教育では，友達との関わりを通して，互いの思いや考えなどを共有し，実現に向けて，工夫したり，協力したりする充実感を味わいながらやり遂げることもできるようになっている。そのため，第1学年については，幼児期の教育で養われた力を生かしながら，小学校における生活や（　ア　）に適応できるようにすることが大切である。

---

| | ア | イ | ウ | エ | オ |
|---|---|---|---|---|---|
| ① | 環　境 | 自己中心性 | 反射的 | 集団生活 | 社会性 |
| ② | 人間関係 | 自己中心性 | 感情的 | 集団生活 | 社会性 |
| ③ | 人間関係 | 未分化性 | 反射的 | 集団生活 | 自律性 |
| ④ | 人間関係 | 自己中心性 | 感情的 | 学習環境 | 自律性 |
| ⑤ | 環　境 | 未分化性 | 反射的 | 学習環境 | 社会性 |

(☆☆☆◎◎◎◎)

【30】次の文は，小学校学習指導要領解説特別の教科道徳編(平成29年文部科学省)「第5章　道徳科の評価」「第2節　道徳科における児童の学習状況及び成長の様子についての評価」「1　評価の基本的態度」の一部を抜粋したものである。文中の( ア )～( オ )に当てはまる語句を語群a～jから選んだとき，正しい組合せを選びなさい。

> 　道徳性とは，人間としてよりよく生きようとする人格的特性であり道徳的判断力，道徳的心情，道徳的実践意欲及び態度を諸様相とする( ア )である。このような道徳性が養われたか否かは，容易に判断できるものではない。
>
> 　しかし，道徳性を養うことを( イ )として行う道徳科の指導では，その学習状況や成長の様子を適切に把握し評価することが求められる。児童の学習状況は指導によって変わる。道徳科における児童の学習状況の把握と評価については，教師が道徳科における( ウ )について明確にした指導計画の作成が求められる。道徳性を養う道徳教育の要である道徳科の授業を改善していくことの重要性はここにある。
>
> 　道徳科で養う道徳性は，児童が将来いかに人間としてよりよく生きるか，いかに諸問題に適切に対応するかといった個人の問題に関わるものである。このことから，小学校の段階でどれだけ( エ )などの基準を設定することはふさわしくない。
>
> 　道徳性の評価の基盤には，教師と児童との人格的な触れ合いによる( オ )が存在することが重要である。

≪語群≫

| | | |
|---|---|---|
| a 価値基準 | b 共感的な理解 | c 学習活動 |
| d 道徳的価値を理解したか | e 信頼関係 | f 内面的資質 |
| g 指導と評価の考え方 | h 目標 | i 多様な指導方法 |
| j 道徳的実践力を高めたか | | |

| | ア | イ | ウ | エ | オ |
|---|---|---|---|---|---|
| ① | f | h | i | j | b |
| ② | f | c | g | d | b |
| ③ | a | c | i | j | e |
| ④ | f | c | i | d | e |
| ⑤ | a | h | g | d | b |

(☆☆☆◎◎◎◎)

【31】次の文は，小学校学習指導要領解説総合的な学習の時間編(平成29年文部科学省)「第7章　総合的な学習の時間の学習指導」「第1節　学習指導の基本的な考え方」「1　児童の主体性の重視」の一部を抜粋したものである。文中の( ア )〜( オ )に当てはまる語句の正しい組合せを選びなさい。

> 　総合的な学習の時間の学習指導の第1の基本は，学び手としての児童の( ア )を引き出し，児童の発想を大切にし，育てる主体的，創造的な学習活動を展開することである。
> 　児童は本来，( イ )に富み，自ら課題を見付け，自ら( ウ )をもった存在である。児童は，具体的な事実に直面したり様々な情報を得たりする中で，対象に強い興味や関心をもつ。また，実際に体験したり調査したりして，繰り返し対象に働きかけることで，対象への思いを膨らませていく。
> 　さらに，児童は未知の世界を自らの力で切り開く可能性を秘めた存在である。興味ある事象についての学習活動に取り組む児童は，納得するまで課題を追究し，本気になって考え続ける。この学習の過程において，児童はよりよく課題を解決し，自己の生き方を考えていくための( エ )を育んでいく。

　　こうした児童がもつ本来の力を引き出し，それを支え，（　オ　）ように指導していくことが大切であり，そうした肯定的な児童観に立つことが欠かせない。しかし，児童の主体性を重視するということは，教師が児童の学習に対して積極的に関わらないということを意味するものではない。

| | ア | イ | ウ | エ | オ |
|---|---|---|---|---|---|
| ① | 有能さ | 知的好奇心 | 学ぶ意欲 | 資質・能力 | 伸ばす |
| ② | 個性 | 知的好奇心 | 学ぶ力 | 資質・能力 | 伸ばす |
| ③ | 有能さ | 想像力 | 学ぶ力 | 見方・考え方 | 伸ばす |
| ④ | 有能さ | 想像力 | 学ぶ意欲 | 資質・能力 | 見守る |
| ⑤ | 個性 | 想像力 | 学ぶ意欲 | 見方・考え方 | 見守る |

（☆☆☆○○○○）

## 解答・解説

【1】問1　②　　問2　⑤

〈解説〉男女の短い会話と設問を聞き，問題用紙に印刷された選択肢から適切な答えを選ぶ問題。会話と設問は2回放送されるので，1回目で会話文の大意と設問内容を把握して，2回目で確実に答えを選べるとよい。　問1　設問は「ケイコはなぜ両親をどこかへ連れて行くことを計画しているのですか？」。これはケイコの最初の発言で説明されており，両親の結婚30周年記念である。　問2　「ケイコの家からその寿司屋まで車でどのくらいかかりますか？」。ケイコの家からいちご狩りのできる農園まで1時間，そこから寿司屋まで10分であるから，合計でだいたい70分という計算になる。

【2】問1 ③ 問2 ④ 問3 ④

〈解説〉200語程度の自己紹介と設問を聞き，問題用紙に印刷された選択肢から適切な答えを選ぶ問題。自己紹介と設問は2回放送される。注意事項は【1】と同様。 問1 「エミリーは何歳のときにオーストラリアに帰ったのですか？」。2歳のときに日本に来て5年後に帰ったのだから，7歳のとき。 問2 「エミリーが初めて日本に来た理由はなんですか？」。初めて日本に来たときは，2歳で，父親の仕事の都合だった。 問3 「なぜエミリーは沖縄で学ぶことを選んだのですか」。空手発祥の地についてもっと学びたいから，とある。

【3】②

〈解説〉内容一致問題であるので，先に選択肢を読んでおくと予測が立てやすい。 ① 第2段落の1文目で，日本人の教師も必要不可欠と述べているので，不適切。 ② 第2段落で説明されていることであるので適切。 ③ ネイティブスピーカーに教わることの重要性も説明されているので，不適切。 ④ ネイティブが日本語を学ぶことについては触れられていない。 ⑤ ①と同様の理由で不適切。

【4】⑤

〈解説〉小学校学習指導要領は同解説を参照しながら熟読しておくこと。特に目標は頻出であるので全文暗記が望ましい。

【5】①

〈解説〉小学校学習指導要領では，考える力について「第1学年及び第2学年では順序立てて考える力，第3学年以降では筋道立てて考える力の育成」，言葉がもつよさについて「第1学年及び第2学年では感じること，第3学年及び第4学年では気付くこと，第5学年及び第6学年では認識すること」にそれぞれ重点を置いている。

【6】問1　③　　問2　④

〈解説〉問1　第5段落に「彼らが一番勉強に熱中するのは〜現在持っている能力レベルより少し難しい問題を出したとき」とある。

問2　第5段落までの内容を根拠に，第6段落で「本来は子どもたちは勉強が好きなはずなのだ」としている。

【7】③

〈解説〉小学校学習指導要領(平成29年3月告示)からの出題である。「目標」はどこが空欄になっても対応できるように，すべてを覚えておく必要がある。覚える際には，前後のつながりを意識して学習していくことをおすすめする。本問では，空欄アは「国際社会」と関連付けて，空欄イは国土の「環境」なのか「事象」なのかを意識し，空欄ウは資料と並列の意味になるものを考え，空欄エは社会的事象は一つではないということを意識し，空欄オは何度も繰り返されているぐらい大事な用語だということを意識してみるとよい。

【8】②

〈解説〉特色のあるデータを参考にして答えを見つけていくとよい。BとDのグラフに注目すると，鹿児島県と宮崎県が上位に来ているので，畜産だと見当をつけることができる。さらにBに注目すると，3位に岩手県がきているので「鶏」であり，3位に千葉県がきているDは「豚」である。あとはいろいろな角度から考えられるが，Cのグラフは新潟→北海道→秋田の順番なので「米」である。Aは「野菜」，Eは「果実」と判断できる。

【9】②

〈解説〉それぞれの史料は表記が漢字とカタカナなので読みにくいが，その中に大事なキーワードが隠されているので，それを読み取ることが重要である。Aは1869年の「版籍奉還」，Bは「藩ヲ廃シ県ト為ス」から1871年の「廃藩置県」，Cは1873年の「地租改正」，Dは「民撰議院」

から1874年の「民撰議院設立建白書」，Eは「朝廷ニ」という部分から1867年の「大政奉還」である。

## 【10】 ④

〈解説〉直接請求権に関する問題である。「内容」，「必要な署名」，「請求先」がバランスよく出題されている。署名を軸に覚えていくと理解しやすい。分母が小さいのはそれなりの署名数が必要であり，それは分母が大きいものよりも重大な内容として考えられているから，と思うべきであろう。確かに議会の解散は，その間空白の期間ができるのだから大事な問題である。このようにどこかを軸にして考えていくと，単なる暗記で終わることはないはずである。

## 【11】 ②

〈解説〉小学校学習指導要領や小学校学習指導要領解説に関しての空欄補充問題は頻出であるので，内容をしっかり覚えよう。特に教科の目標および各学年の目標は基本である。

## 【12】 ⑤

〈解説〉生徒10人の登校時間を短い順に並べると，8，10，11，12，15，17，18，18，20，25。登校時間の平均値は

$$\frac{8+10+11+12+15+17+18\times2+20+25}{10}=\frac{154}{10}=15.4$$ 中央値は資料の値を大きさの順に並べたときの中央の値。生徒の人数は10人で偶数だから，登校時間の中央値は，登校時間の短い方から5番目と6番目の登校時間の平均値 $\frac{15+17}{2}=16$。資料の値の中でもっとも頻繁に現れる値が最頻値だから，2人いる18が登校時間の最頻値。

## 【13】 ②

〈解説〉直線PRはR(0，1)を通るから，直線PRの式を $y=ax+1$ とおいて，点P(−1，0)の座標を代入すると 0=a×(−1)+1 a=1 よって，直

線PRの式は$y=x+1$となる。$y=\dfrac{6}{x}$と$y=x+1$の交点の$x$座標は，方程式$\dfrac{6}{x}=x+1$の解。$\dfrac{6}{x}=x+1$　⇔　$x^2+x-6=0$　⇔　$(x+3)(x-2)=0$より　$x=-3，2$　よって，S(2，3)　△PQS$=\dfrac{1}{2}\times$PQ$\times$|点Sの$y$座標|$=\dfrac{1}{2}\times\{1-(-1)\}\times|3|=3$

【14】①

〈解説〉点Bを通り直線ℓに平行な直線と辺ACとの交点をFとする。また，直線ℓ上で点Aの左側に点Gをとる。∠BCE＝∠FBC＝60°－∠ABF＝60°－∠GAB＝60°－42°＝18°　△CEDの内角と外角の関係から，∠CED＝∠BCE－∠CDE＝18°－15°＝3°

【15】④

〈解説〉小学校学習指導要領の理科の目標である。小学校においては理科の見方・考え方を働かせ，予想や仮説ではなく見通しをもって観察，実験を行うことが目標とされている。また，問題を科学的に解決することが求められ，問題解決能力の育成が示されている。この目標において，中学校・高校の目標と間違えやすいので区別して覚えておきたい。

【16】②

〈解説〉イ　太陽の光を月が遮るのは日食であるので誤り。　ウ　新月から次の新月までの日数は約29.5日であるので誤り。　エ　左側ではなく右側であるので誤り。

【17】④

〈解説〉小学校における理科の実験では顕微鏡が多く使用される。したがって顕微鏡の使い方は頻出問題である。正しい使用手順を必ずおさえておくこと。

【18】④

〈解説〉質量が800gなので物体にかっている重力は8.0N。ばねばかりで釣り上げている重さは5Nとなっている。したがって，浮力は8.0〔N〕－5.0〔N〕＝3.0〔N〕となる。

【19】⑤

〈解説〉小学校学習指導要領の生活科の目標を覚えていれば正しく解答できる問題である。目標は特に出題頻度が高いので，選択式であれ，記述式であれ，正しい文言を解答できるよう準備が必要である。

【20】②

〈解説〉「スタートカリキュラム」は，「小学校へ入学した子供が，幼稚園・保育所・認定こども園などの遊びや生活を通した学びと育ちを基礎として，主体的に自己を発揮し，新しい学校生活を創り出していくためのカリキュラム」と明記されている。「スタートカリキュラムスタートブックの目次」は，「理解」「実践」「改善」に分かれており，「スタートカリキュラムのマネジメント」は「改善」にあたる。

【21】④

〈解説〉小学校学習指導要領における教科目標は，最も出題頻度が高いので必ず正答したい。自治体によっては記述が求められることもある。出題傾向を把握し，対応できるよう準備が必要である。

【22】⑤

〈解説〉歌唱共通教材は，各学年4曲ずつある。旋律や歌詞を問われることが多いので，楽譜も含め楽曲を確認する必要がある。楽譜は，第4学年の共通教材の「もみじ」(高野辰之作詞，岡野貞一作曲)である。小学校学習指導要領の「第2章　第6節　音楽　第3　指導計画の作成と内容の取扱い」の2(9)に示されている「音符，休符，記号や用語」もすべて理解しておくこと。

【23】④

〈解説〉図画工作の目標は,「造形的な見方・考え方」で,「生活や社会の中の形や色などと豊かに関わる資質・能力」を育成することとされている。さらに,資質・能力は「知識及び技能」,「思考力,判断力,表現力等」,「学びに向かう力,人間性等」の3つの柱で整理されているが,その3つそれぞれに「創造」を位置付けている。

【24】④

〈解説〉ア　メーカーなどにより大きさや形状は異なるが,水彩画用絵筆に限らず,絵筆は号数が大きくなるほど穂が太くなる。　エ　金づちを使用するときは,打ち始めは柄の頭に近いほうを握り軽く打ち,釘がしっかりと刺さったら柄の端のほうを持つ。

【25】①

〈解説〉学習指導要領の目標は出題頻度が高いので,必ず学習しておく必要がある。「生活の営み」という表現は記述で求められても正しく解答できるようにしたい。アが正しく理解できていれば,選択肢は3択となる。組合せから正解を見つける形式にも慣れておくとよい。

【26】⑤

〈解説〉ア　ソラニンはジャガイモの芽に含まれているので,取り除く。イ　暗くて涼しい場所に保管すると長持ちするので誤り。　ウ　熱を加えても分解できないので誤り。　エ　ソラニンやチャコニンは緑色に変色した部分に含まれ,苦みやえぐみがある。

【27】④

〈解説〉内容構成の表については,低学年,中学年,高学年それぞれの領域をしっかり覚えておこう。文言がまぎらわしいものがあるので,明確に区別できるようにすること。

【28】②

〈解説〉高学年のボール運動は,「ゴール型」,「ネット型」,「ベースボール型」で構成されているので誤り。

【29】②

〈解説〉「人間形成と特別活動」では,複雑で予測困難な社会の変化は全ての児童の生き方に影響することから,将来自立して生きるための「生きる力」を育成することが求められている,とされている。また,「発達的な特質を踏まえた指導」として,まず第1学年では,「幼児期に養われた力を生かしながら,小学校における生活や人間関係に適応できるようにすることが大切である」とされている。

【30】②

〈解説〉「評価の基本的態度」では,道徳性は人格的特性であり内面的資質であるとされている。そして「道徳性の評価の基盤には,教師と児童との人格的な触れ合いによる共感的な理解が存在することが重要である」ことが示されている。

【31】①

〈解説〉「児童の主体性の重視」では,児童は本来,「知的好奇心に富み,自ら課題を見付け,自ら学ぶ意欲をもった存在」であり,「未知の世界を自らの力で切り開く可能性を秘めた存在」であるとしている。こうした児童がもつ本来の力を引き出し,支え,伸ばすように指導していくことが大切とされている。

【１】次に読まれる英文を聞き，１と２の設問に対する答として最も適切な
ものを，①〜⑤の中から1つ選びなさい。
(英文及び設問は2回読まれる。)

【電話の呼び出し音】

Satoshi's father : Hello?

Becky　　　　　: Hi, this is Becky. Can I speak to Satoshi, please?

Satoshi's father : Hi, Becky. Satoshi's at a movie with his sister. Do you want
　　　　　　　　　him to call you back when he gets home?

Becky　　　　　: Oh, I won't be home this afternoon. I must go to my uncle's
　　　　　　　　　house in Chicago by car. So I can't answer the phone. I'll
　　　　　　　　　come back home early tomorrow morning.

Satoshi's father : Ok, shall I give him a message?

Becky　　　　　: Oh, thank you very much. Could you just ask him to e-mail
　　　　　　　　　me and let me know what time the reggae concert starts
　　　　　　　　　next Friday, how much the ticket is, and if I can pay him
　　　　　　　　　when I meet him on the day of the concert?

Satoshi's father: : I see. I'll pass on the message. Be careful on your trip.

Becky　　　　　: Thank you.

問1　Why can't Becky answer the phone this afternoon?

①　Because she'll go to a movie with her sister.

②　Because she'll got to the reggae concert.

③　Because she is sick.

④　Because she'll go to Chicago.

⑤　Because she'll go to school.

問2　How does Becky want Satoshi to contact her ?

258

① By going to her house.

② By sending her an e-mail.

③ By leaving a message on her answering machine.

④ By calling her back when he gets home.

⑤ By going to Chicago.

(☆☆☆○○○○○)

【2】次に読まれる英文を聞き，それぞれの1～3の設問に対する答として最も適切なものを，①から⑤の中から1つ選びなさい。
(英文及び設問は2回読まれる。)

Sally is interested in Japanese castles. When she was an elementary school student, she read a Japanese history book. She was surprised that Japanese castles are very artistic and skillfully built. Since then, she had hoped to live in Japan, and wanted to see them with her own eyes.

Sally learned Japanese in Fukuoka Prefecture for two years as a student at a Japanese language school. She also worked as an English teacher at a language school in Fukuoka for three years. She practiced her Japanese by talking to the Japanese staff there. Sally applied for a job last year at a marketing company that needed people who could speak both English and Japanese. She passed the company's Japanese test, so she was offered the job.

On holidays, she often visited the castles in Kyushu, but after she got the job she became so busy that she couldn't visit them at all. Therefore, she decided to become a tour guide to tell the charms of the castles to foreign tourists. So, she studied Japanese history for her job.

Now she is a very popular guide for foreign tourists. She is very happy, and she has a new dream to have her own tour company someday.

問1　Since when has Sally been interested in Japanese castles?

① Since she was an elementary school student.

② Since visiting castles on holiday.

③ Since studying about Japanese history in Fukuoka.

④　Since she became a tour guide.

⑤　Since working at a marketing company.

問2　How did Sally practice Japanese when she worked as an English teacher?

①　By listening to English conversation CDs.

②　By singing Japanese songs.

③　By talking to the Japanse staff.

④　By reading Japanese history books.

⑤　By working at a marketing company.

問3　What dream does Sally have now?

①　To be a tour guide for foreign tourists.

②　To have her own tour company.

③　To trabel all over Japan.

④　To study Japanese history.

⑤　To see all Japanese castles.

(☆☆☆○○○○○)

【3】次の英文を読み，その内容に合致するものを選びなさい。

The student-teacher relationship is important when we teach. Teachers need many kinds of abilities and qualities. The most important quality for teachers is sensitivity. Teachers can't be successful in the classroom without this. If they are sensitive, they can notice many things about students. So I expect them to be sensitive people who will make an effort to create the best-possible student-teacher relationship.

①　The only important relationship teachers have is the student-teacher relationship.

②　Teachers can be successful in the classroom without sensitivity.

③　Sensitive teachers can't notice many things about students in the classroom.

④　Teachers can create the best-possible student-teacher relationship by being sensitive.

⑤　Teachers don't need sensitivity in the classroom when they teach students.

(☆☆☆○○○○)

解答は，すべて￣￣￣の①〜⑤から1つ選びなさい。

【4】次の文は，小学校学習指導要領(平成20年告示，平成27年3月一部改正)「第2章　各教科」「第1節　国語」「第2　各学年の目標及び内容」の〔第1学年及び第2学年〕「2　内容」「A　話すこと・聞くこと」の一部を抜粋したものである。文中の（　A　）〜（　E　）に当てはまる語句を，語群a〜jから選んだときの正しい組合せを選びなさい。

(1)　話すこと・聞くことの能力を育てるため，次の事項について指導する。
　ア　身近なことや（　A　）ことなどから話題を決め，必要な事柄を思い出すこと。
　イ　相手に応じて，話す事柄を順序立て，丁寧な言葉と普通の言葉との違いに気を付けて話すこと。
　ウ　姿勢や口形，声の大きさや（　B　）などに注意して，はっきりした発音で話すこと。
　エ　大事なことを落とさないようにしながら，興味をもって聞くこと。
　オ　互いの話を集中して聞き，（　C　）に沿って話し合うこと。
(2)　(1)に示す事項については，例えば，次のような言語活動を通して指導するものとする。
　ア　事物の説明や経験の報告をしたり，それらを聞いて（　D　）を述べたりすること。
　イ　尋ねたり応答したり，（　E　）で話し合って考えを一つにまとめたりすること。

　　ウ　場面に合わせてあいさつをしたり，必要なことについて
　　　　身近な人と連絡をし合ったりすること。
　　エ　知らせたいことなどについて身近な人に紹介したり，そ
　　　　れを聞いたりすること。

≪語群≫

| | | | |
|---|---|---|---|
| a　関心のある | b　経験した | c　間の取り方 | d　速さ |
| e　進行 | f　話題 | g　感想 | h　意見 |
| i　学級全体 | j　グループ | | |

| | A | B | C | D | E |
|---|---|---|---|---|---|
| ① | b | d | e | h | j |
| ② | a | c | f | h | j |
| ③ | b | d | f | g | j |
| ④ | a | c | e | h | i |
| ⑤ | a | d | f | g | i |

(☆☆◎◎◎)

【5】次のa～eの各文は，小学校学習指導要領解説国語編(平成20年文部
　科学省)「第2章　国語科の目標及び内容」「第2節　国語科の内容」「2
　各領域及び〔伝統的な言語文化と国語の特質に関する事項〕の内容」
　のうち，【(2)「B書くこと」】【(3)「C読むこと」】及び【(4)〔伝統的な
　言語文化と国語の特質に関する事項〕】について述べたものである。
　正しく述べられているものの組合せを選びなさい。
　　なお，□□□□内の文章では，「第1学年及び第2学年」を低学年，「第3
　学年及び第4学年」を中学年，「第5学年及び第6学年」を高学年と表現
　している。

　　a　課題設定や取材に関する指導事項には，
　　　低学年では，経験したことや想像したことなどから書くこ
　　　とを決め，書こうとする題材に必要な事柄を集めること，中
　　　学年では，関心のあることなどから書くことを決め，相手や
　　　目的に応じて，書く上で必要な事柄を調べること，高学年で

は，考えたことなどから書くことを決め，目的や意図に応じて，書く事柄を収集し，全体を見通して事柄を整理することを示している。

b　推敲に関する指導事項には，

　　低学年では，文章の間違いを正したり，よりよい表現に書き直したりすること，中学年では，文章を読み返す習慣を付けるとともに，間違いなどに気付き，正すこと，高学年では，表現の効果などについて確かめたり工夫したりすることを示している。

c　説明的な文章の解釈に関する指導事項には，

　　低学年では，時間的な順序や事柄の順序などを考えながら内容の大体を読むこと，中学年では，目的に応じて，中心となる語や文をとらえて段落相互の関係や事実と意見との関係を考えて読むこと，高学年では，目的に応じて，文章の内容を的確に押さえて要旨をとらえたり，事実と感想，意見などとの関係を押さえ，自分の考えを明確にしながら読んだりすることを示している。

d　目的に応じた読書に関する指導事項には，

　　低学年では，楽しんだり知識を得たりするために，本や文章を選んで読むこと，中学年では，目的に応じて，複数の本や文章などを選んで比べて読むこと，高学年では，目的に応じて，いろいろな本や文章を選んで読むことを示している。

e　文及び文章の構成に関する事項には，

　　低学年では，文や文章にはいろいろな構成があることについて理解すること，中学年では，文の中における主語と述語との関係に注意すること，高学年では，修飾と被修飾との関係など，文の構成について初歩的な理解をもつこと，指示語や接続語が文と文との意味のつながりに果たす役割を理解し，使うことを示している。

| ① a, c | ② b, e | ③ c, d | ④ a, e | ⑤ b, d |

(☆☆◎◎◎)

【6】次の文を読み，あとの問いに答えなさい。

　自分の言葉のセンスを磨くことは，すなわち，人生を豊かにすることである。たとえ，落語家のように高座に上がり，小説家のように本を出版しなくても，全ての人にとって，自分がしゃべること，自分が書くことは絶えざる修行なのである。

　やっかいなのは，人間が言葉を発するとき，それは無意識から出てくるということである。

　ア一般に，私たちは，脳が運動をコントロールする過程は，その詳細を意識的に把握しているわけではない。たとえば，野球のボールを投げる時に，どの筋肉をどのようなタイミングで収縮させて投げるのか，その詳細を意識的に把握しているわけではない。イ

　言葉を発するという行為も，口で喋るにせよ，手で書くにせよ，一つの運動であることには変わりない。ウ従って，多くの場合，私たちは，自分が発する言葉を，意識的には把握していない。もちろん，あらかじめ考えて覚えておいたことを言ったり，本や原稿を朗読したりする場合には，自分が何を言うのかあらかじめ分かっている。しかし，一般的な場合には，だいたいこのようなことを言おう，とは思ってはいるものの，実際に自分が何を言うのかは，それこそ，口に出してみないと分からない。エだからこそ，自分が発した言葉に驚いたり，しまった，と後悔したりすることがあるのである。

　オ日常に接する言葉，自らが発する言葉が，脳の中で不断に編集され，整理される無意識のプロセスに働きかけて，その無意識のプロセスを磨いていくことである。時々手入れをしてあげて，あとは脳の中の無意識という自然のプロセスを信頼して

264

任せるということである。

　言葉は，人間の意識と深く結びついていることは事実である。しかし，言葉を磨くためには，意識を通して，　A　　にこそ働きかけなければならないのである。

　　　　　(養老孟司　茂木健一郎　著　「スルメを見てイカがわかるか！」による。)

問1　本文中には，「言葉が無意識から発せられるものである以上，言葉を磨くということは，すなわち，無意識を磨くこと，無意識をたがやすことである。」の一文が省略されている。この一文が入る正しい箇所を選びなさい。

① 　ア　　② 　イ　　③ 　ウ　　④ 　エ　　⑤ 　オ

問2　本文中の　A　　に当てはまる言葉を選びなさい。

① 　言葉　　② 　脳　　③ 　無意識　　④ 　行為　　⑤ 　日常

(☆☆○○○)

【7】次の文は，小学校学習指導要領解説社会編(平成20年文部科学省)「第2章　社会科の目標及び内容」「第2節　社会科の内容」の一部を抜粋したものである。文中の( A )〜( E )に当てはまる語句の正しい組合せを選びなさい。ただし，同じ記号には同じ語句が入る。

　社会科の内容については，第3学年及び第4学年において地域社会に関する内容を，第5学年において我が国の国土と( A )に関する内容を，第6学年において我が国の歴史と( B )に関する内容を，それぞれ取り上げている。

1　第3学年及び第4学年の内容

　(略)

　第3学年及び第4学年では，これらの内容を取り上げ，自分たちの住んでいる地域の社会生活を総合的に理解できるようにす

るとともに，地域社会の一員としての自覚をもち，地域社会に対する誇りと愛情を育てるようにする。

　各学校においては，（　C　）を踏まえ，2年間を見通して，それぞれの学年でどの内容を取り上げ，どのように配列するのかを工夫することが大切である。

2　第5学年の内容

（略）

　なお，アの内容は国土の地理的環境の理解に関する内容であり，イからエの各内容は，我が国の主な（　A　）の様子や，それらと国民生活との関連を理解する内容である。

　第5学年では，これらの内容を取り上げ，我が国の国土と（　A　）の様子や特色を（　D　）に理解できるようにするとともに，国土の環境保全や自然災害の防止の重要性，我が国の産業の発展と社会の情報化の進展についての関心と国土に対する愛情を育てるようにする。

3　第6学年の内容

（略）

　第6学年では，これらの内容を取り上げ，我が国の歴史や政治の働き，我が国と関係の深い国の生活や国際社会における我が国の役割について理解できるようにするとともに，我が国の歴史や伝統を大切にし国を愛する心情や，平和を願う日本人として世界の国々の人々と共に生きていこうとする（　E　）を育てるようにする。

| | A | B | C | D | E |
|---|---|---|---|---|---|
| ① | 産　業 | 政治，国際理解 | 地域の実態 | 多面的・多角的 | 態　度 |
| ② | 伝統文化 | 政治，世界地理 | 児童の発達段階 | 総　合　的 | 態　度 |
| ③ | 産　業 | 社会，国際理解 | 児童の発達段階 | 総　合　的 | 態　度 |
| ④ | 産　業 | 政治，国際理解 | 地域の実態 | 総　合　的 | 自　覚 |
| ⑤ | 伝統文化 | 政治，世界地理 | 地域の実態 | 多面的・多角的 | 自　覚 |

（☆☆☆◎◎◎）

【8】 次に示す，海に面していない県のうち，県名と県庁所在地名が異なる県の組合せを選びなさい。

| | 海に面していない県のうち県名と庁所在地名が異なる県 |
|---|---|
| ① | 栃木県，茨城県，長野県，滋賀県 |
| ② | 栃木県，群馬県，山梨県，滋賀県 |
| ③ | 栃木県，群馬県，山梨県，岐阜県 |
| ④ | 群馬県，山梨県，滋賀県，岐阜県 |
| ⑤ | 栃木県，群馬県，山梨県，長野県 |

(☆☆☆◯◯◯)

【9】 次のA〜Eは条約等の一部を示したものである。年代の古い順に正しく並べ替え，3番目にあたるものを選びなさい。

| | |
|---|---|
| A | 第一条　日本国と各連合国との間の戦争状態は，第二十三条の定めるところによりこの条約が日本国と当該連合国との間に効力を生ずる日に終了する。<br>　　連合国は，日本国及びその領水に対する日本国民の完全な主権を承認する。<br>第二条　日本国は朝鮮の独立を承認して，済洲島，巨文島及び欝陵島を含む朝鮮に対するすべての権利，権原及び請求権を放棄する。 |
| B | 第三条　下田箱館港の外次にいふ所の場所を左之期限より開くへし<br>神奈川　午三月より凡十五ヶ月の後より　西洋紀元千八百五十九年七月四日<br>長崎　　午三月より凡十五ヶ月の後より　西洋紀元千八百五十九年七月四日<br>新潟　　午三月より凡二十ヶ月の後より　西洋紀元千八百六十年一月一日<br>兵庫　　午三月より凡五十六ヶ月の後より　西洋紀元千八百六十三年一月一日 |
| C | 1　日本国とソヴィエト社会主義共和国連邦との間の戦争状態は，この宣言が効力を生ずる日に終了し，両国の間に平和及び友好善隣関係が回復される。<br>2　日本国とソヴィエト社会主義共和国連邦との間に外交及び領事関係が回復される。両国は，大使の資格を有する外交使節を遅滞なく交換するものとする。また，両国は，外交機関を通じて，両国内におけるそれぞれの領事館の開設の問題を処理するものとする。 |
| D | 第一条　一　両締約国は，主権及び領土保全の相互尊重，相互不可侵，内政に対する相互不干渉，平等及び互恵並びに平和共存の諸原則の基礎の上に，両国間の恒久的な平和友好関係を発展させるものとする。…<br>第二条　両締約国は，そのいずれも，アジア・太平洋地域においても又は他のいずれの地域においても覇権を求めるべきではなく，… |
| E | 第二条　…日本国か韓国に於て政事上，軍事上及び経済上の卓絶なる利益を有することを承認し，…<br>第六条　…長春旅順口間の鉄道及其の一切の支線並同地方に於て之に附属する一切の権利，特権…補償を受くることなく且清国政府の承諾を以て日本帝国政府に移転譲渡すへきことを約す |

| ① | A |
|---|---|
| ② | B |
| ③ | C |
| ④ | D |
| ⑤ | E |

(☆☆☆◎◎◎)

【10】次の図は国会，内閣，裁判所の関係を示したものである。図中A～
Fにあてはまる語句の正しい組合せを選びなさい。

＜図＞

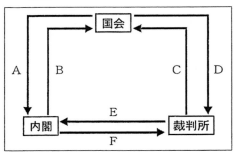

| ① | A：内閣総理大臣の指名，　B：衆議院の解散，　C：違憲立法審査 |
|---|---|
| ② | B：国会召集の決定，　C：国会に対する連帯責任，　D：弾劾裁判所の設置 |
| ③ | C：内閣不信任の決議，　D：最高裁判所長官の任命，<br>E：命令・行政処分の違憲審査 |
| ④ | D：最高裁判所裁判官の国民審査，　E：国務大臣の任免，<br>F：その他の裁判官の任命 |
| ⑤ | E：内閣総理大臣の任命，　F：最高裁判所長官の指名，　A：国勢調査 |

(☆☆☆◎◎◎)

【11】次の文は，小学校学習指導要領解説算数編(平成20年文部科学省)「第4章 指導計画の作成と内容の取扱い」「1 指導計画作成上の配慮事項」「(1) 継続的な指導や学年間の円滑な接続」の一部を抜粋したものである。

次の文中の[ ア ]～[ オ ]に当てはまる語句の正しい組合せを選びなさい。ただし，同じ記号には同じ語句が入る。

算数科の指導では，数量や図形についての基礎的・基本的な[ ア ]を確実に定着させるとともに，必要な場面においてそれらを活用できるようにする必要がある。そのためには，各学年で指導した内容が児童に身に付いているかどうかを評価し，次の学年以降においても必要に応じて継続して指導する必要がある。算数科においては，内容の[ イ ]が比較的にはっきりしており，これまでに指導した内容を基にして，それに積み重ねる形で新しい内容を指導することが多い。児童が既に学習してきた内容であっても，新しい内容の学習に必要なものについては，次の学年以降においても児童の実態に応じて継続して指導することが必要である。

また，[ ア ]や，思考力，判断力，表現力等にかかわる基礎的な能力については，その習熟や維持を図るために，適切な練習の機会を設ける必要がある。[ ウ ]をみながら適度の繰り返し練習の機会を設けることが大切である。また，問題解決における[ エ ]を設けたり，生活などへの[ エ ]を設けたりすることも，習熟や維持を図るためのよい練習の機会となるので，そうした面から[ オ ]指導を工夫することが大切である。

|  | ア | イ | ウ | エ | オ |
|---|---|---|---|---|---|
| ① | 知識及び技能 | 系統性や連続性 | 児童の学習状況 | 活用の場面 | 計画的な |
| ② | 算数の内容 | 系統性や連続性 | 児童の学習状況 | 活用の場面 | 組織的な |
| ③ | 算数の内容 | 系統性や連続性 | 児童の学習状況 | 発展の場面 | 計画的な |
| ④ | 算数の内容 | 継続性や発展性 | 年間指導計画 | 活用の場面 | 計画的な |
| ⑤ | 知識及び技能 | 継続性や発展性 | 年間指導計画 | 発展の場面 | 組織的な |

(☆☆☆◯◯◯)

【12】次の図のように，縦が3cm，横が4cmの長方形と1辺が3cmの正方形が1cmはなれてある。

　　1から6までの目がある大小2つのさいころを同時に1回投げ，大きいさいころの出た目の数の長さ(例：目が1のときは，1cm。)だけ次の図の長方形が直線ℓにそって【長方形が進む方向】に進み，小さいさいころの出た目の数の長さだけ下の図の正方形が直線ℓにそって【正方形が進む方向】に進む。

　　このとき，長方形と正方形が重なった部分の面積が最大になる確率を求めなさい。

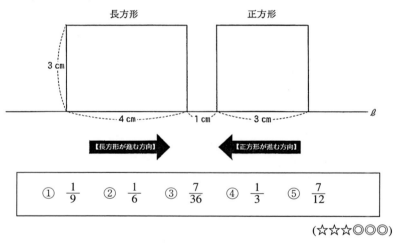

① $\dfrac{1}{9}$　② $\dfrac{1}{6}$　③ $\dfrac{7}{36}$　④ $\dfrac{1}{3}$　⑤ $\dfrac{7}{12}$

（☆☆☆◎◎◎）

【13】放物線$y=\dfrac{1}{4}x^2$と直線$y=4$との交点のうち，$x$座標が負であるものをA，正であるものをBとする。また，放物線$y=\dfrac{1}{4}x^2$と直線$y=9$との交点のうち，$x$座標が正であるものをCとし，四角形ABCDが平行四辺形となるようにDをとる。

　　点Eを，直線$y=4$上のAB間に，四角形ABCDと三角形AEDの面積の比が4：1になるようにとるとき，点D，Eを通る直線の式を求めなさい。

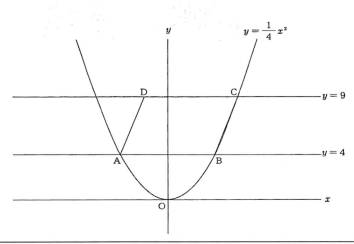

① $y=-2x+4$　② $y=-\dfrac{2}{5}x+3$　③ $y=-\dfrac{2}{5}x+4$

④ $y=-\dfrac{5}{2}x+3$　⑤ $y=-\dfrac{5}{2}x+4$

(☆☆☆○○○)

【14】次の図のように，1辺が6cmの立方体ABCDEFGHがある。辺BC，CD上にそれぞれBP：PC＝2：1，CQ：QD＝1：2となるように点P，Qをとる。4点P，Q，F，Hを通る平面によって2つに分けられる立体のうち，大きい方の立体の体積を求めなさい。

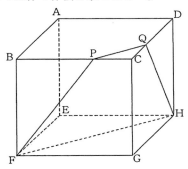

271

| | ① | 52cm³ | ② | 104cm³ | ③ | 112cm³ | ④ | 162cm³ |
| | ⑤ | 164cm³ | | | | | | |

(☆☆☆◎◎◎)

【15】次の文は，小学校学習指導要領(平成20年告示，平成27年3月一部改正)「第2章　各教科」「第4節　理科」「第2　各学年の目標及び内容」の一部を抜粋したものである。

文中の( ア )～( エ )に当てはまる語句の正しい組合せを選びなさい。ただし，同じ記号には同じ語句が入る。

〔第6学年〕
1　目標
(1)　燃焼，水溶液，てこ及び電気による現象についての( ア )や規則性を( イ )しながら調べ，見いだした問題を計画的に( ウ )したりものづくりをしたりする活動を通して，物の性質や規則性についての見方や考え方を養う。
(2)　生物の体のつくりと働き，生物と環境，土地のつくりと変化の様子，月と太陽の関係を( イ )しながら調べ，見いだした問題を計画的に( ウ )する活動を通して，生命を( エ )する態度を育てるとともに，生物の体の働き，生物と環境とのかかわり，土地のつくりと変化のきまり，月の位置や特徴についての見方や考え方を養う。

| | ア | イ | ウ | エ |
|---|---|---|---|---|
| ① | 要　因 | 推　論 | 観察，実験 | 尊　重 |
| ② | 性　質 | 推　論 | 追　究 | 愛　護 |
| ③ | 性　質 | 比　較 | 観察，実験 | 尊　重 |
| ④ | 要　因 | 比　較 | 観察，実験 | 愛　護 |
| ⑤ | 要　因 | 推　論 | 追　究 | 尊　重 |

(☆☆☆◎◎◎)

【16】ある地点で，ある日の午前0時に南の空を観察すると，次の図のように，シリウスが南中していた。1か月後に，同じ地点でシリウスが南中した時刻を選びなさい。

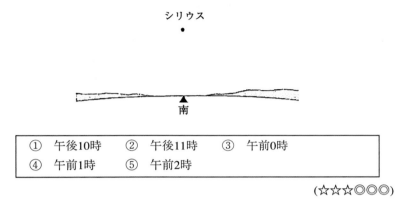

シリウス

南

| ① | 午後10時 | ② | 午後11時 | ③ | 午前0時 |
|---|---|---|---|---|---|
| ④ | 午前1時 | ⑤ | 午前2時 | | |

(☆☆☆◎◎◎)

【17】次の【準備したもの】を使って，コイルの巻き数と電磁石の強さとの関係を調べるには，ア～オのどれとどれを比べるとよいか。①から⑤のうち正しい組合せを1つ選びなさい。

【準備したもの】

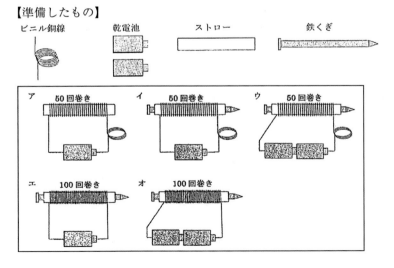

```
①  アとイ    ②  アとエ    ③  イとウ    ④  イとエ
⑤  エとオ
```

(☆☆☆◎◎◎)

【18】 メスシリンダーに水を40cm³入れ，そのメスシリンダーに質量54.0g
の金属球を入れ，水平な台の上に置いたところ，次の図のように見え
た。この金属球の密度はいくらか。正しいものを選びなさい。

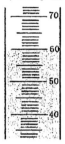

```
①  0.54g/cm³    ②  0.9g/cm³    ③  1.35g/cm³
④  2.7g/cm³     ⑤  14.0g/cm³
```

(☆☆☆◎◎◎)

【19】 次の文は，「スタートカリキュラムスタートブック」(平成27年1月
文部科学省　国立教育政策研究所　教育課程研究センター)における
「スタートカリキュラムの特性を生かした単元の構成」「学びを豊かに
するポイント」の一部を抜粋したものである。

文中の( ア )～( オ )に当てはまる語句を語群A～Jから選ん
だとき，正しい組合せを選びなさい。

> **思いや願いを生かした学習活動を構成する**
> 　生活の中で見付けた疑問を解決したり，子供の思いや願いを
> 実現したりすることで学ぶことへの意欲を高めていきます。そ
> のためにも，子供の( ア )を大切にして，子供の( イ )の流

274

れに沿った学校探検の計画を立てて実践しましょう。

　**体験をきっかけにして各教科等につなげる**

　学校探検を通して，見付けたり，遊んだり，不思議だなと感じたり，やってみたいなと思ったりしたことが，「話したい」，「伝えたい」という気持ちにつながります。それは，例えば国語科における「話す・聞く」の学習活動などの( ウ )となり，格好の学習材となります。

　**生活上必要な習慣や技能が身に付くように指導する**

　学校の( エ )に意識を向けることで，学校の施設はみんなのものであると，学校にはみんなで気持ちよく生活するための決まりやマナーがあることどに気付いたり，学校生活の( オ )を身に付けたりすることができるように指導することが大切です。

≪語群≫

A　活動　　　　B　かかわり　　C　意識　　　D　社会性

E　きっかけ　　F　動機付け　　G　公共性　　H　ルール

I　つぶやき　　J　リズム

|   | ア | イ | ウ | エ | オ |
|---|---|---|---|---|---|
| ① | B | A | F | D | J |
| ② | I | C | F | G | J |
| ③ | I | C | E | D | J |
| ④ | I | A | E | G | H |
| ⑤ | B | C | E | D | H |

(☆☆☆○○○)

【20】次の文は，小学校学習指導要領解説生活編(平成20年文部科学省)「第3章　生活科の内容」「第2節　生活科の内容」の一部を抜粋したものである。文中の( ア )～( オ )に当てはまる語句の正しい組合せを選びなさい。ただし，同じ記号には，同じ語句が入る。

> (7)　動物を飼ったり植物を育てたりして，それらの育つ場
> 　　所，（　ア　）や成長の様子に関心をもち，また，それら
> 　　は生命をもっていることや成長していることに気付き，
> 　　生き物への（　イ　）をもち，大切にすることができるよ
> 　　うにする。

(略)

　長期にわたる飼育・栽培の過程では，児童の（　ウ　）が揺さぶ
られるような場面が数多く生まれてくる。しかし，児童を取り
巻く自然環境や社会環境の（　ア　）によって，日常生活の中で自
然や生命と触れ合い，かかわり合う機会は乏しくなってきてい
る。このような現状を踏まえ，生き物への（　イ　）をもち，生命
の尊さを（　エ　）するために，（　オ　）な飼育・栽培を行うこと
には大きな意義がある。

| | ア | イ | ウ | エ | オ |
|---|---|---|---|---|---|
| ① | 変化 | 親しみ | 知的好奇心 | 理解 | 主体的 |
| ② | 要因 | 興味 | 知的好奇心 | 実感 | 継続的 |
| ③ | 変化 | 興味 | 感性 | 実感 | 主体的 |
| ④ | 要因 | 興味 | 感性 | 理解 | 主体的 |
| ⑤ | 変化 | 親しみ | 感性 | 実感 | 継続的 |

(☆☆◎◎◎◎)

【21】次の文は，小学校学習指導要領解説音楽編(平成20年文部科学省)
「第3章　各学年の目標及び内容」「第1節　第1学年及び第2学年の目標
と内容」「2　内容」「〔共通事項〕」の一部を抜粋したものである。文
中の(　ア　)～(　オ　)に当てはまる語句の正しい組合せを選びなさ
い。

○　「音色」とは，声や楽器などから出すことができる様々な音の( ア )を指す。一人の声や一つの楽器から，歌い方や楽器の演奏の仕方を工夫することによって，多様な音色を引き出すことができる。

○　「拍の流れ」とは，音楽の拍が( イ )時間的間隔をもって刻まれたり，間隔に伸び縮みが生じたりすることを指す。こうした拍の流れを感じ取りながら音楽に合わせて歌ったり，演奏したり，拍の流れの伸び縮みによって生まれる音楽の( ウ )に気付きながら音楽を聴いたりすることが求められる。

○　「フレーズ」とは，音楽の流れの中で，( エ )まとまりを指している。

○　「反復」には，リズムや旋律などが連続して繰り返される反復，音楽のいくつかの場所で合間をおいて繰り返される反復，( オ )の三部形式に見られる再現による反復などがある。

|   | ア | イ | ウ | エ | オ |
|---|---|---|---|---|---|
| ① | 質 | 一定の | よさや面白さ | 自然に区切られる | A－B－C |
| ② | 質 | 一定の | 微妙な変化 | 拍子を基にした | A－B－A |
| ③ | 表情 | 不定期な | よさや面白さ | 自然に区切られる | A－B－C |
| ④ | 表情 | 不定期な | 微妙な変化 | 拍子を基にした | A－B－C |
| ⑤ | 表情 | 一定の | 微妙な変化 | 自然に区切られる | A－B－A |

(☆☆☆☆◎◎◎)

【22】次の楽譜は，ある学年の歌唱共通教材の一部である。この教材について，ア～オの設問に正しく答えた組合せを選びなさい。

ア　この曲の曲名は何か。

　　a　われは海の子　　　b　とんび

イ　この曲は第何学年の歌唱共通教材か。

　　a　第4学年　　b　第6学年

ウ　□部Aの音をソプラノリコーダーで吹くときの運指はどれか。

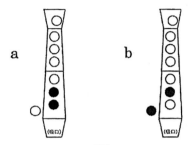

エ　□部Bの音符の長さは，□部Cの音符の長さの何倍か。

　　a　1.5倍　　b　3倍

オ　□部Dの2番の歌詞はどれか。

　　a　うたときき　　b　すみかなれ

| | ア | イ | ウ | エ | オ |
|---|---|---|---|---|---|
| ① | a | a | a | a | b |
| ② | a | b | a | b | a |
| ③ | b | b | b | a | b |
| ④ | b | a | a | b | a |
| ⑤ | a | b | b | b | b |

(☆☆☆○○○○)

【23】次のア〜エの各文は，工作などをするときに使う道具について述べたものである。その内容が正しいものを○，誤っているものを×としたとき，正しい組合せを選びなさい。

ア　紙やすりの目は，番号が大きいほど目が細かい。

イ　電動糸のこぎりのはは，次の図のように上向きにとりつける。

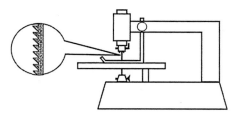

ウ　電動糸のこぎりのはを取り付けるときは，下部より先に上部のしめ具で止める。

エ　げんのうで釘を打つときは，打ち始めに平らな面で打ち，打ち終わりは少し丸みのある面で打ちこむ。

|   | ア | イ | ウ | エ |
|---|---|---|---|---|
| ① | ○ | ○ | × | × |
| ② | × | × | ○ | ○ |
| ③ | ○ | × | × | ○ |
| ④ | × | ○ | ○ | × |
| ⑤ | ○ | × | × | × |

(☆☆☆○○○)

【24】次の文は，小学校学習指導要領解説図画工作編(平成20年文部科学省)「第3章　各学年の目標及び内容」「第1節　第1学年及び第2学年の目標と内容」「2　内容」「A　表現」の一部を抜粋したものである。文中の(　あ　)〜(　お　)に当てはまる語句を，下の語群のa〜jから選んだときの正しい組合せを選びなさい。ただし，同じ記号には同じ語句が入る。

指導に当たっては，児童が思い付いた方法をすぐに試せるような(　あ　)を用意したり，材料や用具を活用できる(　い　)を十分に確保したりすることなどが必要である。また，児童が体全体を働かせて発揮している創造的な技能をとらえ，これを一層伸ばすような(　う　)の工夫が重要である。

このようなア，イ，ウの事項を考慮し，指導計画を作成する

必要がある。例えば，児童の意欲や(　え　)を高めるために，材料の例を示した上で，児童が材料を集めることが考えられる。教師自身が集めたり保護者の協力を得たりしながら，造形活動に役立つ材料を数多く準備し，保管しておくことも考えられる。造形活動を始めるときには，教師が一緒に活動したり，材料や活動の例をあげたりすることによって児童の(　え　)を広げることが考えられる。ただ，指示的になりすぎて児童の(　え　)を狭めたり，具体的な作品をつくるような意識を強くもたせたりすることには十分注意する必要がある。また，つくる行為とその過程が重要な活動なので，これを適切にとらえ評価し指導に生かすことが重要である。特に，活動場所の範囲や(　お　)に配慮することは重要である。

≪語群≫

a　児童の実態　　b　時間　　c　安全　　d　発想　　e　状況
f　学習活動　　　g　環境　　h　支援　　i　指導と評価　　j　表現

|     | あ | い | う | え | お |
| --- | --- | --- | --- | --- | --- |
| ① | e | g | i | d | a |
| ② | g | b | h | j | c |
| ③ | e | f | h | j | c |
| ④ | g | b | i | d | c |
| ⑤ | e | g | h | d | a |

(☆☆☆◎◎◎)

【25】次のア～エの各文は，衣類等の洗濯表示(取扱い表示(JIS L0001))について述べたものである。その記号を下のa～hから選んだとき，正しい組合せを選びなさい。

ア　液温は40℃を限度とし，洗濯機で非常に弱い洗濯処理ができる。

イ　ドライクリーニング禁止

ウ　タンブル乾燥処理ができる。(排気温度の上限80℃)

エ　つり干し乾燥がよい。

| | a | b | c | d |
|---|---|---|---|---|
| | Ⓟ | ☲ 40 | ☲ 40 | ◉ |
| | e | f | g | h |
| | I | ⊗ | △ | ⊠ |

| | ア | イ | ウ | エ |
|---|---|---|---|---|
| ① | b | h | d | g |
| ② | b | f | d | e |
| ③ | c | f | d | e |
| ④ | b | h | a | g |
| ⑤ | c | f | a | e |

(☆☆☆◎◎◎)

【26】次の文は，小学校学習指導要領解説家庭科編(平成20年文部科学省)「第3章　指導計画の作成と内容の取扱い」「4　家庭との連携」の一部を抜粋したものである。文中の( ア )～( オ )に当てはまる語句を語群a～jから選んだとき，正しい組合せを選びなさい。

　　家庭科で学習する知識と技能などは，繰り返して学習したり( ア )で活用したりして( イ )を図ることができる。学習したことをもとに家庭生活に生かし，( ウ )に実践できるようにするために，家庭との連携を積極的に図る必要がある。

　　家庭との連携を進めるためには，例えば，家庭科の学習のねらいや内容について，授業参観や学年だより，学級だより等を通して情報を提供するなど，( エ )が家庭科学習の意義や内容を理解できるようにする。また，家庭での( オ )が計画されていることを事前に伝えたり，協力を依頼したりすることなども考えられる。

≪語群≫

| a | 学校生活 | b | 主体的 | c | 継続的 | d | 家族 |
|---|---|---|---|---|---|---|---|
| e | 保護者 | f | 向上 | g | 実践 | h | 定着 |
| i | 実習 | j | 日常生活 | | | | |

| | ア | イ | ウ | エ | オ |
|---|---|---|---|---|---|
| ① | a | f | b | e | g |
| ② | a | h | b | d | g |
| ③ | j | h | c | d | i |
| ④ | a | f | c | e | i |
| ⑤ | j | h | c | d | g |

(☆☆☆◎◎◎)

【27】次の各文は，「『生きる力』を育む小学校保健教育の手引き」(平成
25年3月文部科学省)「第1章　総説」「第3節　目標，内容及び指導方法」
「1．保健教育の目標」の一部を抜粋したものである。文中の(　ア　)
～(　エ　)に当てはまる語句を語群a～hから選んだとき，正しい組合
せを選びなさい。ただし，同じ記号には同じ語句が入る。

> (略)　学校における保健教育の目標は，(　ア　)の変化に伴う
> 新たな(　イ　)を踏まえつつ，生涯にわたって自分や周りの人の
> (　イ　)を自覚し，その課題を解決するために必要な(　ウ　)，
> さらに健康な(　エ　)を行うことができるように，児童生徒の発
> 達の段階に応じた実践力等の資質や能力及び態度を育成するこ
> とである。

≪語群≫

| | | |
|---|---|---|
| a　社会 | b　知識や実践 | c　健康課題 |
| d　環境づくり | e　食生活づくり | f　生活環境 |
| g　意志決定や行動選択 | h　保健課題 | |

| | ア | イ | ウ | エ |
|---|---|---|---|---|
| ① | a | h | g | d |
| ② | f | c | g | d |
| ③ | a | h | b | d |
| ④ | f | h | b | e |
| ⑤ | f | c | g | e |

(☆☆☆◎◎◎)

【28】次の文は，小学校学習指導要領解説体育編(平成20年文部科学省)「第1章　総説」「2　体育科改訂の趣旨」「ア　改善の基本方針」の一部を抜粋したものである。文中の(　ア　)～(　エ　)に当てはまる語句を語群a～hから選んだとき，正しい組合せを選びなさい。

> (ア)　小学校，中学校及び高等学校を通じて，「体育科，保健体育科については，その課題を踏まえ，生涯にわたって(　ア　)を保持増進し，豊かなスポーツライフを実現することを重視し改善を図る。その際，心と体を一体としてとらえ，健全な成長を促すことが重要であることから，引き続き(　イ　)と体育を関連させて指導することとする。また，学習したことを実生活，実社会において生かすことを重視し，学校段階の接続及び発達の段階に応じて指導内容を整理し，明確に示すことで体系化を図る。」としている。
>
> (イ)　体育については，「体を動かすことが，身体能力を身に付けるとともに，情緒面や知的な発達を促し，集団的活動や身体表現などを通じてコミュニケーション能力を育成することや，筋道を立てて練習や作戦を考え，改善の方法などを互いに話し合う活動などを通じて(　ウ　)をはぐくむことにも資することを踏まえ，それぞれの運動が有する特性や魅力に応じて，(　エ　)な身体能力や知識を身に付け，生涯にわたって運動に親しむことができるように，発達の段階のまとまりを考慮し，指導内容を整理し体系化を図る。」としている。

≪語群≫

a　保健体育　　　　b　体力　　c　実践力　　d　合理的
e　論理的思考力　　f　健康　　g　保健　　　h　基礎的

| | ア | イ | ウ | エ |
|---|---|---|---|---|
| ① | f | a | e | d |
| ② | f | g | e | h |
| ③ | b | a | c | h |
| ④ | b | g | c | d |
| ⑤ | b | g | e | h |

(☆☆☆◎◎◎)

【29】次の文は，小学校学習指導要領解説特別活動編(平成20年文部科学省)「第3章　各活動・学校行事の目標及び内容」「第1節　学級活動」「4　学級活動の内容の取扱い」「(6)　その他の配慮事項」の一部を抜粋したものである。文中の(　ア　)～(　オ　)に当てはまる語句を語群a～hから選んだとき，正しい組合せを選びなさい。ただし，同じ記号には同じ語句が入る。

ア　学級活動「(1)学級や学校の生活づくり」では，学級の生活上の(　ア　)を取り上げ，学級会を通して学級としての意見をまとめるなど(　イ　)決定をし，決まったことを協力して実践していく活動が中心となる。その際，(　ウ　)ことや(　イ　)決定をしたことをみんなで実践することの大切さが実感できるようにするとともに，充実した楽しい学級や学校の生活が送れるようにすることが重要である。

イ　学級活動「(2)日常の生活や学習への適応及び健康安全」では，児童に(　エ　)を取り上げ，話合いを通してその原因や対処の方法などについて考え，自己の問題の解決方法などについて(　オ　)決定し，強い意志をもって粘り強く実行していく活動が中心になる。そして，(　オ　)決定したことがその後の生活の改善に生かすことができるように励ましたり，助言したりすることが大切である。その際，提示する資料や評価等を工夫することが重要である。

≪語群≫

a　集団　　　　　b　共同の問題　　　c　対話を行う
d　意思　　　　　e　折り合いを付ける　f　共通する問題

284

g　喫緊の問題　　h　自己

|   | ア | イ | ウ | エ | オ |
|---|---|---|---|---|---|
| ① | f | d | e | b | a |
| ② | b | a | e | f | h |
| ③ | b | a | c | g | d |
| ④ | g | d | c | f | h |
| ⑤ | g | h | e | b | d |

(☆☆☆◎◎◎)

【30】次の文は，小学校学習指導要領解説特別の教科道徳編(平成27年7月
　文部科学省)「第2章　道徳教育の目標」「第2節　道徳科の目標」の一
　部を抜粋したものである。文中の(　ア　)～(　オ　)に当てはまる語句
　を語群a～jから選んだとき，正しい組合せを選びなさい。

　3　道徳的な判断力，心情，実践意欲と態度を育てる

　　(略)

　　道徳的判断力は，それぞれの場面において善悪を判断する能力であ
　る。つまり，人間として生きるために道徳的価値が大切なことを理解
　し，様々な状況下において人間としてどのように対処することが望ま
　れるかを判断する力である。的確な道徳的判断力をもつことによって，
　それぞれの場面において(　ア　)道徳的行為が可能になる。

　　道徳的心情は，道徳的価値の大切さを感じ取り，善を行うことを喜
　び，悪を憎む感情のことである。人間としてのよりよい生き方や善を
　志向する感情であるとも言える。それは，道徳的行為への動機として
　強く作用するものである。

　　道徳的実践意欲と態度は，道徳的心情や道徳的判断力によって
　(　イ　)とされた行動をとろうとする傾向性を意味する。道徳的実践
　意欲は，道徳的判断力や道徳的心情を基盤とし道徳的価値を実現しよ
　うとする意志の働きであり，道徳的態度は，それらに裏付けられた具
　体的な道徳的行為への(　ウ　)と言うことができる。

　　(略)　道徳科においては，その目標を十分に理解して，教師の一方
　的な押し付けや単なる(　エ　)などに終始することのないように特に

留意し，それにふさわしい指導の(　オ　)や方法を講じ，指導の効果を高める工夫をすることが大切である。

≪語群≫

a　内容　　　　　　　　b　価値がある　　　c　生活経験の話合い

d　身構え　　　　　　　e　理想的な　　　　f　心構え

g　登場人物の心情理解　h　機に応じた　　　i　計画

j　適切である

|  | ア | イ | ウ | エ | オ |
|---|---|---|---|---|---|
| ① | e | b | d | c | i |
| ② | h | j | f | c | a |
| ③ | h | b | d | c | i |
| ④ | h | b | f | g | a |
| ⑤ | e | j | f | g | i |

(☆☆☆◎◎◎)

【31】次の文は，小学校学習指導要領解説総合的な学習の時間編(平成20年文部科学省)「第6章　総合的な学習の時間の年間指導計画及び単元計画の作成」「第3節　単元計画の作成」「1　単元計画の基本的な考え方」の一部を抜粋したものである。文中の(　ア　)～(　オ　)に当てはまる語句を，語群a～jから選んだとき，正しい組合せを選びなさい。

　目標にも示されている通り，総合的な学習の時間の学習活動については，(　ア　)な学習であることを重要な要件の一つとしている。したがって，総合的な学習の時間では，児童にとって意味のある問題の解決や探究活動のまとまりとなるように単元を計画することが大切である。児童は，自分を取り巻くひと，もの，ことについて，様々な関心や疑問を抱いている。教師は，その中から(　イ　)価値のあるものをとらえ，それを適切に生かして学習活動を組織する。学習活動の展開においては，育てようとする(　ウ　)が育成され，内容が獲得されるように，児童が自ら課題を解決する過程を想定して単元の計画を立てる。

　このようにして生み出された単元は，児童の関心や疑問を拠り所と

するので，児童の活動への意欲は高い。また，そこでの学習も真剣な
ものとなりやすく，学んだ内容も（　エ　）ものとなることが多い。そ
の一方で，児童が主体的に進める活動の展開においては，教師が意図
した内容を児童が自ら学んでいくように単元を構成する点に難しさが
ある。この点がうまくいかないと，単なる体験や活動に終始してしま
う場合もある。いわゆる「（　オ　）」とは，このような状況に陥った
実践を批判した表現である。

≪語群≫

a　見方や考え方　　b　生きて働く　　　　c　問題解決的
d　教育的に見て　　e　児童の実態から見て　f　資質や能力及び態度
g　這い回る学習　　h　活動あって学びなし　i　自己の成長に気付く
j　探究的

|  | ア | イ | ウ | エ | オ |
|---|---|---|---|---|---|
| ① | c | d | f | b | g |
| ② | j | e | f | i | g |
| ③ | j | d | f | b | h |
| ④ | c | e | a | b | g |
| ⑤ | j | d | a | i | h |

(☆☆☆◎◎◎)

## 解答・解説

【1】問1　④　　問2　②

〈解説〉問1　午後に電話に出られない理由として，ベッキーが2言目でシ
カゴにある叔父の家まで車で行かなければならない，と述べている。
問2　ベッキーの3言目で，Could you just ask him to e-mail me「メール
をするように伝えてくれますか」と述べられているので，ベッキーは
サトシにメールをしてほしいと思っていることがわかる。

【2】問1　①　　問2　③　　問3　②

〈解説〉問1　第1段落でサリーが小学生の時に読んだ歴史の本がきっかけで城に興味を持つようになったと述べられている。　問2　第2段落の2文目と3文目で，福岡県で3年間英語教師をしたこと，その際に日本人の同僚に話しかけることで日本語を勉強したことが述べられている。　問5　最終文で，自分の旅行会社を持つことが新しい夢だと書かれている。

【3】④

〈解説〉①　the only important relationship(唯一の大切な関係)が誤り。本文第1文目で，教師が教える際に生徒との関係性が大切と述べられているが，これが唯一の大切な関係とは述べられていない。　②　第4文目で述べられている内容と真逆である。　③　第5文目の内容と真逆である。　⑤　第3文目で「教師にとって一番大切なことは敏感さです」と述べられているのに反する。

【4】③

〈解説〉国語科における学習項目は「話すこと・聞くこと」「書くこと」「読むこと」で構成されており，各項目について目標と内容が示されている。例えば，本問の「話すこと・聞くこと」に関する育成目標として，「相手に応じ，身近なことなどについて，事柄の順序を考えながら話す能力」「大事なことを落とさないように聞く能力」「話題に沿って話し合う能力を身に付けさせるとともに，進んで話したり聞いたりしようとする態度」があげられている。したがって，目標と学習内容，言語活動を関連付けて学習すると理解も深まるだろう。

【5】①

〈解説〉bは低学年と中学年の内容が逆，dは中学年と高学年の内容が逆，eは低学年・中学年・高学年の内容が高学年，低学年，中学年の内容となっている。

【6】問1　⑤　　問2　③

〈解説〉問1　このままでは，オの後文「日常に接する言葉…」が何を指すのかがつかめない。挿入文では「無意識をたがやす」ことが述べられており，これが述べている内容であることがわかる。　問2　言葉が無意識から発せられること，また「無意識のプロセスに働きかけて，その無意識のプロセスを磨いていくこと」を踏まえて考えるとよいだろう。

【7】④

〈解説〉社会科は学年によって学習内容がはっきり異なるため，混同しないようにおさえておきたい。基本的には住んでいる地域から都道府県，国，世界へと拡大されていることを踏まえておくとよいだろう。

【8】②

〈解説〉いわゆる内陸県に関する問題である。本問における内陸県は栃木県，群馬県，山梨県，長野県，岐阜県，滋賀県であり，その中で県名と県庁所在地が異なるのは，栃木県(宇都宮市)，群馬県(前橋市)，山梨県(甲府市)，滋賀県(大津市)である。内陸県とともに，隣接県についても確認しておくとよい。

【9】①

〈解説〉Aはサンフランシスコ平和条約で1951年，Bは日米修好通商条約で1858年，Cは日ソ共同宣言で1956年，Dは日中平和友好条約で1978年，Eはポーツマス条約で1905年である。

【10】①

〈解説〉日本の三権分立に関する出題である。立法(国会)，行政(内閣)，司法(裁判所)の三権による相互監視のことであり，権利の濫用を防ぐことができる。なお，Dは弾劾裁判，Eは命令・規則・処分の適法性の審査，Fは最高裁判所長官の指名などがあげられる。

**【11】**①

〈解説〉算数科は学年によって学習する内容がはっきりしており，系統性や連続性が比較的見えやすい教科ともいえる。そのため，問題文にあるとおり，既習事項の復習と新事項の学習が1つの授業で行うことが多い。このことから「(1) 継続的な指導や学年間の円滑な接続」では「次の学年以降においても必要に応じて継続して指導すること」「数量や図形についての基礎的な能力の習熟や維持を図るため，適宜練習の機会を設けて計画的に指導すること」「学年間の指導内容を円滑に接続させるため，適切な反復による学習指導を進めるようにすること」と示されている。

**【12】**③

〈解説〉大小2つのさいころを同時に1回投げるとき，全ての目の出方は6×6＝36〔通り〕。長方形と正方形が重なった部分の面積が最大になるのは，正方形全体が長方形に含まれるとき，つまり正方形，長方形の両方が動いた和が4〜5cmのときである。大きいさいころの出た目の数を$a$，小さいさいころの出た目の数を$b$とした場合，$(a, b)=(1, 3)$，$(1, 4)$，$(2, 2)$，$(2, 3)$，$(3, 1)$，$(3, 2)$，$(4, 1)$の7通り。よって，求める確率は$\dfrac{7}{36}$である。

**【13】**⑤

〈解説〉点A，Bについて，$4=\dfrac{1}{4}x^2 \Leftrightarrow x^2=16 \Leftrightarrow x=\pm\sqrt{16}=\pm4$より，Aは$(-4, 4)$であり，Bは$(4, 4)$とわかる。一方，点C，Dについて，$9=\dfrac{1}{4}x^2 \Leftrightarrow x^2=36 \Leftrightarrow x=\pm\sqrt{36}=\pm6$　より，C$(6, 9)$であり，点Dの$x$座標は$6-\{4-(-4)\}=-2$より，D$(-2, 9)$とわかる。したがって，四角形ABCDの底辺が8，高さが9−4＝5なので，面積は40となる。題意より三角形AEDの面積は10，高さは5なので，底辺が4になるように点Eをとると，E$(0, 4)$となる。2点D，Eを通る直線の式は，傾きが$\dfrac{4-9}{0-(-2)}=-\dfrac{5}{2}$で，切片が4だから，$y=-\dfrac{5}{2}x+4$となる。

【14】⑤

〈解説〉直線CG，PF，QHの交点をOとする。OC＝$x$cmとすると，平行線と線分の比についての定理より，OC：OG＝PC：FG＝PC：BC＝1：$(2+1)$＝1：3 ⇔ $x$：$(x+6)$＝1：3 よって，$x$＝OC＝3cm 三角錐OPCQ∽三角錐OFGHで，相似比はPC：FG＝1：3だから，体積比は三角錐OPCQ：三角錐OFGH＝$1^3$：$3^3$＝1：27 よって，4点P，Q，F，Hを通る平面によって2つに分けられる立体のうち，小さい方の立体の体積は 三角錐OFGH×$\frac{27-1}{27}$＝$\frac{1}{3}$×$\left(\frac{1}{2}×6×6\right)$×$(3+6)$×$\frac{26}{27}$＝52〔cm³〕，大きい方の立体の体積は，立方体ABCDEFGHの体積－52＝$6^3$－52＝164〔cm³〕とわかる。

【15】⑤

〈解説〉第6学年では，推論に重点が置かれていることに注意したい。学習指導要領解説によると，「観察，実験などを計画的に行っていく条件制御の能力に加えて，自然の事物・現象の変化や働きについてその要因や規則性，関係を推論する能力を育成する」ことをねらいとしている。

【16】①

〈解説〉同じ日に星を観察すると，1時間で約15度ずつ動き，同じ時刻で継続的に星を観察すると，観察できる位置は1か月で西に約30度ずれる。したがって，本問の場合，南中する時刻は1か月前に南中していた時刻よりも2時間早まる。

【17】④

〈解説〉関係を調べるためには，1つの条件のみを変えて比較すればよい。今回は，コイルの巻き数と電磁石の強さの関係を調べるため，巻き数のみを変えているものを選ぶ。なお，ア～ウの右にビニル銅線がまとめられているが，これはコイルに使う銅線の長さが50回巻きと100回巻きで異なるため，50回巻きで余った銅線を束ねたものと推察される。

したがって，考慮に入れないでよいだろう。

**【18】④**

〈解説〉メスシリンダーのメモリより，増加した体積を読み取り，金属球の体積を求める。もともと水は40cm³入っていたので，図より20cm³増加したことになる。密度は質量÷体積で求めることができるので，金属球の密度は54.0÷20＝2.7〔g/cm³〕となる。

**【19】②**

〈解説〉スタートカリキュラムとは「小学校へ入学した子供が，幼稚園・保育所・認定こども園などの遊びや生活を通した学びと育ちを基礎として，主体的に自己を発揮し，新しい学校生活を創り出していくためのカリキュラム」と定義されている。いわゆる小1プロブレムを防止するためのカリキュラムであり，学習指導要領解説でもその導入が示されている。

**【20】⑤**

〈解説〉小学校学習指導要領解説によると，動植物の育成について，どちらか一方を行うのではなく，第1〜2学年の2年間の見通しをもちながら，両方を確実に行っていくこととしていることにも注意を払ってほしい。なお，育成する動植物の選択にも身近な環境に生息しているもの，児童が安心してかかわることができるもの，といった条件が考えられるので，学習指導要領解説などで学習してほしい。

**【21】⑤**

〈解説〉教科目標や学年目標は学習指導要領関連の問題の中でも最頻出なので，文章だけでなく，その内容もきちんと確認したい。オは「三部形式にみられる再現による反復」という記述から「A－B－A」であることがわかる。

【22】②

〈解説〉共通教材に関する問題は，出題頻度が高い。各学年4曲ずつある
　ので楽譜も含め確認する必要がある。楽譜は，第6学年の共通教材
　「われは海の子」である。調号にファ，ドに♯があることからAの音は
　「ド♯」である。なお，オのb「すみかなれ」は1番に出てくる歌詞で
　ある。

【23】③

〈解説〉ア　紙やすりには「番手」と呼ばれる番号がついており，番号が
　若いほど目が粗くなる。粗目のものは大まかな荒れを研磨するのに用
　い，細目のものは主に仕上げ用に使用する。　イ　電動糸のこぎりの
　刃先は必ず下向きに取り付ける。刃が上向きだと，木材が作業台から
　跳ね上がり大変危険である。　ウ　刃を取り付ける際は下のしめ具か
　ら留める。　エ　げんのうには平面と曲面(木殺し面)があり，平面は
　打ち始め，曲面は釘の頭が5ミリほど残ったあたりから使い始める。
　打ち始めは柄の頭に近いほうを握り軽く打ち，釘がしっかりと刺さっ
　たら柄の端のほうを持つ。

【24】④

〈解説〉問題文ではウに関する指導と表現に関する指導が混在しているこ
　とに注意したい。なお，問題文中にあるア～ウとは「ア　身近な自然物
　や人工の材料の形や色などを基に思い付いてつくること」「イ　感覚や
　気持ちを生かしながら楽しくつくること」「ウ　並べたり，つないだり，
　積んだりするなど体全体を働かせてつくること」を指す。

【25】③

〈解説〉なお，aはパークロロエチレンおよび石油系溶剤によるドライク
　リーニングができる，bは液温40℃を限度とし，洗濯機で弱い処理が
　出来る，gは塩素系及び酸素系の漂白剤を使用して漂白ができる，hは
　タンブル乾燥禁止である。

【26】⑤

〈解説〉家庭科は「衣食住などに関する実践的・体験的な活動を通して，日常生活に必要な基礎的基本的な知識及び技能を身に付けるとともに，家庭生活を大切にする心情をはぐくみ，家族の一員として生活をよりよくしようとする実践的な態度を育てる」ことを目標としているため，家庭との連携は重要になる。児童の家庭生活は個々で異なるため，一概に言えないところもあるが，児童が家庭生活で充実した実践ができるよう，学習内容を情報として家庭に提供するといったことがあげられる。

【27】②

〈解説〉問題文の内容は小学校・中学校・高等学校すべての保健教育にいえることであるとしている。そのため「生涯を通じて自らの健康を適切に管理し改善していく資質や能力の育成」を大目標として，小学校では「身近な生活における健康・安全に関する基礎的な内容」を，中学校では「個人生活における健康・安全に関する内容」を，高等学校では「個人及び社会生活における健康・安全に関する内容」を学習するとしている。

【28】②

〈解説〉学習指導要領の改訂は，中央教育審議会答申(以下，中教審答申)などで指摘された課題を踏まえて行われることがほとんどである。したがって，本資料や中教審答申に示されている課題を確認した上で方針や具体的内容を見ると，より理解が深まるだろう。例えば，中教審答申では運動領域の課題として「幼児教育との円滑な接続を図ること」「体力の低下傾向が深刻な問題となっていること」「積極的に運動する子どもとそうでない子どもの二極化への指摘があること」「各学年の系統性を図ること」等をあげている。

【29】②

〈解説〉特別活動には出題された学級活動のほか，児童会活動，クラブ活動，学校行事がある。特に頻出なのは学級活動と学校行事なので内容を十分に学習しておきたい。なお，問題文イの「(2)日常の生活や学習への適応及び健康安全」における共通事項の指導について，学習指導要領解説では「日常のあらゆる教育活動を通して進められる生徒指導の充実を図り，学級活動の授業として取り上げる内容を発達の段階に即して重点化することが必要」としていることを理解しておきたい。

【30】③

〈解説〉道徳教育の目的やねらいは，学習指導要領総則にある教育課程編成の一般方針の2を踏まえることが必要である。つまり，道徳教育は学校の教育活動全体で行われるべきであり，道徳の授業だけで行われることではないこと。各教科が有する特徴を生かしながら，児童の道徳性を成長させる工夫が必要とされる。なお，問題文にある「道徳的判断力」「道徳的心情」「道徳的実践意欲と態度」とは，人間としてよりよく生きようとする人格的特性である道徳性を構成する諸様相をさす。

【31】③

〈解説〉本資料によると，総合的な学習の時間における単元計画には「児童による主体的で粘り強い問題の解決や探究活動を生み出すには，児童の関心や疑問を重視し，適切に取り扱うこと」「問題の解決や探究活動の展開において，いかにして教師が意図した学習を効果的に生み出していくか」という2つのポイントがあるとしている。さらに，「児童の関心や疑問は，そのすべてを本人が意識しているとは限らず，無意識の中に存在している部分も多い」「児童の関心や疑問とは，児童の内に閉ざされた固定的なものではなく，環境との相互作用の中で生まれ，変化するもの」「価値ある学習に結び付く見込みのあるものを取り上げ，単元を計画すること」といった注意点もあげていることをおさえておきたい。

# 2017年度　実施問題

【1】次に読まれる英文を聞き，問1から問2の設問に対する答えとして最も適切なものを，下の①～⑤から一つ選びなさい。

(英文及び設問は2回読まれる。)

Carrie: Hi, Hiroshi, what did you do last weekend?

Hiroshi: Oh, I had such a terrible cold, and I was in bed for three days.

Carrie: Were you? Are you OK? How did you get a cold?

Hiroshi: I was going to meet Keiko in the park on a very cold day, and I waited for an hour but she didn't turn up.

Carrie: That's too bad. What happened to Keiko?

Hiroshi: Well, her car was caught in heavy traffic and she left her cell phone in her house.

Carrie: I see. That's why you waited so long. Did you go to a hospital?

Hiroshi: No, I didn't. I felt something was wrong on Saturday at midnight but the hospital was closed. I bought cold medicine at a drugstore on Sunday.

問1　Why did Hiroshi get a cold?

① Because he caught a cold from Keiko.

② Because he was outside on a cold day for a long time.

③ Because he didn't go to a hospital.

④ Because he didn't go to the park.

⑤ Because he felt a chill after taking a bath.

問2　Why didn't Hiroshi go to a hospital?

① Because he didn't have enough money.

② Because he worked all day.

③ Because he didn't know where a hospital was.

④ Because he was caught in heavy traffic.

⑤　Because the hospital wasn't open.

(☆☆○○○)

【2】次に読まれる英文を聞き，問1から問3の設問に対する答えとして最
　　も適切なものを，下の①〜⑤から一つ選びなさい。

　　(英文及び設問は2回読まれる。)

　　Hello. My name is Bill Thomas. I am from the USA. I was born in
Colorado in 1995, and ten years later my family moved to London, so I spent
about half of my life there until I went back to Colorado in 2015.

　　When I was a child I read many Japanese comics. My favorite ones are
about sports, like soccer, baseball, and basketball. I saved money for buying
Japanese comics. My parents gave me one as my birthday present every year.
Before I went back to Colorado, I studied movie making at a continuing
education college in London for two years. I have come to Japan to study
about the production of animated films. I am determined to be a movie
director in the future.

　　I want to try two things during my stay in Japan. First, I want to visit hot
springs. There are many good hot springs in Kyushu. We have many hot
springs in our country, but I want to try Japanese ones. Second, I want to learn
how to make Japanese food. I especially want to make sushi. I want to try
making Japanese-style New Year's food, too.

問1　How long did Bill live in London?

　　①　For about 5 years.

　　②　For about 10 years.

　　③　For about 15 years.

　　④　For about 20 years.

　　⑤　For about 25 years.

問2　What kind of Japanese comics does Bill like ?

　　①　Sports themed comics.

　　②　School themed comics.

③　Cooking themed comics.

④　Samurai themed comics.

⑤　Adventure themed comics.

問3　What does Bill want to try in Japan?

①　Playing baseball and paper folding.

②　Visiting shrines and making sushi.

③　Visiting hot springs and making Japanese dishes.

④　Playing soccer and making many friends.

⑤　Practicing kendo and sumo.

(☆☆☆◎◎◎)

【3】次の文は，小学校学習指導要領(平成20年告示，平成27年3月一部改正)「第2章　各教科」「第1節　国語」「第2　各学年の目標及び内容」〔第3学年及び第4学年〕「2　内容」「C　読むこと」の一部を抜粋したものである。文中の( A )～( E )に当てはまる語句を語群a～jから選んだとき，正しい組合せを，あとの①～⑤から一つ選びなさい。

(1)　読むことの能力を育てるため，次の事項について指導する。

ア　内容の中心や場面の様子がよく分かるように音読すること。

イ　目的に応じて，中心となる語や文をとらえて段落相互の関係や( A )との関係を考え，文章を読むこと。

ウ　場面の移り変わりに注意しながら，登場人物の( B )の変化，情景などについて，叙述を基に想像して読むこと。

エ　目的や必要に応じて，文章の要点や細かい点に注意しながら読み，文章などを引用したり要約したりすること。

オ　文章を読んで考えたことを発表し合い，一人一人の( C )について違いのあることに気付くこと。

カ　目的に応じて，いろいろな本や文章を選んで読むこと。

(2)　(1)に示す事項については，例えば，次のような言語活動を通して指導するものとする。

ア　物語や詩を読み，感想を述べ合うこと。

イ　記録や報告の文章，（　D　）などを読んで利用すること。

ウ　記録や報告の文章を読んでまとめたものを読み合うこと。

エ　（　E　）を取り上げて説明すること。

オ　必要な情報を得るために，読んだ内容に関連した他の本や文章などを読むこと。

≪語群≫

| | | | |
|---|---|---|---|
| a | 感想と意見 | b | 事実と意見 |
| c | 性格や気持ち | d | 相互関係や心情 |
| e | 経験 | f | 感じ方 |
| g | 図鑑や事典 | h | 新聞 |
| i | 物語や，科学的なことについて書いた本 | j | 紹介したい本 |

| | A | B | C | D | E |
|---|---|---|---|---|---|
| ① | b | c | f | g | j |
| ② | a | c | e | h | i |
| ③ | b | d | f | h | j |
| ④ | a | d | e | g | i |
| ⑤ | b | c | e | g | j |

(☆☆◎◎◎)

【4】次のa～dの各文は，小学校学習指導要領解説国語編(平成20年文部科学省)「第2章　国語科の目標及び内容」「第2節　国語科の内容」「2　各領域及び〔伝統的な言語文化と国語の特質に関する事項〕の内容」のうち，【(1)「A話すこと・聞くこと」】【(2)「B書くこと」】について述べたものである。正しく述べられているものの組合せを，あとの①～⑤から一つ選びなさい。

なお，　　　内の文では，「第1学年及び第2学年」を低学年，「第3学年及び第4学年」を中学年，「第5学年及び第6学年」を高学年と表現している。

a　話し合うことに関する指導事項には，

　　低学年では，互いの話を集中して聞き，話題に沿って話し合うこと，中学年では，互いの考えの共通点や相違点を考え，司会や提案などの役割を果たしながら，進行に沿って話し合うこと，高学年では，互いの立場や意図をはっきりさせながら，計画的に話し合うことを示している。

b　構成に関する指導事項には，

　　低学年では，文章全体における段落の役割を理解し，自分の考えが明確になるように，段落相互の関係などに注意して文章を構成すること，中学年では，自分の考えが明確になるように，事柄の順序に沿って簡単な構成を考えること，高学年では，自分の考えを明確に表現するため，文章全体の構成の効果を考えることを示している。

c　記述に関する指導事項には，

　　低学年では，語と語や文と文との続き方に注意しながら，つながりのある文や文章を書くこと，中学年では，目的や意図に応じて簡単に書いたり詳しく書いたりすること，文章の敬体と常体との違いに注意しながら書くこと，高学年では，書こうとすることの中心を明確にし，目的や必要に応じて理由や事例を挙げて書くこと，引用したり，図表やグラフなどを用いたりして，自分の考えが伝わるように書くことを示している。

d　交流に関する指導事項には，

　　低学年では，書いたものを読み合い，よいところを見付けて感想を伝え合うこと，中学年では，書いたものを発表し合い，書き手の考えの明確さなどについて意見を述べ合うこと，高学年では，書いたものを発表し合い，表現の仕方に着目して助言し合うことを示している。

① a, b　　② c, d　　③ a, d　　④ b, c　　⑤ b, d

（☆☆☆◎◎◎）

【5】いままでに人類が獲得した情報収集手段を歴史的に，また極めて概略的に列挙しますと，直接観察・見聞→書籍→ラジオ(音声)→テレビ(音声と映像)→インターネット(マルチメディア)となります。これは，そのまま，情報収集の「効率」と「容易さ」の向上の順番です。

　まず，書籍のお蔭で私たちは時間(時代)と空間(地域)を超えた情報を得ることができるようになりました。さらに，活字と印刷術の発明は情報を量ばかりでなく，時間的，空間的にも著しく拡大したのです。そして，テレビは人類の知識量を飛躍的に増大させました。最近は，パソコンあるいは携帯電話を通じてインターネットを利用すれば，ありとあらゆる情報が瞬時に，極めて容易に得られるようになっています。

　しかし，人間の脳の活動と“情報の意味化”において，文字メディアとテレビのような映像メディアとは根本的に異なります。

　文字メディアの場合，まず文字を，そして読むことを学び，習得しなければなりません。また，文字というそれ自体は具体的な“像”を持たない記号の羅列である文，文章から場面や状況や内容を自分自身の頭の中で具体化しなければならないのです。自分自身による“　A　”，“組み立て”の作業が必要なのです。そのためには“心の眼”が不可欠です。

　ところが，テレビのような映像メディアは，具体的な像を音声つきで与えてくれます。自分自身による“　A　”のような作業は不要なのです。したがって，その分，知識の増量は容易で迅速でもあるわけです。

　この“　A　”の作業が必要であるか否かは，脳の活性化，智慧の発達のことを考えれば，決定的な違いです。ITの発達によって，人間は知識を飛躍的に増したのですが，それに比例して智慧を低下させたように思われるのです。智慧は自分の頭で考えることによって身につく能力だからです。ちなみに“知識”は「ある事項について知っていること」で，“智慧”は「物事の道理を悟り，適切に処理する能力」です。

　もちろん，情報収集手段が直接観察・見聞や書籍などに限られていた“昔”は知識の多寡がその人物の価値を決める大きな要素でした。“もの知り”は大きな価値を持っていましたし，尊敬もされました。しかし，現在のようにITが発達した社会では，知識の多寡については，人間がどのように頑張っても，膨大な記憶量をもつパソコンやインターネットに絶対に叶わないのです。つまり，人間の価値として，知識の多寡は大きな意味を持たないのです。人間の価値は智慧の多寡にかかっているのです。

　　(志村　史夫　著「文系？理系？人生を豊かにするヒント」による。一部改変)

問1　文中の　Ａ　に入るものとして最適なものを，次の①〜⑤から一つ選びなさい。

①　経験　　②　納得　　③　我慢　　④　想像　　⑤　集中

問2　本文の内容について説明した文として最適なものを，次の①〜⑤から一つ選びなさい。

①　ITの発達によって，人間は自分の頭で考える機会が増えた。

②　もの知りと言われる人たちは，物事の道理を悟り適切に処理する能力をもっている。

③　知識は，自分で考えることによって身に付くものである。

④　新聞や書物から情報を得て，自分の頭で考えることが大切である。

⑤　人間の価値は，物事の道理を悟り，適切に処理する能力がどれだけあるかにかかっている。

(☆☆○○○)

【6】次の文は，小学校学習指導要領(平成20年告示，平成27年3月一部改正)「第2章　各教科」「第2節　社会」「第2　各学年の目標及び内容」〔第6学年〕「2　内容」の一部を抜粋したものである。文中の(　ア　)～(　オ　)に当てはまる語句の正しい組合せを，下の①～⑤から一つ選びなさい。ただし，同じ記号には同じ語句が入る。

(2)　我が国の政治の働きについて，次のことを調査したり資料を活用したりして調べ，(　ア　)と関連付けて政治は国民生活の安定と向上を図るために大切な働きをしていること，現在の我が国の民主政治は(　イ　)の基本的な考え方に基づいていることを考えるようにする。

(3)　世界の中の日本の(　ウ　)について，次のことを調査したり地図や地球儀，資料などを活用したりして調べ，外国の人々と共に生きていくためには異なる(　エ　)を理解し合うことが大切であること，(　オ　)の大切さと我が国が世界において重要な(　ウ　)を果たしていることを考えるようにする。

|  | ア | イ | ウ | エ | オ |
|---|---|---|---|---|---|
| ① | 基本的人権 | 日本国憲法 | 役割 | 国土と歴史 | 世界平和 |
| ② | 基本的人権 | 国際協調 | 責任 | 文化や習慣 | 世界平和 |
| ③ | 国民主権 | 国際協調 | 役割 | 国土と歴史 | 社会参画 |
| ④ | 国民主権 | 日本国憲法 | 役割 | 文化や習慣 | 世界平和 |
| ⑤ | 国民主権 | 日本国憲法 | 責任 | 国土と歴史 | 社会参画 |

(☆☆☆◎◎◎)

【7】 次の略地図中のA～Eは，県庁所在地を示している。A～Eのうち，新幹線の停車駅のある県庁所在地(2016年4月現在)を，下の①～⑤から一つ選びなさい。

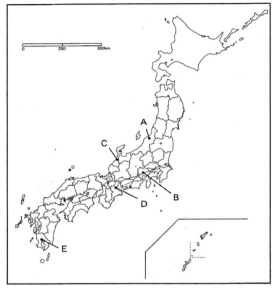

① A，B，D

② A，C，D

③ A，C，E

④ B，C，E

⑤ B，D，E

(☆☆☆◯◯◯)

【8】 次のA～Eの各史料に書かれている出来事を年代の古い順に並べたものを，あとの①～⑤から一つ選びなさい。

| A | 六波羅殿の御一家の君達といひてしかば，花族も栄耀も面をむかへ肩をならぶる人なし。されば入道相国のこじうと，平大納言時忠卿ののたまひけるは，「此一門にあらざむ人は皆人非人なる |
|---|---|

べし」とぞのたまひける。…

（「平家物語」）

B

　大業三年，其の王多利思比孤，使を遣はして朝貢す。使者曰く，「聞くならく，海西の菩薩天子，重ねて仏法を興すと，故，遣はして朝拝せしめ，兼ねて沙門数十人，来りて仏法を学ぶ」と。其の国書に曰く，「日出づる処の天子，書を日没する処の天子に致す。恙無きや，云々」と。…

（「隋書」倭国伝）

C

　乙丑，詔して曰く。「聞くならく，墾田は養老七年の格に依りて，限満つるの後，例に依りて収授す。是に由りて農夫怠倦して，開ける地復た荒ると。今より以後は，任に私財と為し，三世一身を論ずること無く，咸悉くに永年取る莫れ。…

（「続日本紀」）

D

　…倭国乱れ，相攻伐すること年を歴。乃ち共に一女子を立てて王と為す。名を卑弥呼と曰ふ。鬼道に事へ，能く衆を惑はす。年已に長大なるも，夫婿無く，男弟有り，佐けて国を治む。…

（「魏志」倭人伝）

E

　…答へて云く，「何ぞ和し奉らざらむや」。又云く。「誇りたる歌になむ有る。但し宿構に非ず」者。「此の世をば我が世とぞ思ふ望月のかけたることも無しと思へば」。…

（「小右記」）

① C→B→E→A→D
② D→B→C→E→A
③ C→E→D→B→A
④ D→E→A→B→C
⑤ D→A→E→C→B

（☆☆☆◎◎◎）

305

【9】次の資料は，我が国の為替相場(円／1米ドル)の年平均推移を示している。資料について説明した下の文中の( ア )～( オ )に当てはまる語句の正しい組合せを，下の①～⑤から一つ選びなさい。

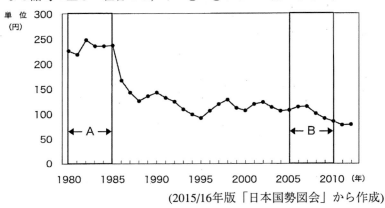

(2015/16年版「日本国勢図会」から作成)

　我が国は，第二次田中内閣の1973年2月から( ア )制に移行した。資料のAで示した期間は，Bで示した期間に比べると，円の対外価値は( イ )く，我が国の( ウ )に有利な期間であった。Aで示した期間直後から円の対外価値が急激に変化したことや，超( エ )金利等が相まって，巨額の資金が( オ )に流れてバブル経済が起こった。

|  | ア | イ | ウ | エ | オ |
|---|---|---|---|---|---|
| ① | 変動為替相場 | 高 | 輸入 | 低 | 預金と国債 |
| ② | 金本位 | 低 | 輸入 | 高 | 土地と株 |
| ③ | 変動為替相場 | 高 | 輸出 | 高 | 土地と株 |
| ④ | 金本位 | 低 | 輸入 | 高 | 預金と国債 |
| ⑤ | 変動為替相場 | 低 | 輸出 | 低 | 土地と株 |

(☆☆☆◎◎◎)

【10】次の文は，小学校学習指導要領解説算数編(平成20年文部科学省)「第2章　算数科の目標及び内容」「第1節　算数科の目標」の一部を抜粋したものである。文中の( ア )～( オ )に当てはまる語句を語群a～hから選んだとき，正しい組合せを，あとの①～⑤から一つ選びな

さい。ただし，同じ記号には同じ語句が入る。

問題解決の方法や結果が正しいことをきちんと示すためには，筋道を立てて考えることが求められる。それは，（　ア　）を明らかにしながら，一歩ずつ進めていくという考えである。ある前提を基にして説明していくという（　イ　）な考えが代表的なものであるが，児童が算数を学習していく中では，（　ウ　）な考えや類推的な考えもまた，（　ア　）となる事柄を示すという点で，筋道を立てた考えの一つといえる。

算数科においては，問題を解決したり，判断したり，（　エ　）したりする過程において，見通しをもち筋道を立てて考えたり（　オ　）したりする力を高めていくことを重要なねらいとしている。

≪語群≫

a　思考　　　b　事実　　　c　表現　　　d　演繹的　　　e　推論
f　根拠　　　g　帰納的　　　h　応用

|     | ア | イ | ウ | エ | オ |
|-----|----|----|----|----|----|
| ① | f | g | d | a | c |
| ② | b | g | d | e | h |
| ③ | f | d | g | e | h |
| ④ | b | d | g | a | h |
| ⑤ | f | d | g | e | c |

(☆☆☆◎◎◎)

【11】赤，青，黄のカードにそれぞれ1から順に数字が書かれている。このカードを次の図のように左から順に並べたとき，左から89番目に並ぶカードの色と数字の組合せを，あとの①〜⑤から一つ選びなさい。

| 赤 | 青 | 青 | 黄 | 黄 | 黄 | 青 | 黄 | 黄 | 赤 | 青 | 赤 | 黄 | 赤 | 赤 | 青 | 青 | 青 |
|----|----|----|----|----|----|----|----|----|----|----|----|----|----|----|----|----|----|
| 1 | 1 | 2 | 1 | 2 | 3 | 3 | 4 | 5 | 2 | 3 | 4 | 6 | 5 | 6 | 4 | 5 | 6 |

・・・

①　青28　　②　赤29　　③　黄30　　④　青29　　⑤　赤30

(☆☆☆◎◎◎)

【12】次の図は，1次関数$y＝-x＋2$のグラフであり，点Aはこのグラフと$x$軸の交点である。このグラフ上に点Pをとり，線分PAを一辺とする正方形をつくる。この正方形の面積が18となるとき，点Pの$x$座標を求めなさい。

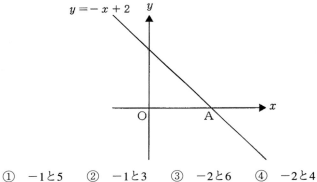

①　-1と5　　②　-1と3　　③　-2と6　　④　-2と4
⑤　-3と7

(☆☆☆◎◎◎)

【13】次の図は，1辺が6cmの正四面体ABCDの辺AD上に，AE：ED＝2：1となる点Eをとったものである。このとき，三角形BECの面積を求めなさい。

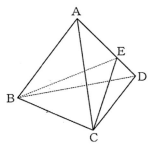

① $3\sqrt{13}$cm²　② $2\sqrt{5}$cm²　③ $4\sqrt{13}$cm²　④ $2\sqrt{15}$cm²

⑤ $3\sqrt{19}$cm²

(☆☆☆◎◎◎)

【14】次の文は，小学校学習指導要領(平成20年告示，平成27年3月一部改正)「第2章　各教科」「第4節　理科」「第1　目標」を抜粋したものである。文中の( ア )～( エ )に当てはまる語句の正しい組合せを，下の①～⑤から一つ選びなさい。

> 　自然に親しみ，( ア )をもって観察，実験などを行い，( イ )能力と自然を愛する( ウ )を育てるとともに，自然の事物・現象についての( エ )を伴った理解を図り，科学的な見方や考え方を養う。

|  | ア | イ | ウ | エ |
|---|---|---|---|---|
| ① | 見通し | 問題解決の | 心情 | 実感 |
| ② | 目的意識 | 問題解決の | 態度 | 体験 |
| ③ | 目的意識 | 科学的に探究する | 心情 | 実感 |
| ④ | 見通し | 科学的に探究する | 態度 | 体験 |
| ⑤ | 目的意識 | 問題解決の | 態度 | 実感 |

(☆☆☆◎◎◎)

【15】ホウセンカの茎を水中で切り，赤色に着色した水を入れたフラスコにホウセンカの茎をさし，数時間後，ホウセンカの茎を薄く輪切りにして，その断面を顕微鏡で観察した。観察したホウセンカの維管束で，赤色に着色した水が通った管がある部分を塗りつぶした模式図として，最も適切なものを，次の①～⑤から一つ選びなさい。

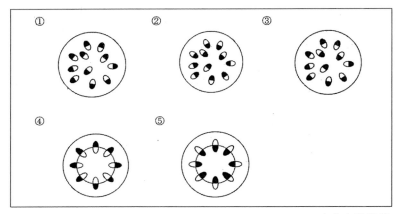

(☆☆☆◎◎◎)

【16】 次の①～⑤のように気体を発生させて，試験管に集めた。集めた気体の入った試験管の口に，水でぬらした赤色のリトマス紙をかざすと，青色になったのはどれか。次の①～⑤から一つ選びなさい。
① 石灰石にうすい塩酸を加えた。
② 塩化アンモニウムと水酸化カルシウムの混合物を加熱した。
③ 二酸化マンガンに過酸化水素水を加えた。
④ 亜鉛にうすい塩酸を加えた。
⑤ 炭酸水素ナトリウムを加熱した。

(☆☆☆◎◎◎)

【17】 てこ実験器のうでを指で固定し，1個10gのおもりを5個つるした。てこ実験器のうでから指を離したとき，てこが水平につり合うのはどれか。最も適切なものを，次の①～⑤から一つ選びなさい。

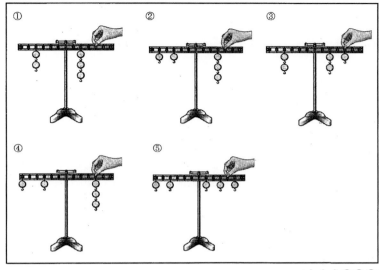

(☆☆☆◎◎◎)

【18】次の図は,「スタートカリキュラムスタートブック」(平成27年1月文部科学省,国立教育政策研究所教育課程研究センター)におけるスタートカリキュラム編成の手順の例を示したものである。図の( ア )～( オ )に当てはまる語句の正しい組合せを,あとの①～⑤から一つ選びなさい。

≪図≫

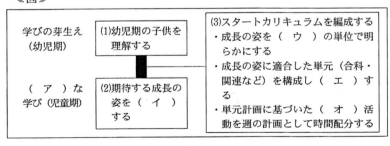

| | ア | イ | ウ | エ | オ |
|---|---|---|---|---|---|
| ① | 自覚的 | 共有 | 週や月 | 配列 | 学習 |
| ② | 主体的 | 共有 | 月や学期 | 配列 | 体験 |
| ③ | 主体的 | 想定 | 月や学期 | 配列 | 学習 |
| ④ | 自覚的 | 想定 | 週や月 | 列挙 | 学習 |
| ⑤ | 主体的 | 共有 | 週や月 | 列挙 | 体験 |

(☆☆☆○○○)

【19】次の文は，小学校学習指導要領(平成20年告示，平成27年3月一部改正)「第2章　各教科」「第5節　生活」「第2　各学年の目標及び内容」〔第1学年及び第2学年〕「2　内容」の一部を抜粋したものである。文中の( ア )～( オ )に当てはまる語句を語群a～jから選んだとき，正しい組合せを，下の①～⑤から一つ選びなさい。ただし，同じ記号には同じ語句が入る。

> (9)　自分自身の( ア )を( イ )，多くの人々の支えにより自分が大きくなったこと，自分でできるようになったこと，( ウ )が増えたことなどが分かり，これまでの生活や( ア )を支えてくれた人々に( エ )の気持ちをもつとともに，これからの( ア )への願いをもって，( オ )に生活することができるようにする。

≪語群≫

| a | 自覚し | b | 主体的 | c | 役割 | d | 発達 | e | 成長 |
|---|---|---|---|---|---|---|---|---|---|
| f | 感謝 | g | 担当 | h | 意欲的 | i | 尊敬 | j | 振り返り |

| | ア | イ | ウ | エ | オ |
|---|---|---|---|---|---|
| ① | d | a | g | f | h |
| ② | e | j | c | f | h |
| ③ | d | j | c | f | b |
| ④ | e | a | c | i | b |
| ⑤ | e | j | g | i | b |

(☆☆☆○○○○)

【20】次の文は，小学校学習指導要領(平成20年告示，平成27年3月一部改正)「第2章　各教科」「第6節　音楽」「第2　各学年の目標及び内容」〔第5学年及び第6学年〕「2　内容」〔共通事項〕を抜粋したものである。文中の( a )〜( e )に当てはまる語句の正しい組合せを，下の①〜⑤から一つ選びなさい。ただし，同じ記号には同じ語句が入る。

---

(1)　「A表現」及び「B鑑賞」の指導を通して，次の事項を指導する。

ア　音楽を形づくっている( a )のうち次の(ア)及び(イ)を聴き取り，それらの働きが生み出すよさや面白さ，美しさを( b )こと。

(ア)　音色，リズム，速度，旋律，強弱，音の重なりや和声の響き，音階や調，拍の流れやフレーズなどの音楽を特徴付けている( a )

(イ)　反復，問いと答え，変化，( c )などの音楽の( d )

イ　音符，休符，記号や音楽にかかわる用語について，音楽活動を通して( e )こと。

---

| | a | b | c | d | e |
|---|---|---|---|---|---|
| ① | 要素 | 理解する | 音楽の縦と横の関係 | 仕組み | 感じ取る |
| ② | 要素 | 感じ取る | 音楽の縦と横の関係 | 仕組み | 理解する |
| ③ | 要素 | 理解する | テクスチュア | 仕組み | 感じ取る |
| ④ | 仕組み | 感じ取る | 音楽の縦と横の関係 | 要素 | 理解する |
| ⑤ | 仕組み | 理解する | テクスチュア | 要素 | 感じ取る |

(☆☆☆◎◎◎)

【21】次の楽譜は，ある学年の歌唱共通教材の一部である。この教材について，ア〜エの各設問において，a〜cから正しいものを1つ選んだとき，正しい組合せを，あとの①〜⑤から一つ選びなさい。

ア　この曲の曲名は何か。

　　a　まきばの朝　　　b　春がきた　　　c　とんび

イ　この曲は小学校第何学年の歌唱共通教材か。

　　a　第3学年　　　　b　第4学年　　　　c　第5学年

ウ　音符，休符，記号について正しいものはどれか。

　　a　　　部Aの記号は，タイである。

　　b　　　部Bの音符は，付点2分音符である。

　　c　　　部Cの休符は，4分休符である。

エ　　　部Dの音をピアノで弾くときの鍵盤はどれか。

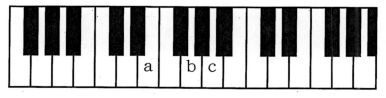

|     | ア | イ | ウ | エ |
| --- | --- | --- | --- | --- |
| ① | a | b | a | c |
| ② | b | a | c | b |
| ③ | b | c | b | c |
| ④ | a | b | c | b |
| ⑤ | c | b | a | a |

(☆☆☆○○○○)

【22】次の文は，小学校学習指導要領解説図画工作編(平成20年文部科学省)「第3章　各学年の目標及び内容」「第3節　第5学年及び第6学年の目標と内容」「2　内容」「A　表現」の一部を抜粋したものである。文中の(　ア　)～(　オ　)に当てはまる語句を語群a～jから選んだとき，正しい組合せを，あとの①～⑤から一つ選びなさい。

「感じたこと，想像したこと，見たこと，伝え合いたいこと」は，表したいことの基になる自分のイメージについて示している。「感じたこと，想像したこと」とは，体験したことから感じたこと，関心のあることから想像したことなど，児童自身が思ったことである。高学年では，自分の感情を(　ア　)に表すことを通して，自分を見つめる活動などもできるようになる。「見たこと」とは，児童が見たり触れたりしてとらえたことである。この時期には，(　イ　)を意図的に表そうとしたり，(　ウ　)につくろうとしたりすることに関心をもつ児童も出てくる。「伝え合いたいこと」は，学校や地域など，社会の一員としての意識をもち始め，他の人の気持ちを考えながら行動するようになる高学年の発達に応じて示している。自分を見つめ，他者や社会にかかわろうとする意図や目的のある内容で，例えば，自分が使って楽しむもの，自分の思いを伝えるもの，身の回りを(　エ　)したり生活の幅を広げたりするものなどが考えられる。「表したいことを(　オ　)表す」とは，このような児童自身が心に思い描いたことを基に表したいことを発想して表すことを示している。

≪語群≫

a　形や色　　　　　　b　見付けて　　　c　計画的
d　奥行きや前後関係　e　美しく　　　　f　再現的
g　楽しく　　　　　　h　思い付いて　　i　動きや奥行き
j　絵や立体

|   | ア | イ | ウ | エ | オ |
|---|---|---|---|---|---|
| ① | a | d | f | g | b |
| ② | j | i | c | e | b |
| ③ | j | d | c | g | h |
| ④ | a | i | f | e | b |
| ⑤ | a | d | c | e | h |

(☆☆☆◎◎◎)

【23】次のア～オの各文は，描画の技法について述べたものである。その技法名を下の語群a～jから選んだとき，正しい組合せを，あとの①～⑤から一つ選びなさい。

ア　使い終わったカレンダーや雑誌などから，絵や写真などを好きな形に切り抜き，組合せの効果を確かめ，画面に貼り付ける。

イ　ろうやニス，クレヨンなどで図柄を描き，図柄の上から水で溶いた水彩絵の具で彩色する。

ウ　凹凸のあるものに紙をあて，上からクレヨンや色鉛筆などの描画材でこすり，形を写し出す。

エ　吸水性の低い紙やガラスなどの上に絵の具を多めに置き，上から紙を押し当てて絵の具を写し取る。

オ　溶き油で溶いた油絵の具などを水面にたらし，棒で静かに動かしたり口で吹いたりして模様をつくり，上から紙を押し当てて模様を写し取る。

≪語群≫

a　クロスハッチング　　b　デカルコマニー　　c　スパッタリング
d　バチック　　　　　　e　ストリング　　　　f　フロッタージュ
g　ドリッピング　　　　h　マーブリング　　　i　スタンピング
j　コラージュ

| | ア | イ | ウ | エ | オ |
|---|---|---|---|---|---|
| ① | c | d | f | b | g |
| ② | j | e | f | i | g |
| ③ | j | d | f | b | h |
| ④ | c | e | a | b | g |
| ⑤ | j | d | a | i | h |

(☆☆☆◎◎◎)

【24】次の文は，小学校学習指導要領解説家庭科編(平成20年文部科学省)「第2章　家庭科の目標及び内容」「第1節　家庭科の目標」「1　教科の目標」の一部を抜粋したものである。文中の( ア )〜( オ )に当てはまる語句を語群a〜jから選んだとき，正しい組合せを，あとの①〜⑤から一つ選びなさい。ただし，同じ記号には同じ語句が入る。

---

　「家族の一員として生活をよりよくしようとする実践的な態度を育てる」ということは，家族の一員として，家庭生活を改めて( ア )実感したりすることによって，( イ )の自分の生活の中から課題を見いだし，身に付けた知識や技能を活用して生活をよりよくしようと( ウ )能力と進んで実践しようとする態度を育てることである。

　生活をよりよくしようと( ウ )能力とは，すなわち，よりよい生活を目指して課題を解決する能力であり，家庭生活における身近な課題を( エ )考える思考力，考えたことを基に課題の解決を図るための判断力，自らの考えを的確に表す表現力などを含む。実生活と関連を図った( オ )を効果的に取り入れ，身近な生活の課題を解決する能力をはぐくむ指導を充実するようにする。

---

≪語群≫

a　これから　　　　　b　見つめ直したり　　c　現実

317

d　様々な角度から　　e　体験的な学習　　f　問い直したり

g　工夫する　　　　　h　科学的に　　　　i　問題解決的な学習

j　想像する

|  | ア | イ | ウ | エ | オ |
|---|---|---|---|---|---|
| ① | f | c | j | h | i |
| ② | b | a | g | h | e |
| ③ | b | a | j | d | e |
| ④ | b | c | g | d | i |
| ⑤ | f | a | g | d | i |

（☆☆☆◎◎◎）

【25】次のア～エの各文は，五大栄養素のはたらきについて述べたものである。各文の栄養素の名称の正しい組合せを，下の①～⑤から一つ選びなさい。

ア　主として体内で燃焼してエネルギーになる。1gで発生するエネルギーは約9kcalである。細胞膜の重要な成分となるなど，体の組織をつくる。

イ　主として体内で燃焼してエネルギーになる糖質と，腸のはたらきをよくし，便秘の解消などに役立つ食物繊維がある。

ウ　体の組織をつくったり，体の調子を整えたりするなど重要なはたらきをしている。ミネラルともいう。

エ　体の調子を整える重要なはたらきをしている。油に溶けやすい性質のものと，水に溶けやすい性質のものがある。

|  | ア | イ | ウ | エ |
|---|---|---|---|---|
| ① | 炭水化物 | たんぱく質 | 無機質 | ビタミン |
| ② | 脂質 | 炭水化物 | 無機質 | ビタミン |
| ③ | 脂質 | たんぱく質 | 無機質 | ビタミン |
| ④ | 脂質 | 炭水化物 | ビタミン | 無機質 |
| ⑤ | 炭水化物 | たんぱく質 | ビタミン | 無機質 |

（☆☆☆◎◎◎◎）

【26】 次のA〜Dの各文は，小学校体育科保健領域及びその領域の小学校
　　第5学年・第6学年の指導内容について述べたものである。文中の下線
　　部ア〜エについて，正しいものを○，誤っているものを×としたとき，
　　正しい組合せを，下の①〜⑤から一つ選びなさい。

---

A　小学校体育科保健領域は，ア「毎日の生活と健康」，「育ちゆく体とわたし」，「心の健康」，「けがの防止」，「病気の予防」及び「健康と環境」の内容で構成されている。

B　交通事故や身の回りの生活の危険が原因となって起こるけがの防止には，周囲の危険に気付くこと，的確な判断の下に安全に行動すること，イ環境を安全に整えることが必要であることを理解できるようにする。

C　生活行動がかかわって起こる病気の予防には，糖分，脂肪分，塩分などを摂りすぎる偏った食事や間食を避けたり，口腔の衛生を保ったりするなど，健康によいウ生活習慣を身に付ける必要があることを理解できるようにする。

D　病原体がもとになって起こる病気の予防には，病原体の発生源をなくしたり，その移る道筋を断ち切ったりして病原体が体に入るのを防ぐこと，また，予防接種や調和のとれた食事，適切な運動，休養及び睡眠をとることなどによって，エ体の抵抗力を高めておくことが必要であることを理解できるようにする。

---

|   | ア | イ | ウ | エ |
|---|---|---|---|---|
| ① | × | ○ | ○ | ○ |
| ② | × | × | × | ○ |
| ③ | ○ | × | ○ | × |
| ④ | × | ○ | × | × |
| ⑤ | ○ | ○ | × | ○ |

（☆☆☆○○○）

【27】次の文は，小学校学習指導要領解説体育編(平成20年文部科学省)
「第1章　総説」「3　体育科改訂の要点」の一部を抜粋したものである。
文中の(　ア　)～(　オ　)に当てはまる語句を語群a～jから選んだと
き，正しい組合せを，下の①～⑤から一つ選びなさい。

> 　　体育科については，中央教育審議会の答申の趣旨を踏まえて，
> 次の方針によって改訂を行った。
> (1)　生涯にわたって運動に親しむ資質や能力の基礎を培う観点
> 　　を重視し，各種の運動の(　ア　)を味わうことができるように
> 　　するとともに，児童の(　イ　)を踏まえ指導内容の(　ウ　)を
> 　　図ること。
> (2)　指導内容の確実な定着を図る観点から，運動の系統性を図
> 　　るとともに，運動を一層(　エ　)に取り上げることができるよ
> 　　うにすること。
> (3)　体力の向上を重視し，「(　オ　)」の一層の充実を図るとと
> 　　もに，学習したことを家庭などでも生かすことができるよう
> 　　にすること。

　　　　　　　※文中の(1)～(3)の表記は，原文ではそれぞれ①～③である。

≪語群≫

a　基本の運動　　　b　学習の進度　　　c　体系化

d　固定的　　　　　e　楽しさや喜び　　f　明確化

g　発達の段階　　　h　体つくり運動　　i　弾力的

j　価値

|  | ア | イ | ウ | エ | オ |
|---|---|---|---|---|---|
| ① | e | g | f | d | h |
| ② | j | g | c | d | a |
| ③ | j | b | c | d | h |
| ④ | e | b | c | i | a |
| ⑤ | e | g | f | i | h |

(☆☆☆◎◎◎)

【28】次の英文を読み，その内容に合致するものを下の①〜⑤から一つ選びなさい。

What is the most common and most important system of communication used by humans? Speech is the principal communication system of humans. The word 'speech' refers to human speech, either spoken or written. Only humans have speech. Other living things can communicate by means of sound and body movements, but humans are the only living creatures to have developed speech.

① Only people communicate nonverbally.

② Only people communicate by means of body movements.

③ Some animals except humans cannot communicate without speech.

④ Some animals can communicate with nonverbal communication.

⑤ No animals can communicate with nonverbal communication.

(☆☆☆◎◎◎)

【29】次のア〜コの各文は，小学校学習指導要領解説特別活動編(平成20年文部科学省)「第3章　各活動・学校行事の目標及び内容」「第1節　学級活動」「3　学級活動の指導計画」にある，学級活動の内容の特質に応じた「話合い活動」の事前の活動過程について述べた文の一部を抜粋したものである。「学級や学校の生活づくり」の事前の活動について説明した文を，ア〜コから5つ選んで活動の進み方に沿って順番に並べたとき，正しい組合せを，あとの①〜⑤から一つ選びなさい。

ア　個々の児童が共通に解決すべき問題として授業で取り上げる内容を決めて，児童に伝え，問題意識を共有化させる。

イ　年間指導計画において取り上げる題材についての学級の児童の問題の状況などを確認する。

ウ　話合いの柱や順番など，話合い活動(学級会)の活動計画を作成する(教師は，指導計画)。

エ　よりよい学級や学校の生活づくりにかかわる諸問題を見付け，提案をする。

オ　話し合うことについて考えたり，情報を収集したりして，自分の
　考えをまとめるなど問題意識をもつ。

カ　目標を達成したり，問題を解決したりするために，全員で話し合
　うべき「議題」を決める。

キ　個々の児童が共通に解決すべき問題として，「題材(名)」を決める。

ク　導入，展開，終末の指導計画を作成し事前調査をしたり，資料を
　作成したりする(発達段階に即して児童の自主的な活動を取り入れ
　るようにする)。

ケ　協力して達成したり，解決したりする共同の問題(活動)を決めて，
　問題意識を共有化する。

コ　授業において取り上げる問題について自分の現状について考えた
　り，学級の現状を調べたりして問題意識をもつ。

| | | 活動の進み方 → | | | |
|---|---|---|---|---|---|
| ① | エ | ケ | カ | ウ | オ |
| ② | ア | イ | コ | カ | ウ |
| ③ | カ | ケ | エ | コ | ク |
| ④ | イ | ア | キ | ク | コ |
| ⑤ | ケ | エ | オ | キ | ク |

(☆☆☆◎◎◎)

【30】次の文は，小学校学習指導要領解説特別の教科道徳編(平成27年文
部科学省)「第2章　道徳教育の目標」「第2節　道徳科の目標」「2　道
徳性を養うために行う道徳科における学習」の一部を抜粋したもので
ある。文中の( ア )～( オ )に当てはまる語句を語群a～jから選ん
だとき，正しい組合せを，あとの①～⑤から一つ選びなさい

(1)　道徳的諸価値について理解する

　道徳的価値とは，よりよく生きるために必要とされるものであり，
人間としての在り方や生き方の礎となるものである。学校教育におい
ては，これらのうち発達の段階を考慮して，児童一人一人が( ア )
する上で必要なものを内容項目として取り上げている。児童が将来，

様々な問題場面に出会った際に，その状況に応じて自己の生き方を考え，主体的な判断に基づいて道徳的実践を行うためには，道徳的価値の意義及びその大切さの理解が必要になる。

一つは，内容項目を，人間としてよりよく生きる上で大切なことであると理解することである。二つは，道徳的価値は大切であってもなかなか実現することができない（　イ　）なども理解することである。三つは，道徳的価値を実現したり，実現できなかったりする場合の感じ方，考え方は一つではない，多様であるということを前提として理解することである。道徳的価値が人間らしさを表すものであることに気付き，価値理解と同時に（　ウ　）や他者理解を深めていくようにする。

道徳科の中で道徳的価値の理解のための指導をどのように行うのかは，授業者の意図や工夫によるが，自立した人間として他者と共によりよく生きるための基盤となる道徳性を養うには，道徳的価値について理解する学習を欠くことはできない。また，指導の際には，特定の道徳的価値を（　エ　）なものとして指導したり，本来実感を伴って理解すべき道徳的価値のよさや大切さを（　オ　）に理解させたりする学習に終始することのないように配慮することが大切である。

≪語群≫

a　観念的　　　　b　人間の弱さ　　　　c　相対的
d　自己理解　　　e　人間として成長　　f　人間理解
g　絶対的　　　　h　道徳的価値観を形成　i　表面的
j　自己の弱さ

|  | ア | イ | ウ | エ | オ |
|---|---|---|---|---|---|
| ① | e | b | d | c | a |
| ② | h | j | f | c | i |
| ③ | h | b | f | g | a |
| ④ | h | b | d | c | i |
| ⑤ | e | j | d | g | i |

（☆☆☆◎◎◎）

【31】次の文は，小学校学習指導要領解説総合的な学習の時間編(平成20年文部科学省)「第5章　総合的な学習の時間の指導計画の作成」「第4節　学校において定める内容の設定」「2　内容の設定と三つの課題」の一部を抜粋したものである。文中の(　ア　)～(　オ　)に当てはまる語句を語群a～jから選んだとき，正しい組合せを，下の①～⑤から一つ選びなさい。ただし，同じ記号には同じ語句が入る。

> 　内容が兼ね備えるべき要件としては，先の学習課題の定義からも明らかなように，(　ア　)・総合的な学習としての性格をもつこと，(　イ　)に学習することがふさわしいこと，そこでの学習や気付きが(　ウ　)ことに結び付いていくこと，などが参考になる。これらを満たす教育的に価値ある課題を，(　エ　)の判断で内容として設定することが考えられる。
> 　その際，第3の1の(5)に示された三つの課題，すなわち，国際理解，情報，環境，福祉・健康などの(　ア　)・総合的な課題，児童の(　オ　)課題，地域の人々の暮らし，伝統と文化など地域や学校の特色に応じた課題は，大いに参考にすべきである。

≪語群≫

a　計画的　　　　b　探究的　　　　c　課題を解決する
d　学級担任　　　e　系統的　　　　f　発達段階に応じた
g　横断的　　　　h　興味・関心に基づく　　i　各学校
j　自己の生き方を考える

|  | ア | イ | ウ | エ | オ |
|---|---|---|---|---|---|
| ① | e | b | j | d | h |
| ② | g | a | j | d | f |
| ③ | g | b | j | i | h |
| ④ | g | a | c | i | h |
| ⑤ | e | b | c | d | f |

(☆☆☆◎◎◎)

## 解答・解説

【1】問1　②　　問2　⑤

〈解説〉問1　質問は「Hiroshiはなぜ風邪をひいたのか」。Hiroshiの2回目
の発言で「とても寒い日に，公園でKeikoと会う予定だったが，1時間
待ってもKeikoは来なかった」と述べている。この内容を端的に示し
ているのは②となる。　問2　質問は「Hiroshiはなぜ病院へ行かなか
ったのか」。Hiroshiの最後の発言で，体に不調を感じたのが土曜日の
真夜中だったこと，そのため，その時間には病院は閉まっていたこと
を述べている。

【2】問1　②　　問2　①　　問3　③

〈解説〉問1　第1段落で，Billは1995年にコロラドに生まれて，その10年
後にロンドンに移住し，さらにその後，2015年にコロラドに戻ったと
ある。よって，ロンドンに住んでいたのは10年間となる。　問2　第2
段落2文目に，好きなマンガの種類が述べられている。onesはここでは
直前の文のJapanese comicsを指す。　問3　第3段落2文目に「hot
springs(温泉)を訪れたい」，5文目に「日本食の作り方を学びたい」と
あり，③が適切である。本文中にsushiやJapanese-style New year's food
といった，Billが作りたい日本食名が出ており，③のJapanese dishesは，
これらを総括した表現である。

【3】①

〈解説〉学習指導要領は，丸暗記ではなく，全体の構成の中で体系的に把
握しておきたい。各学年の目標および内容を比較しながら特徴をつか
んでいくと理解しやすくなる。

【4】③

〈解説〉b　低学年と中学年の記述が入れ換わっている。　c「目的や意

図に応じて簡単に書いたり詳しく書いたりすること」は高学年，「書
こうとすることの中心を明確にし，目的や必要に応じて理由や事例を
挙げて書くこと」は中学年の記述である。

【5】問1　④　　問2　⑤

〈解説〉問1　最初の空欄Aの直前「文字というそれ自体は具体的な“像”
を持たない記号の羅列である文，文章から場面や状況や内容を自分自
身の頭の中で具体化」する，という内容を言い換える語を選ぶ。
問2　本文の要旨は最後の1文「人間の価値は智慧の多寡にかかってい
るのです」である。第6段落で述べられる“知識”と“智慧”を明確
に区別することが大切である。

【6】④

〈解説〉本問で取り上げた(2)は中学校社会公民的分野につながる内容で
ある。また，(3)は第6学年の内容全体にかかわる内容で，中学校社会
科への円滑な接続を図ることができるよう授業を計画し，指導してい
くことが求められる。

【7】③

〈解説〉Aは新潟県新潟市，Bは山梨県甲府市，Cは石川県金沢市，Dは三
重県津市，Eは鹿児島県鹿児島市である。Aは上越新幹線新潟駅，Cは
北陸新幹線金沢駅，Eは九州新幹線鹿児島中央駅があり，いずれもそ
の路線の終点となっている。

【8】②

〈解説〉A　「平家物語」は，1221年の承久の乱以前の鎌倉時代初期に成立
した，平家の栄華と没落を描いた軍記物語である。　　B　小野妹子を
使者とする遣隋使が，日本の国書を携えて来隋したことを記した部分
である。「大業三年」は607年のこと。　　C　743年に出された墾田永年
私財法について書かれた部分である。「養老七年の格」は723年に出さ

れた三世一身法のこと。なお、「続日本紀」は日本書紀に続く勅撰の歴史書で、平安時代初期に編纂された。　D　邪馬台国とその女王卑弥呼について記された部分で、3世紀の日本の政情・風俗などを知りうる史料である。　E　「小右記」は、平安時代中期の公卿藤原実資の日記。彼の通称小野宮右大臣から名がついた。1日の記事が長く、文章が具体的でわかりやすいうえ、実資の解釈や感想が付け加えられているので、貴族の日記として代表的であるだけでなく、この時代の社会や政治、故実などを知る上で基本的な史料として貴重である。

## 【9】⑤

〈解説〉為替相場とは外国為替の価格、あるいは外国通貨と自国通貨との交換比率のことである。為替レートともいう。この交換比率を表す方法では、為替相場の建て方に2種類ある。外国通貨1単位が自国通貨の何単位に当たるかで表す内貨建てと、その逆で自国通貨1単位が外国通貨の何単位に当たるかで表す外貨建てがある。

## 【10】⑤

〈解説〉出題の解説によると、教科の目標は「算数教育の全体を通じて児童に育成しようとする能力、資質や態度」を示すもので、「小学校教育が目指す人間形成において、算数科が担う役割を明らかにしている」ものである。義務教育として行われる普通教育の目標を規定した学校教育法第21条の各号うち、第6号「生活に必要な数量的な関係を正しく理解し、処理する基礎的な能力を養うこと」を主に反映したものとなっている。

## 【11】④

〈解説〉赤1｜青1青2｜黄1黄2黄3｜青3｜黄4黄5｜赤2赤3赤4｜黄6｜赤5赤6｜青4青5青6｜の18枚を並べたところで、ちょうど3色のカードを均等な枚数で並べ終わる。これを1周期とする。89番目は、89＝18×4＋17より、4周期の後の17番目。赤1～24、青1～24、黄1～24の後の17番

目は，赤25｜青25青26｜黄25黄26黄27｜青27｜黄28黄29｜赤26赤27赤28｜黄30｜赤29赤30｜青28青29｜となるので，青29とわかる。

## 【12】①

〈解説〉PAを一辺とする正方形の面積が18なので，PAの長さは，$\sqrt{18}=3\sqrt{2}$となる。点Pから$x$軸に下ろした垂線と$x$軸との交点をHとすると，直線$y=-x+2$の傾きが$-1$であることより△APHは直角二等辺三角形なので，HA＝HP＝3となる。したがって点Pの$x$座標は，$2\pm3=-1$，5

## 【13】⑤

〈解説〉△CDEで余弦定理より，$CE^2=2^2+6^2-2\cdot2\cdot6\cdot\cos60°=28$　よって，$CE=2\sqrt{7}$である。また，CE＝BEより，$BE=2\sqrt{7}$である。△BCEはBC＝6，$CE=BE=2\sqrt{7}$の二等辺三角形である。点Eから辺BCに垂線EHを下ろすと，△EBHは直角三角形より，$EH^2=(2\sqrt{7})^2-3^2=19$　∴ $EH=\sqrt{19}$　したがって，$△BCE=\frac{1}{2}\times BC\times EH=\frac{1}{2}\times6\times\sqrt{19}=3\sqrt{19}$〔cm²〕

## 【14】①

〈解説〉教科の目標に示された5つのポイントついて，小学校学習指導要領解説理科編(平成20年文部科学省)を用いてその意図や留意事項などを確認しておくとよい。

## 【15】⑤

〈解説〉水が通るのは道管である。ホウセンカでは，維管束が茎の中で輪の形に規則的に配列されており，道管は内側に位置している。なお，トウモロコシでは，維管束は茎の中に散在している。この実験は代表的なものであるため，理解しておきたい。

【16】②

〈解説〉塩化アンモニウムと水酸化カルシウムの混合物を加熱すると，アンモニアが発生する。赤色のリトマス紙を青く変色させるのはアルカリ性のものであり，アンモニアは水に溶けるとアルカリ性を示す。そのほか，特有の刺激臭を有することや，水に溶けやすい，空気より密度が小さいなどの特徴がある。

【17】③

〈解説〉③の図では，右側の支柱よりにぶら下がっている2個のおもりが，左側のおもりの1個とつり合っている。これは，支柱から右側の2個連なったおもりがぶらさげられている位置までの距離が，左側のそれの半分であることからわかる。この時点では，左のほうがおもり1個分だけ重いため，支柱を挟んで右側に同じ距離だけ取り，おもりを1個ぶら下げて均衡を保っている。

【18】①

〈解説〉「スタートカリキュラム」とは，児童が義務教育の始まりにスムーズに適応していけるようなカリキュラムを構成することである。まず教科を横断した大単元を設定し，そこから各教科の単元へと分化していく教育課程を組むことなどがこれに当たる。具体的には，生活科で行った学校探検での発見や気づきなどを，国語科，音楽科，図画工作科での表現活動につなげる，といった合科的な学習活動が考えられるだろう。

【19】②

〈解説〉「自分自身の成長を振り返り」は今回の改訂から加わった文言であり，この部分についてはよく問われるので注意が必要であろう。生活科の内容は，階層性をもたせた9つの項目から構成されており，本問で取り上げた内容(9)以外では，(1)(学校と生活)，(3)(地域と生活)，(4)(公共物や公共施設の利用)，(7)(動植物の飼育・栽培)が比較的出題

頻度が高い。

**【20】** ②

〈解説〉小学校学習指導要領(平成20年告示，平成27年3月一部改正)「第2章　各教科」「第6節　音楽」「第2　各学年の目標及び内容」は，発達の段階に応じて段階的に指導が行えるように示されている。表に整理して語句の違いを把握するなど，丁寧に学習するとよい。

**【21】** ④

〈解説〉ア・イ　共通教材に関する問題は，出題頻度が高い。各学年4曲ずつあるので楽譜も含め確認する必要がある。楽譜は第4学年の共通教材「まきばの朝」である。　ウ　第3　指導計画の作成と内容の取扱い(6)については，楽譜の中で使い方や意味を理解すること。
a　Aの記号は異なる高さの音をつないでいるのでスラーである。タイは同じ高さの音をつなぐので，区別しておくこと。　b　付点4分音符である。　エ　ピアノの鍵盤の位置，リコーダーの運指，対応する音は必ずセットで覚えておくこと。

**【22】** ①

〈解説〉小学校学習指導要領(平成20年告示，平成27年3月一部改正)「第2章　各教科」「第7節　図画工作」「第2　各学年の目標及び内容」〔第5学年及び第6学年〕「2　内容」「A表現」(2)の「ア　感じたこと，想像したこと，見たこと，伝え合いたいことから，表したいことを見付けて表すこと」，「イ　形や色，材料の特徴や構成の美しさなどの感じ，用途などを考えながら，表し方を構想して表すこと」に基づいた出題である。同じ領域の指導内容について，他の学年についてもあわせておさえておくとよい。

**【23】** ③

〈解説〉モダンテクニックについての設問。選択肢のその他の技法につい

ては以下のとおり。　a　クロスハッチングはハッチング(複数の平行線を描き込むこと)を重ねて線を交差させていく描画技法。　c　スパッタリングは，目の細かい網などに絵の具を塗り，ブラシなどでこすることにより絵の具を小さな粒にして飛ばす技法。　e　ストリングは糸に絵の具をつけ，画用紙にはさみ押さえながら糸を引き抜く技法。　g　ドリッピングは直接絵筆で描かず，絵筆から紙に絵の具を垂らす技法。さらに，垂らした絵の具をストローなどで吹き流し，様々な軌跡を描いたりする。偶然性や即興性の効果を生む。　i　スタンピングは版になるものに絵の具をつけて，それをスタンプとして画面に押して表す技法。

【24】④

〈解説〉小学校家庭科の目標は「衣食住などに関する実践的・体験的な活動を通して，日常生活に必要な基礎的・基本的な知識及び技能を身に付けるとともに，家庭生活を大切にする心情をはぐくみ，家族の一員として生活をよりよくしようとする実践的な態度を育てる」である。本問ではこの目標の文末の，小学校家庭科の究極的なねらいを示した箇所について詳述した部分を取り上げている。

【25】②

〈解説〉脂質，炭水化物，無機質，ビタミン，たんぱく質の五大栄養素のはたらきおよび多く含まれる食品については，正確に把握しておきたい。なお，たんぱく質は体内で消化されてアミノ酸になり，吸収されたのち利用される。魚，肉，卵，豆に多く含まれる。

【26】①

〈解説〉A　小学校体育科保健領域は，「毎日の生活と健康」，「育ちゆく体とわたし」，「心の健康」，「けがの防止」，「病気の予防」の5つの内容としている。小学校学習指導要領解説体育編(平成20年文部科学省)では，「身近な生活における健康・安全に関する基礎的な内容を重視

し，健康な生活を送る資質や能力の基礎を培う観点から」構成された
ものと説明している。なお，「健康と環境」は，中学校保健体育保健
分野の内容である。

【27】⑤
〈解説〉体育科改訂の方針は本問で取り上げた3つを含め5つが示されてい
る。本問の3つは主に体育領域にかかわるもので，残る2つが主に保健
領域にかかわるものである。これらを踏まえて目標および内容を学習
すると，理解を深めることができるだろう。

【28】④
〈解説〉文中の 'speech' は，The word 'speech' refer to ～と説明されている
とおり，話しことば，書きことば問わず，言葉を通したやり取りを指
している。そしてそれは，Only human have speech, つまり人間のみが
可能である。よって，正答は④である。なお，選択肢中にある
nonverbalは「言葉を用いない」という意味の形容詞，nonverballyは
「言葉なしで」という意味の副詞である。

【29】①
〈解説〉出題の解説によると，学級活動の内容は「学級や学校の生活づく
り」と「日常の生活や学習への適応及び健康安全」に分かれており，
それぞれ特質が違う。そのため，話合いのステップは同じなのだが，
前者の事前準備は児童が行う活動で，後者は教師が行う授業準備とな
る。正答以外の選択肢は後者の内容であり，活動の進み方に沿って順
番に並べると，イ→ア→キ→ク→コとなる。

【30】③
〈解説〉「道徳的諸価値」の指導に関連して，出題の解説の中で「特定の
価値観を児童に押し付けたり，主体性をもたずに言われるままに行動
するよう指導したりすることは，道徳教育の目指す方向の対極にある

ものと言わなければならない」と注意を喚起している。道徳的諸価値は，児童が自ら気づき，身に付けていけるように教師は働きかけるものだとおさえておくことが肝要である。

【31】③

〈解説〉総合的な学習の時間は，既存の教科等の枠を超えた「横断的・総合的な学習」となることを目指すと，前回の小学校学習指導要領(平成10年文部省)より目標に掲げられている。加えて，今回の改訂では「探究的な学習」が「横断的・総合的な学習」と並列して目標に明記されるようになった。また，「自己の生き方を考える」ことが総合的な学習の時間の最終目標であることと，目標に書かれている。「総合的な学習の時間」のねらいを考える上でこの3つの文言は最重要のものなのでおさえておく。

## ●書籍内容の訂正等について

弊社では教員採用試験対策シリーズ（参考書，過去問，全国まるごと過去問題集），公務員試験対策シリーズ，公立幼稚園・保育士試験対策シリーズ，会社別就職試験対策シリーズについて，正誤表をホームページ（https://www.kyodo-s.jp）に掲載いたします。内容に訂正等，疑問点がございましたら，まずホームページをご確認ください。もし，正誤表に掲載されていない訂正等，疑問点がございましたら，下記項目をご記入の上，以下の送付先までお送りいただくようお願いいたします。

---

① **書籍名，都道府県（学校）名，年度**
　（例：教員採用試験過去問シリーズ　小学校教諭 過去問　2025 年度版）
② **ページ数**（書籍に記載されているページ数をご記入ください。）
③ **訂正等，疑問点**（内容は具体的にご記入ください。）
　（例：問題文では "ア〜オの中から選べ" とあるが, 選択肢はエまでしかない）

---

〔ご注意〕
○ 電話での質問や相談等につきましては，受付けher ておりません。ご注意ください。
○ 正誤表の更新は適宜行います。
○ いただいた疑問点につきましては，当社編集制作部で検討の上，正誤表への反映を決定させていただきます（個別回答は，原則行いませんのであしからずご了承ください）。

## ●情報提供のお願い

協同教育研究会では，これから教員採用試験を受験される方々に，より正確な問題を，より多くご提供できるよう情報の収集を行っております。つきましては，教員採用試験に関する次の項目の情報を，以下の送付先までお送りいただけますと幸いでございます。お送りいただきました方には謝礼を差し上げます。
（情報量があまりに少ない場合は，謝礼をご用意できかねる場合があります）。

◆あなたの受験された面接試験，論作文試験の実施方法や質問内容
◆教員採用試験の受験体験記

- - - - - - - - - - - - - - - - - - - - - - - - - - - - - - - - - - - - - - -

| 送付先 | ○電子メール：edit@kyodo-s.jp |
| | ○FAX：03-3233-1233（協同出版株式会社　編集制作部 行） |
| | ○郵送：〒101-0054　東京都千代田区神田錦町 2-5 |
| | 　　　　協同出版株式会社　編集制作部 行 |
| | ○HP：https://kyodo-s.jp/provision（右記の QR コードからもアクセスできます） |

※謝礼をお送りする関係から，いずれの方法でお送りいただく際にも，「お名前」「ご住所」は，必ず明記いただきますよう，よろしくお願い申し上げます。

教員採用試験「過去問」シリーズ

# 福岡県・福岡市・北九州市の
# 小学校教諭 過去問

編　集　Ⓒ 協同教育研究会
発　行　令和6年2月25日
発行者　小貫　輝雄
発行所　協同出版株式会社
　　　　〒101-0054　東京都千代田区神田錦町2‐5
　　　　電話　03－3295－1341
　　　　振替　東京00190－4－94061
印刷所　協同出版・POD工場

落丁・乱丁はお取り替えいたします。